Bahlenberg: Carlo

Jan Bahlenberg

Carlo Derkert

Porträtt av en konstvisare

GIDLUNDS FÖRLAG
Hedemora & Möklinta

Tryckt med bidrag från
Kungl. Akademien för de fria konsterna,
Göran Lagervalls fond

Fotografier på omslag och till kap.
Carlo visar Picasso på Moderna museet:
Hans Thorwid, Moderna museet

Fotografier till kap. Visningen:
Jan Bahlenberg

Andra tryckningen

Gidlunds förlag, www.gidlunds.se
ISBN 978-91-7844-982-8
Tryck: Studio RBB, Riga, 2017

Innehåll

Bios och Grafein
Livet som skrivande
Levandet som skrift

Magnus William-Olsson, 2000.

Inledning

Det har tagit lång tid för mig. Att komma en bit på väg. Veta att det fortfarande finns väg att vandra. Våga tillstå en osäkerhet.

Då, i början, hade jag inte ens kunnat formulera detta.

Därför känner jag en tillfredsställelse att vara där jag är nu.

Det borde inte heta ”författare” har jag hört Gerda Antti säga. Det borde heta ”efterfattare”. Det man gör där på sofflocket eller på den vanliga vandringsrundan eller på väg till Ica-butiken, är att försöka fatta vad det är man ska skriva. Det handlar inte alls om att vara författare. Det går inte att fatta saker och ting före. Man måste tänka en hel del först och då kan man kanske fatta hur det hängde ihop. Jag håller med Gerda Antti. Det är det jag i hög grad har gjort i det här arbetet – efterfattat.

Nu har jag hållit på i tio år för att skriva ner det jag efterfattat. Innan dess ett antal år att enbart försöka komma på, komma en bit på väg. Några av dessa år tillsammans med Carlo Derkert. När jag ser tillbaka på alla åren, är jag glad över den tid jag fått att gradvis fatta mer och mer. Det är nu jag vet hur mycket tankar som krävts, hur mycket misslyckanden och hur många övergångar från misslyckanden till ny tillförsikt. Nu först tycker jag mig fått ett slags perspektiv. Trots det – erfarenheten säger mig att nya tankar kommer att fortsätta dyka upp några år till.

Carlo Derkert är den störste efterfattare jag mött. Han gjorde i princip ingenting annat än att försöka finna ord som kunde förklara tillvarons mysterier. Jag tror att han höll på med det hela sin vakna tid, utom då han berättade för andra och för mig vad han tyckte sig ha fattat och förstått. Det var så vi fann varandra. Det var så otroligt spännande att prata med honom. Det var jag inte ensam om att tycka.

– Som han kunde förklara konsten, sa de.

– Man tyckte att det plötsligt var enkelt att förstå, sa de.

– Han pratade ju om livet självt, sa de.

– Det blev som en berg-och-dalbanetur att följa hans utvikningar och tankespår, sa de.

– Han satte sig aldrig på en, fast han kunde så mycket, sa de.

*

Ordet ”synkron” kommer för mig. Att tidsmässigt föra samman.

Så var han; samtidig. Så var hans föredrag. Flera bollar i luften samtidigt. Som om han strävade efter att säga flera saker på en och samma gång. Ändå var han konstigt nog enkel att förstå. Hans anteckningar var likadana. Som trassliga nystan av ord. Ingen början och inget slut. Som om det var menat att allt skulle läsas och förstås samtidigt. Synkront. Till en början helt oförståeliga. Men med en annan läsart helt tydliga; att flera tankar måste få plats att uttalas samtidigt.

Hur gjorde han då? Jo, blå, röda och gröna pennor, kulspets ibland, liten och stor stil, understrykningar och pilar som visade vägen. Kanske en orsak till att hans formuleringar var svåra att placera i tryckt text. I den bok vi kom att göra tillsammans – Barn Bild Begåvning – löstes problemet genom att jag tecknade och textade Carlos ord stort och smått, här och där skrivstil, ibland kraftigt svärtat. Ibland på snedden. Kanske var det i det arbetet vi fann varandra, fast jag då inte hade sett hur han själv gjorde i sina anteckningar.

Men människor är olika. En förlagslektör talade om att en sådan text var inte att lita på. Icke trovärdig. Text i böcker borde stå i raka rader. Det tyckte inte Carlo. Hur boken till slut ändå fick en stor läsekrets finns att läsa här.

*

I mitten av 80-talet besökte jag en sensommarkväll en konstföreläsning med Carlo. Platsen var Gerlesborgsskolan, den bohuslänska konstskolan som mer och mer vuxit ut till ett betydande kulturcentrum.

Han var mycket noga med arrangemangen runt föreläsningen; påpekade särskilt att hans föredrag bestod av två avdelningar. Först skulle han prata och stå framför publiken. Så att publiken skulle se honom och att han kunde se publiken; den klassiske föredragshållaren i en kulturförening.

Sedan skulle han visa bilder och prata till bilderna. Då skulle det vara släckt och ingen kunde se honom. Han sade att han tyckte det var viktigt att bli sedd.

I mina anteckningar står det att han kallade sin föreläsning "På tröskeln till den moderna konsten" och att den koncentrerade sig kring Paul Cézanne, Vincent van Gogh och Paul Gauguin. Där står också att han fiskade upp en lapp ur bröstfickan som han med jämna mellanrum läste upp: "Det påhittade är inte lika bra som det upplevda."

En påminnelse.

Det som påverkade mig mest var något som verkade komma med i föreläsningen som något ovidkommande. Senare har jag förstått att det tillhörde showen:

> Tala inte så mycket om svårigheter och psykologi, när det gäller barnet. Det är den vuxne som behöver lära sig. Barnet klarar sig... den vuxnes ångest...

Efteråt fick han en ask choklad, när alla applåderat färdigt. Han blev glad åt chokladasken han fick. Blommor påminde honom bara om begravningar, sade han.

När jag vid höststarten berättade om föreläsningen för mina kollegor vid universitetet, fick jag institutionens mandat att kontakta honom till något av våra seminarier. I vår interna fortbildning hade vi regelbundet olika gästföreläsare som kunde tillföra personalen nya tankar, så att vi skulle kunna utveckla vår undervisning.

Jag ringde Carlo och när han hörde att det var en institution för utbildning av specialpedagoger var han inte svår att övertala.

> Pensionärsföreningar har jag inte längre tid att besöka. Lärare är viktiga förmedlare. Dom vill jag prata med om barns kraft. Kulturminister Göransson ville att jag skulle komma och prata en stund före deras middag.

Men jag sa nej. Dom skulle bara sitta och skruva på sig och längta efter att få äta. Ska jag prata vill jag ha tre timmar på mig med kaffe och bulle mitt i.

Jag lovade att möta honom när Stockholmståget kom in. Han ville åka natttåg och sova på tåget.

Några dagar senare ringde han och undrade varför inte tågbiljetterna kommit som jag lovat. Biljetterna var skickade i ett brunt kuvert och Carlo erkände att han aldrig öppnade brev, om de var bruna.

Han fick nya biljetter i vitt kuvert.

Enligt min beställning skulle han föreläsa om den moderna västerländska 1900-talskonsten, den föreläsning som jag hörde i Gerlesborg.

Han började i stället med en inledning som varade i tre kvart om barn och barns bildskapande.

Jag frågade honom aldrig om han medvetet planerat in den inledningen, utifrån att han föreläste på en pedagogisk institution.

Svaret kanske fanns i hans inledningsord:

> Smuts är materia på fel ställe. Jord här inne på golvet är smuts, men ute på åkern… det är… Det är då jag brukar säga: Håller jag det här föredraget på station, då blir jag tagen av en socialarbetare därför att det är ett föredrag på fel ställe. Men på rätt ställe får man betalt. Man måste veta situationen.

(Fast i dessa dagar håller man faktiskt ”konstföreläsningar” på Stockholms central, i alla fall om TV är med, i alla fall som pausunderhållning.)

Föreläsningen blev så lyckad att institutionsledningen bestämde att den inledande kursen om vetenskapliga metoder skulle inledas med hans föreläsning. Själv föreslog han att vi skulle kalla den: ”Vart tar alla begåvade barn vägen?”

Med hans tillåtelse spelade jag in föreläsningen. När jag sedan skrev ut texten blev jag inspirerad att bildsätta den. Carlo och jag träffades senare vid en kurs i Reggio Emiliapedagogik i Gerlesborg. Där gick vi tillsammans igenom hans text och mina bilder. Han var noggrann och det gick lätt att komma överens.

Vi gav text och bild godkänt.

Några år senare, 1989, blev Carlo kontaktad för att föreläsa vid Rädda Barnens barndagar. I sann akademisk anda ombads han att lämna in ett "paper" med innehållet i det han skulle säga.

Det ville han inte. Eller man kanske kan säga att sekreteraren som ringde träffade en av hans ömma tår; att inte klara av att snabbt lämna ifrån sig en egenhändigt formulerad text.

Någon dag senare tog Carlo kontakt med mig och föreslog att jag skulle skicka in vårt gemensamma arbete, så att han kunde uppfylla Rädda Barnens krav om "paper".

När det sedan blev dags för barndagarna hade en första upplaga också tryckts av "Barn Bild Begåvning". Carlo kunde hålla en bejublad föreläsning och jag blev engagerad som inhyrd bildväxlare.

*

I mitt skrivande har jag försökt tillämpa ett "derkertskt" synkront tänkande. Därför har jag sett det som viktigt att noga beskriva hans första levnadsår. Men också under vilka premisser hans föräldrar levde. Därigenom kompletteras bilden av vem Carlo Derkert var och hur han kom att bli den han blev.

Hans syn på människan, kunskapen och samhället finns hela tiden med i anteckningar och föredrag. Vilka är de som gett honom dessa insikter? Vad hade de att lära ut? Att han använde just dessa som sina "kunskapare" tror jag har något att lära oss andra också.

Det material jag haft till mitt förfogande i arbetet har dels bestått av intervjuer, dels bandinspelningar av de föredrag Carlo Derkert höll på Nationalmuseum, och inte minst hans egna anteckningar till dessa föredrag. Det mest värdefulla torde ändå vara det nära samarbetet och samtalen om psykologi och pedagogik som gör att jag fortfarande tycker mig höra hans speciella tonfall när en särskild formulering dyker upp i en text jag läser.

Vad formar en människa? Den frågan var viktig för Carlo. Den sökte han medvetet svaret på. Förmedlade till sin publik det han tyckte sig ha funnit.

Året innan Carlo dog hade han börjat "plocka i sina anteckningar om van Gogh". Han berättade att han gjorde korta anteckningar om sådant som kunde hjälpa honom att förstå van Gogh på ett nytt sätt.

Han menar att hermeneutik är en tolkning av den mänskliga upplevelsevärlden. Att målet för denna tolkande interaktionism är att skapa förståelse för van Goghs bilder. Det har han tänkt göra genom att samla data genom intervjuer, livshistorier och observationer. Dessutom göra ett urval av van Goghs förhållningssätt, hans handlingar och upplevelser, händelser som Carlo kallar epifanier. Det gäller bara att välja de stora och unika och omvälvande i van Goghs liv. Det är det enda viktiga; att finna det existentiella. Ett sätt att komma åt det unika i hans liv är att finna intervjusituationer som är självutlämnande. Deltagande observationer gör forskaren till terapeut som förstår och kan tolka de personliga händelserna i van Goghs livsdrama. Svårigheter uppstår genom att hans utveckling och förändring inte är kopplad till någon överempirisk verklighet. Att kunna gå från en sociologi som har specialiserat sig på vardagens händelser, det alltför vardagliga till de premisser som tydligt visar att allt är tolkning. Allt är tolkning, menar Carlo. Han har lyssnat på Denzins radioprogram och kommit fram till hans råd för en omfattande hermeneutik; att Faulkner får representera den biografiska typen, där bakgrund, existentiell situation och det sociala är det väsentliga; att Kafka är exemplet på den terapeutiska metoden med känsla och sinnesintryck som det väsentligaste. Carlo påstår att det skulle stämma bra in på en forskningsmetod om van Gogh. Så skulle han verkligen vilja forska.

Så blev vissa av hans anteckningar också ledstjärnor för det arbete jag hade bestämt att göra. Det jag var ute efter var att finna Carlos ”livsberättelser” och ”självutlämnande situationer” som kunde ge besked om grundbulten till hans kunskapsintresse.

Till en början fanns mitt intresse koncentrerat till konstpedagogen och hans arbete med att visa konst för barn. Men jag behövde också komma åt livsberättelserna som gav svar på frågor om hans intresse för det existentiella. Livet. Att allt hänger ihop. Att livet är synkront.

När jag nu ser tillbaka på våra sista sammanträffanden tycker jag mig se hur mån han var om att vidarebefordra viktiga livsberättelser till mig.

Drömmarna.

Hur han byggde sina föreläsningar.

Livet som både fult och vackert.

Det fula, det svåra som det intressanta. Att lära av.

Också jag ville ha en hermeneutisk förankring i mitt forskande.

Där kan jag blanda den ”biografiska typen” med den som Carlo tyckte skulle passa för att forska om van Gogh; den "beskrivande" realismen som Carlo tänkte sig sitt skrivande om van Gogh.

Att allt är tolkning; så fick det också bli för mig.

*

Genom att använda olika skrivsätt har jag velat berätta om den Carlo Derkert som jag haft förmånen att lära känna. Så här har det gått till: Först skriva ut några av hans bandinspelade föredrag. Lyssna på hans tonfall. Jämföra med mina egna upplevelser som publik, men också vän. Att söka leva mig in i den situation och de olika miljöer som formade hans liv. Till exempel gatan i San Guiliano, när Carlo hette Gabriellini och hade fyllt sex år 1921, och han såg sin mamma komma för första gången, hans hem på S:t Paulsgatan där han mestadels bodde ensam de sista 20 åren, miljön vid Mariatorget med hans egen bänk tvärs över gatan vid porten till 35 B. Att gång på gång besöka Östermalms tunnelbanestation och samtidigt ha tillgång till vad Carlo berättar om Siri Derkerts bilder där. Det är fiktiva berättelser. Samtidigt finns det en stark verklighetsbakgrund i det jag låter Carlo säga. Det finns också i hans anteckningar och föredrag.

Min ambition har varit att visa hur det kunde gå till när Carlo hade en visningsgrupp att berätta för. Då var det nödvändigt att finna både en miljö och ett konstområde som kunde levandegöras. Att direkt citera det han sagt i ett föredrag på Nationalmuseum skulle inte ha gjort honom rättvisa. På så sätt blir kapitlet om Picasso levandegjort genom det jag lyssnar mig till av Carlos föredrag på Nationalmuseum 1988. Därtill den inspiration som Hans Thorwids bilder ger. Det skapar texten som jag låter Carlo säga där på stolen i Moderna Museet.

I inledningen till "Fiktivt samtal med Carlo" beskriver jag mera noggrant hur jag gått tillväga för att kunna konstruera ett sådant samtal.

Detta samtal fanns också med vid disputationen av min avhandling "Den otroliga verkligheten sätter spår". Däremot är både dialogen vid Mariatorget och visningen av Östermalms tunnelbanestation nyskrivna för att ge en fylligare bild av konsthistorikern Carlo Derkert. Men också för att ersätta beskrivningen av det vetenskapliga tillvägagångssättet. Det kan ju läsas av den specialintresserade i min avhandling.

S:t Paulsgatan 35 B

Det är mötande trafik när jag ska svänga vänster vid Mariatorget. Några lediga karlar spelar boule på grusgången. Vid gatuköket lång kö. Ett par kvinnor med barnvagnar sitter och pratar på en parkbänk. När jag korsar Hornsgatan hör jag inom mig hur Carlo säger:

> Jag känner mig hemma här vid Mariatorget. Du förstår, jag bodde vid ett likadant torg när jag var liten. Det var i San Guiliano, en by strax utanför Pisa. Mariatorget påminner om det.

Nu är det den 10 maj 1994 och han begravdes i januari. Lägenheten på S:t Paulsgatan står fortfarande orörd och jag har fått familjens löfte att gå igenom efterlämnade anteckningar.

När bilen är parkerad, går jag bort till konditoriet på hörnan och köper ett par croissanter till kaffet. Parkbänken tvärs över gatan, som fått namnet ”Carlos bänk”, är fortfarande borta – stulen? Kanske på reparation.

Så låser jag upp porten till 35 B.

Lägenheten är till vänster och det tar en stund innan mina ögon har ställt om sig från dagsljus till den mörka hallen. Alldeles innanför dörren står ett par bokhyllor.

För några år sedan, när vi tillsammans varit vid Gripsholms slott och Carlo visat utställningen ”Fogelstadkvinnor”, stod jag på samma sätt i hallen. Då plockade han fram Tom Sandqvists bok ”Han finns, förstår du” ur en av hyllorna och gav mig.

En lång stund står jag stilla och känner på den högtidliga stämningen, på det etiska ansvaret, att alldeles ensam få röra mig i det kaos av böcker, pärmar, bilder och anteckningar som femrummaren är fylld av.

– Någon borde gå igenom Carlos bibliotek med alla hans anteckningar, sa Gunilla Palmstierna-Weiss vid minnesstunden på Moderna museet.

Redan nu ser jag det som en omöjlighet. Det är för mycket. Här finns ett helt liv av idogt konsthistoriskt, pedagogiskt, psykologiskt och filosofiskt arbete sparat.

Var ska jag börja?

Jag vet inte. Först måste jag få en överblick. Inte välja bara ett perspektiv: utsikten från hallen, den tillfällige besökarens perspektiv. Om jag ställer mig i köket, vad ser jag då; från hans arbetsrum, från sovrummet?

> Vi måste ständigt växla utsiktstorn, hade Rydberg sagt. Annars blir våra överblickar meningslösa. Hur komplicerad en utredning än är måste det finnas möjlighet att beskriva den för ett barn. Vi måste se enkelt utan att för den skull förenkla. (Mankell.)

I vardagsrummet kan jag göra plats för min bärbara kopiator och för powerbooken.

På bord, bänkar och tillgängliga ytor ligger fortfarande de bilder som inte kom till användning vid hans halvsyster Livs minnesutställning på Nationalmuseum. Inte ens i soffan finns ledig plats. Bilderna ligger i högar i daterade mappar av syrafritt papper. Jag minns hur förargad han var över att det var så få bilder som togs med på utställningen.

Jag frestas att genast börja dra i mappar och bilder som ser intressanta ut, men lyckas hålla fast min föresats. Croissanterna lägger jag ifrån mig på köksbordet – ett runt avlutat och oljat bord, där halva ytan upptas av en packe tidningar, en hög med tidskrifter, en flätad brödkorg med fem glasburkar fyllda med olika slags pennor, ett häfte med gula komihåglappar, saxar och en pappkartong med olika slags tejp.

Med ryggen mot fönstret står den flätade Malmstensstolen. Det var där han satt och läste tidningarna och skrev kommentarer i kanten på viktiga artiklar, som han klippte ut och lade i mappar. Jag har sett att de förekommer i hundratal. Det är bra läsljus från fönstret. Telefonen på fönsterbrädan inom räckhåll från stolen. Runt bordet ytterligare ett par pinnstolar för besökare att sitta på.

Här i köket lyssnade han på kulturradions alla sändningar.

En gång ringde jag på fel tid. Då svarade han och sa: ”Du får ringa om tjugo minuter. Jag lyssnar på kulturnytt.”

Radion står ovanpå kylskåpet. Bredvid den en kartong med daterade inspelningar. En sladd från radion går till en extra högtalare inne i badrummet.

Så går jag från rum till rum och frågar mig själv vad det är jag ser. Min fråga kan ges olika svar: Det kan vara en mans hektiska samlande på tankar och idéer eller kanske en mans otroligt vitala nyfikenhet på omvärlden. Sammantaget blir det en man som inte tillät sig någon vila. Var kom detta hektiska samlande eller denna vitala nyfikenhet ifrån? Vad var det han skulle tillfredställa?

Han själv har lagt ut en ledtråd där jag kan söka vidare. På en studiedag för lärare i Varberg 1976 föreläste han om barns bildskapande. Han stod som vanligt framför sin publik och avslutade dagen med att göra ett jämfotahopp åt vänster och sa:

– Det viktiga är inte att herr Derkert står här, utan att han har stått där.

Just det. Så är det.

Är det förflyttningen, förändringen, nyfikenheten – hela tiden spanande efter något nytt, som jag ska vara uppmärksam på?

Eller menade han kanske sin egen förankring bakåt i tiden, sin egen barndom? Sina egna upplevelser, erfarenheter? Var fick han sin kraft ifrån? Filosofiskt, psykologiskt och pedagogiskt?

*

Förutom köket är det två rum som ligger mot gården.

Bägge är klädda med bokhyllor. Jag drar från gardinerna och solen står rakt på så jag bländas.

I hyllorna tidskriftssamlare med Lyrikvännen, Ord & Bild, Artes, BLM, Clarté. Diabilder i lådor ordnade efter hans föreläsningar om ”Romantiker och realister: Courbet, Millet, Manet”, ”Modernismens begynnelse: Gauguin, van Gogh, Cézanne”, ”Svenskt avantgarde: Sigrid Hjertén, Vera Nilsson och Siri Derkert”, ”Barn och bild” som han också kallade ”Vart tar alla begåvade barn vägen”. En titel han lånat av Jan Thomæus.

Flera dialådor med Siri Derkerts liv och konst. Hela hyllan är full. Kasettband med inspelade radioprogram.

Konstböcker – då och då två av samma slag (Han kunde säga: "Ge mig en konstbok i stället för dom pengar du tänkte ge mig", till en arrangör).

Pärmar och mappar med filosofi, estetik och pedagogik, tidskriftssamlare med påskrivet innehåll. Överallt återkommande pärmar och mappar märkta med "Siri" eller "Siri Derkert".

Rummet längst in har ett amatörmässigt arrangemang med tre ljusbord uppallade på stolar i en u-form. Mitt i "u-et" finns en sliten kontorsstol. I början på december satt han där och förberedde en föreläsning som han skulle hålla på Maria folkhögskola.

> Du förstår, jag lägger ut alla bilder jag tänker ha med på en föreläsning. Sedan kan jag plocka dom i rätt ordning, lägga till eller ta bort. När jag fått dom som jag vill, repeterar jag in vad jag ska säga.

I rummet mitt emot ett par enkla sängar på snedden i rummet. Ena sängen upplagsplats för aktuella böcker och tidningar. En TV står vid kakelugnen och är vänd mot sängarna. Annars överallt bokhyllor och lagerhyllor.

De tunga fördragna gardinerna gör mig melankolisk: Så här är det alltså – ingenting att vila ögonen på, ingen bekväm stol framför TV-n.

Jag skyndar mig att dra från gardinerna från fönstren.

Lägenhetens minsta rum; har det varit Kerstins arbetsrum? Kerstin Derkert-Rosenberg, född Hildinger, Carlos hustru, blev särbo efter Siris död.

På officiella papper har både Carlo och Kerstin dubbelnamnet Derkert-Rosenberg efter Carlos mamma Siri och hans pappa Valdemar Rosenberg.

Det är tjugotalet år sedan Kerstin bodde här. När Siri Derkert dött flyttade Kerstin ut till Lillstugan på Lidingö. Kerstin dog den 6 oktober 1987.

Härinne finner jag också Carlos anteckningar från hösten 1987. I tre kollegieblock finns kommentarer och sammanfattningar av samtalen med Kerstin på Södersjukhuset mellan augusti och oktober. Men hans anteckningar fortsätter efter hennes död fram till januari 1988.

Kanske går där att finna svar på mina frågor. Mitt sökande efter svar måste leda mig till det jag inte redan vet.

Medan jag kokar en rejäl kanna kaffe reflekterar jag över det jag sett. Vad finns skrivet av Carlo? Praktiskt taget inget tryckt, men är det bara det som räknas?

Alla hans anteckningar, alla hans nedkrafsade kommentarer – är de mindre värda? Är de mindre genomtänkta?

Säkert inte, men i denna lägenhet har bott en man som samlat brev, lappar, utkast till föredrag, sedan han var ung. Och jag kommer att tänka på Wittgensteins skrivande på lappar. Det var i stort sett bara en ordlista för skolelever och "Tractatus logico-philosophicus", som han publicerade. Men där fanns kopiöst med opublicerade och delvis oordnade manuskript. En källa för forskare att ösa ur.

Är Carlos skrivande ett liknande skrivande?

Vad kan komma ut av en jämförelse?

Var det den nyfikne och noggranne konsthistorikerns inlärda samlarbeteende och kategoriserande?

Eller var det ett slukande av andras tankar för att få trygghet, få svaren till sin egen gåta?

Naturligtvis både och! Och mera komplicerat ändå.

Det är som om jag står inför ett jättelikt hermeneutiskt pussel.

Jag kan redan nu konstatera att det blir övermäktigt att vända på alla bitarna. En del bitar är det omöjligt att få tag på. Det är med hjälp av de bitar jag vänder och närmare granskar jag hoppas kunna se ett mönster framträda.

Så börjar jag mitt vändande; får igång kopiatorn och tar fram den första bunten med kopiepapper.

Arbetet har börjat.

Jag står framför bokhyllan där några av hans mappar finns. Jag plockar ut en mapp på måfå och vänder upp framsidan, som man gör med en pusselbit för att konstatera om den är användbar just nu eller om jag ska lägga den åt sidan.

Utanpå mappen har Carlo textat:

TEXTER SOM HANDLAR OM CARLO,
TEXTER SOM HANDLAR OM CARLO

Och ritat fyra hjärtan. Mappen bär jag med mig till kopiatorn.

Jag förväntar mig att finna artiklar som skrivits om honom, men så är det inte. Där finns i stället reportage om anarkister som säger sig inte vilja dela upp livet i arbete och fritid; om författaren Lars Ahlin där Carlo gör kommentaren att han har inga romanfigurer. Hos honom gäller enbart verkligheten, allt är entydiga porträttstudier. Artiklar som handlar om Gösta Ekman, Ulla Skoog, Nils Poppe, Suzanne Osten, Lis Asklund, P. C. Jersild, Robban Broberg, Olof Lagercrantz, Izzy Young, Lennart Hellsing och Albie Sachs.

När jag läser igenom artiklarna har Carlo överallt strukit för och kommenterat i marginalen.

Det är som om det är ett meddelande från Carlo själv:

Så här vill jag bli betraktad. Det här är mina områden. Det här är mina starka sidor och mina skuggsidor.

Samtidigt utläser jag också en önskan om att bli sedd och älskad. Det är Carlos vän Olof Lagercrantz som skriver:

> Om då en väns röst når in i denna ensamma värld, spritter han till. Det behöver inte vara något märkvärdigt blott en kommunikation har öppnats. Tårar strömmar plötsligt nedför hans kinder. Någon har sett honom, och hans egna spegelbilder börjar träda fram på ett annat sätt. Långsamt börjar han treva sig tillbaka till en mänsklig gemenskap och till en sannare bild av sig själv. Skrivandets hemlighet är att någon läser, liksom talandets hemlighet är att någon lyssnar. Det är först då, när vi börjat lyssna efter ett gensvar, som livet börjar. Kanske kommer inget gensvar, men vår längtan efter det föder ur mörkret ett öra, ur djupen ett öga, ur dyn en tunga.

Nästa mapp bär påskriften: ”Carlo: mänskor, situationer som han gillar” och jag börjar bli svettig och upphetsad av vad jag tror är överallt utlagda ledtrådar. Samtidigt vaknar detektiven inom mig; att vara skeptisk till eventuella villospår.

Något år innan han dog talade jag om att jag tänkte skriva en avhandling med honom som huvudperson. Han var inte villig att hjälpa mig, men han sa också att han inte ville hindra mig.

I en ej daterad artikel ur Dagens Nyheter har han strukit för en diktstrof av Alain Bosquet.

Jag är ett kommatecken:
det är ni som ska spåra
texten.

Sommaren -93 när jag besökte Carlo gav han mig en kopia på ett brev han skrivit till ordföranden i Bildterapiföreningen. I det skrev han om vad han önskade att hans halvsyster Livs bilder kunde få betyda:

> Jag skickar med detta brev ett bildmaterial, som kan ge en föreställning om hennes bilder genom åren. En avhandling om hennes konst kunde få stor betydelse på detta område – därför att hennes verk utgör en sådan mångsidig och oavbruten helhet. Alltså bildens roll i ett barns livsberättelser, livssituationer som en process (vi kallar "utveckling") = Barnets "latensåldern, Puberteten och in i vuxenåldern" i alla för sig rättmätiga krav på en social funktion i det samhälle konstnären lever – i samklang eller i Opposition!
>
> – Men parallellt med livsberättelsen, det personliga, kommer så det konsthistoriska äventyret = att barnens bilder speglar eller refererar till konsthistoriens olika faser: 1) Det primitiva. 2) det klassiskt–realistiska. 3) det romantiskt–expressiva under puberteten – för att i vuxenåldern bli aktuella tidsstilar. Då i vår tid de abstrakta och nonfigurativa konstnärerna genom en reduktion av vårt renässanstraditionella bildspråk i illustrationens och nyttighetens tjänst – låter sig inspireras av barnens och de exotiska kulturernas konst. Inte därför att konstnärerna skulle vara asociala huliganer. Men därför att de vill synliggöra, renodla vissa sidor hos mänskan i vår västerländska civilisation – som vi undertryckt därför att de skulle bromsa vår ekonomiska och tekniska utveckling. Sidor som har med magi, ritualer och religion att göra.
>
> Det viktiga i fallet Liv Derkert är ej att tala om begåvning; när det gäller begåvning vet vi så litet. Men viktigt om något att tala om är miljön med mamma Siri och hennes kamrater – Ninnan Santesson, Vera Nilsson, Maja Braathen. Man levde ganska isolerat i en stuga på Lidingö. Tecknade, målade tillsammans – fel och rätt fanns inte utan alla jobbade på för att finna sin form och sin stil.

När jag läst brevet tittade Carlo på mig och sa allvarligt att han skulle vilja att någon gör en avhandling om Liv. Han förklarade att den person som skall göra den behöver vara insatt i barns utveckling ur ett psykologiskt perspektiv och vara konsthistoriskt bevandrad. Dessutom begripa sig på den sociala situation som rådde under 20- och 30-talet, de år då Liv växte upp.

När jag nu ser tillbaka på vad det var Carlo ville förmedla till mig, ser jag att han dels ville få mig att skriva om Liv. Dels genom brevet ville peka ut det viktiga i hans eget budskap. Hur bildutvecklingen sker utifrån vars och ens personlighet och alltid på samma universella sätt. Han gjorde det tydligt att villkoren under hans uppväxt – och Livs – var med och formade honom till den konstpedagog han sedan blev.

I en tredje mapp med texten: "Carlo: Problem Karaktär" finns en debattartikel skriven av Bengt Nerman i Dagens Nyheter. Med grov filtspetspenna har Carlo skrivit tvärs över debattsidan att han vill bygga sin folkbildarteori på Nermans artikel och själv acceptera ett autentiskt liv, där han tycker sig vara ett gott exempel. Han vill använda ett etiskt material som handlar om den existentiella tillvaron. Att vara en människa som är i världen.

Sin teori vill han beskriva så här: Kritiskt granska demokratins kultur- och människosyn, den borgerliga idealismen. Komma ihåg att livet inte är en trappa som det ska klättras i utan att det är ett landskap som breder ut sig och är mångdimensionellt. Vidare varnar han för att bli moraliserande. Det är en stor fara för en folkbildare. I stället vill han betona kärlek och gemenskap, samverkan och samverkansbilder. Absolut undvika en modell som ska påverka. Däremot ha en enkel bildrik beskrivning som också innefattar en tvåvägskommunikation.

I samma mapp har Carlo på några blad gjort en beskrivning av hur han kom till morföräldrarna i nioårsåldern.

Kors och tvärs över papperet – som han brukar – har han skrivit, dragit pilar, satt ramar kring sin minnesbild från sin första tid i Sverige.

Han skriver om rädslan att förstöra den mänsklighet och fantasi han har, om rädslan att tvingas bli vuxen, rädslan att bli vuxen. Att han längtar tillbaka till barndomen, sommarnöjet som var ett paradis för honom. Då fick han vara tillsammans med sin mamma och då kunde han tala med sin morfar på ett enkelt och oerhört fint sätt. Mycket värre var de långa vintrarna.

Han beskriver hur han kom till fosterhemmet i nioårsåldern. Att det inte alls var något paradis. Det knöt sig för honom, låste sig. Han tyckte att hans mamma hade tagits ifrån honom. Han kunde inte acceptera det. Ändå var det ju Siri som bestämt att det skulle vara så. Hennes ekonomi tillät inte att också försörja Carlo.

Han trodde att han skulle få bo hos henne när han blivit större. Säger att han kämpade med att behärska sig, trots att han inte kunde trivas hos sina morföräldrar. Var tvungen att hålla allting för sig själv.

Nu när han sitter och skriver ner sina tankar, inser han att kärleken är det allra viktigaste. En kram och man blir lycklig. En kram och man ställer upp. En kram och man är till och med beredd att göra barn. Så viktig är kärleken. Han tycker att han omges av människor som har det så fint. Tänk om folk ville komma ihåg det, skriver han. Om dom bara ville förstå hur viktig kärleken är. I stället är det ett stressande och ett kämpande med att förändra människor och ting, som inte är som man vill.

Men i senare anteckningar skriver han om insikten, att göra sig medveten och nästan som en besvärjelse uppmana sig själv till att återta kontrollen över sitt liv.

Han måste vara harmonisk och trygg för att kunna ta åt sig så mycket. Klara av sin oerhörda besvikelse att inte få vara hos sin mamma.

*

Sommaren när vi satt i hans kök och jag hade talat om för honom att jag tänkte skriva en avhandling om honom, berättade han två drömmar som han burit med sig genom livet.

Den första är från sexårsåldern. Han drömde den gång på gång. Det var inte enbart en nattlig dröm utan den kom också till honom på dagarna: Han sitter på ett tåg som kör genom en bergsravin. Stora stenblock rasar ner över honom och tåget. Han vaknar skrikande och kvinnor kommer rusande för att trösta honom. De virar våta handdukar runt hans huvud.

Den andra drömmen är från Lillstugan på Lidingö. Han drömmer att han lyckas fly från Siri. Liv är med honom fast hon är död. Så drömde Carlo när han var 19 år och hade flyttat från sina morföräldrar och äntligen fått bo hos sin mamma.

Kanske är det därför som jag fastnar för en artikel i Dagens Nyheter (Vinterhed) från den 27 augusti 1990, som jag finner i en av hans mappar. Den handlar om Barbro Sandins disputation och arbetet med psykoser.

Uppenbarligen har också Carlo ägnat många tankar åt den artikeln, då det överallt finns marginalanteckningar och förstrykningar i texten. Hela tiden jämför han med sin mammas liv. Han menar att hon är en borgarflicka med en stor portion livsenergi, som klarade att som konstnär hamna utanför offentligheten. Att som människa hamna utanför samhället i en materiell misär. Upplevelserna inom hennes familj ledde aldrig till någon uppgörelse, men till en psykisk isolering.

Det är konsten som förenar henne med verkligheten. Det är erfarenheterna som styr henne bort från gränslandet där det på den ena sidan finns psykosen och den psykiska sjukdomen och på den "friska" sidan "den otroliga verkligheten".

Modersprincipen är den som gäller upp till sexårsåldern, sammanfattar Carlo när han läst artikeln. Fadersprincipen varar mellan sjätte året och det artonde och handlar om viljan till utveckling, medvetenhet och ansvar.

Hindras den utvecklingen leder det till sinnessjukdom där längtan efter symbiosen kan odlas, där hoppet står till att kanske få del av den paradistillvaro man aldrig upplevt.

I mappen "Carlo Problem karaktär" skriver han att han misslyckats att komma in i samhället och den friska kulturen med bibehållen självkänsla och skaparkraft. Han tycker att skräcken och ångesten inför omvärldens krav och normer tar överhand.

Han tycker sig vara psykiskt sjuk och därmed få en frizon. En frizon som han funnit; den har Pär Lagerkvist, Kafka, Brecht, Freud och van Gogh skildrat.

Vilka är de tidiga upplevelserna och erfarenheterna i Carlos liv?

Finns där naturliga förklaringar till det jag ser och samlar kopior av?

*

När skymningen kommer har jag fyllt en av mina pärmar med kopierade artiklar och Carloanteckningar. Och mina frågor och spekulationer är flera nu än i morse.

Jag märker att han ofta skriver "Carlo". Jag minns också från hans föreläsningar att han hela tiden talade om sig själv i tredje person.

Han sa "herr Derkert" eller enbart "Derkert".

Har det att göra med att få en distans till sig själv, att göra det lättare att objektivt betrakta sina egna handlingar?

Är det enbart en föreläsares humoristiska uttryck inför sin publik?

Eller kan det ha att göra med en bristande jagidentitet?

Alla dessa "Carlo" med kolon eller utropstecken efter känns som ett direkt tilltal. Ibland tycker jag mig finna ett "Jan" i hans text, men det är förstås hela tiden synvillor.

Min tanke från morgonen återkommer; att han är mån om att jag (eller någon annan) är här och letar ledtrådar i hans efterlämnade arkiv.

Men kan jag lita på det jag får fram eller finns det en dimension under eller bakom, som inte självklart visar sig?

Vilka är de motiv som får Carlos motor att gå på högvarv från den dag han bestämmer sig för att läsa konsthistoria? Då slår han också bort tankarna på att bli skådespelare.

Är ett svar: Så intensivt åstundade han kärleken från Siri, att när hon ansåg att familjen inte hade användning för någon skådespelare, så bortsåg han från sina egna behov? Hon var mera betjänt av en konsthistoriker.

Så stor kan längtan till en "paradistillvaro" vara, tänker jag.

När jag intervjuar Carl Johan De Geer ger han mig sin syn på var kraften i motorn kommer från:

> Konstnärer använder hela tiden sitt målande för att bearbeta sina tidigare upplevelser. Därför kan det kännas riktigt skönt att ha målat av sig, gjort en riktigt ruskig bild. Då kan man känna sig befriad och tillfreds, gå på kafé och vara riktigt glad och trevlig.

Så är det säkert med konsthistoriker också.

För att inte tala om människor i gemen. Det är det lilla barnet i oss som vill bli sett och bekräftat.

Hur såg det ut för Carlo?

Varför hade han hallucinationer om nedstörtade stenar och klippblock? Hur var hans förhållande till sin pappa och mamma, till sina fosterföräldrar i Italien där han var i två år? Hur klarade han att hämtas hem från Italien till Sverige via två år hos en moster i Paris? Hur klarade han svensk skola?

Min undran är om också Carlo sökte efter svar på de frågorna.

I slutet av min vecka i hans lägenhet har jag fyllt ett antal pärmar med Carlos anteckningar från hans föreläsningsmappar och hans mappar med personliga anteckningar om sig själv.

Carlos nedtecknade tankar samlade i hans olika mappar

Mitt i sommaren 1991 skriver Carlo ett tio sidor långt brev till Gunilla Palmstierna-Weiss.

Han tycker sig stå vid en vändpunkt i sitt liv. Han tycker sig ha fått bekräftelse på att den övergivenhet och totala ensamhet han känt flera gånger tidigare, den har åter drabbat honom.

Han tycker sig ha funnit ett ord, som han gjort till sitt, ordet ”bekräftelse”.

Han har fått bekräftat gång på gång hur han övergivits.

Nu sjuttiosex år gammal känner han sig återigen övergiven.

Han vet inte hur han ska klara det. Han tycker sig ha blivit övergiven så många gånger.

Först i Italien.

Av sin mamma.

Sedan också sin pappa.

Så återigen mamma som placerade honom hos en moster i Paris.

När han så småningom fick komma till Sverige, placerade Siri honom hos de gammalmodiga morföräldrarna.

> Jag flyttade hem till Siri och syskonen när jag var 20 år och hade tagit studenten. Åh grymma dialektik. Jag var i den ålder då mänskan träder ut i världen.
>
> [– – –]
>
> Siri och hennes konstnärskamrater stod alla utanför offentligheten på alla områden – med sin konst, sin kvinnosak (Elin Wägner och ”kvinnor-

nas vapenlösa uppror mot kriget" t. ex.) och sin vänsterradikalism. Det var också ynglingen, 20 åringen Carlos hela värld. Den kärleksfulla Siri blev nu åter den omöjliga mamman (åh, denna dialektik som sagt) = Häxan, Draken som hindrade sitt barns inträde i offentligheten, samhället utanför. Bröderna Ek kom ut till Lillstugan 1938, Anders skulle bli skådespelare – Jan skulle bli läkare.

[– – –]

Vid 56 års ålder blev Siri äntligen sedd som konstnär. Jag minns att Nemes besökte utställningen och lämnade den likgiltig: "Hon är en sådan där expressionist".

Siri hade trätt ut i världen och nu fick Carlo sin chans. Han var krigstjänstvägrare, han var vänsterradikal, Clartéist (så motsägelsefullt tycker jag nu efteråt. Att vara krigstjänstvägrare under fascismens tidevarv var småborgerlig idealism fick jag veta).

Till Carlos frigörelse bidrog studierna – litteratur, konsthistoria, antropologi. Men att själv skriva, teckna, måla kom han sig inte för. Hans intresse hade gällt Siri-kretsens måleri med dessa människoskildringar och en massa experimenterande – van Gogh, i Siris fall kubismen (som en strävan, en intellektuell formsträvan i allt vad hon gjorde). Erfarenheter ute på fältet som senare skulle göra honom till en bra guide och uttolkare på Nationalmuseum och Moderna Museet.

[– – –]

En trygghet i detta: sköter mig, skriver det här brevet, läser Lacan och Kristeva. Och det mest spännande som kommer att ta tid – att ordna alla böcker, alla papper, alla urklipp. En trevlig våning att leva i nu när jag är konvalescent. Hoppas jag det blir...

Han är just hemkommen från Södersjukhuset där han opererats för cancer och har nu att besöka vårdcentralen tre gånger i veckan.

Han förvånas över att "Colostomin" fungerar så bra som den gör.

När jag först tyder Carlos skrivstil, får jag för mig att han skrivit "Carlostomin". Det rätta ordet får jag klart för mig först efter att ha pratat med en vän som är läkare. Det säger något om min uppfattning av Carlos självupptagenhet.

Han känner sig som en sjuk katt som dragit sig undan världen. Tar det lugnt och gör inte mer än han för tillfället orkar. Känner att det finns en trygghet i detta att pyssla om sig själv.

Det han ska ta itu med är att ordna alla böcker, anteckningar och urklipp.

När jag läser det långa brevet undrar jag varför han använder så många sidor för att berätta det Gunilla redan vet. Hur han slits från fosterfamiljen i San Guiliano. Språksvårigheterna när han börjar Whitlockska skolan. Om konflikten mellan Siri och Kerstin. Om hans avundsjuka på halvsyskonen Liv och Sara som får bo hos Siri. Om att stå tillbaka för att Siri ska få ta plats och att han inte får ta plats i offentligheten förrän Siri gjort det.

Carlos livshistoria är redan välbekant för Gunilla.

Varför skriver han det då?

Det är som om brevet är enbart en reflektion över det egna livet, för att han själv ska få tag på sin egen tillvaro.

Erik Homburger Erikson använder orden "integritet" och "förtvivlan" för att beskriva en människas åttonde och avslutande utvecklingsfas. Det är den tid då man ägnar mycken möda åt att reflektera över hur livet varit.

Vad som var lyckat och vad jag kan känna glädje över.

Att kunna se en meningsfullhet i det liv jag levt och känna gemenskap med andra livsvägars normer. Känna förtvivlan över det jag misslyckats med. Förtvivlan för att jag upptäckt att livet är så kort.

Carl Gustav Jung använder begreppet "individuation", som han menar är sammanbindningslänken mellan vårt medvetna Jag och vårt omedvetna Själv. Han anser att vårt arbete med individuationsprocessen är vår viktigaste uppgift, där det medvetna och det omedvetna lär sig att komplettera varandra.

Det är det arbetet som gör människan hel och fullständig, lycklig och lugn.

I en av Carlos mappar finns följande citat från Svenska Dagbladet den 14 december 1989:

> Jungs begrepp "individuation" är en nästan direkt översättbar synonym till Humboldts och Herders begrepp "Bildung" som enligt dessa humanitetsfilosofer skulle bestå i en idealisk harmoni mellan "Ausbildung" och "Anbildung", alltså av individuellt självförverkligande och anpassning till samhällets konsensus.

Men brevet han skriver till Gunilla kan också vara menat för den som ska gå igenom hans efterlämnade papper. Alla brev och anteckningar som Siri lämnat efter sig finns tillgängligt för forskare att gå igenom. Och mycket av hennes konst finns fortfarande samlad.

Kanske vill Carlo att det han lämnar efter sig på samma sätt ska finnas tillgängligt.

Fast mer ordnat.

Det är som om han vill hjälpa till, så att den som börjar plocka i hans anteckningar och urklipp inte missar något som Carlo tycker är viktigt. Men han samlar inte på artiklar som är skrivna om honom. En enda artikel har jag hittat.

Jag tycker mig upptäcka att i de spår han lämnar efter sig finns både viljan att tala om och viljan att dölja på samma gång.

Omedvetet skyddar han det sköra Självet.

Som aningar finns i hans brevtext besvikelse och sorg som han ruskar av sig. Just när jag tror att han ska beskriva vad övergivenheten består av, tar han i stället upp Siris problem med att bli en etablerad konstnär.

Det får mig att tänka på hans egna ord: ”När jag pratar om Siri, är det om mig själv jag pratar.”

*

Hur tänker han om alla brev och anteckningar han kommer att lämna efter sig?

Känner han en oro över hur de kommer att hanteras?

Kanske känner han också en tillfredsställelse över att det finns någon som vill förstå varför hans liv och gärning blev som den blev?

Beror oron på att det som dras fram i ljuset kanske hanteras på ett ytligt och fördomsfullt sätt?

Göran Odbratt säger att Carlo aldrig skulle vara helt nöjd med en beskrivning som försöker fånga in, greppa hans tankar, handlingar och verklighet. Han skulle alltid ha ändringsförslag som ytterligare förklarade förutsättningar och skeenden.

Kanske skulle han bättre acceptera en serie bilder och en diktsvit? Kanske var det därför det gick så lätt att samarbeta med honom om ”Barn Bild Begåvning". Den handskrivna texten kunde varieras. De textade eller skrivna orden kunde anpassas till Carlos tonfall. Skrivsättet anpassades till hans sätt att berätta. Bilderna förtydligade texten.

En av de ljusaste bilder man kan ta. Tänk alla rostiga lock i samhället. Så kan konsten beskriva det som inte vetenskapen kan. Ur boken Barn Bild Begåvning. *Teckning Jan Bahlenberg.*

”Varom man ingenting kan säga därom kan man inte tala.” Fel: konst, poesi, musik kan tala om sånt man inte kan tala om med det logiskt empiriska språket.

Texten som Carlo syftar på är felciterad. Det är från Ludwig Wittgensteins bok ”Tractatus logico-philosophicus”.

Det skall vara: ”Vad man icke kan tala om, därom måste man tiga”. I sitt förord skriver Wittgenstein att det sammanfattar bokens hela mening.

Det är det vetenskapliga språket han talar om. Han skriver också till sin förläggare som i sin tur refererar: ”Mitt verk består av två delar; det som jag har skrivit och det som jag inte har skrivit – och det är det senare som är det viktiga!”

Det visar att Wittgenstein inte är av någon annan åsikt än Carlo; konstens och poesins språk kan uttrycka det som inte vetenskapens språk kan.

Men Carlo har ändå rätt i sitt påpekande. Wittgensteins citat används ofta utan påpekandet att det rör det vetenskapliga språket.

För Carlo måste det ”logiskt empiriska språket” hela tiden som komplement ha de andra språken. Inte för att bli vetenskapligt utan för att människan och hennes tankar och handlingar ska kunna förstås.

Han klagar ofta över hur svårt det är med det skrivna språket.

Så söker han aktivt och nyfiket både nya tankar och slående uttryck i TV- eller radioprogram. Eller så hittar han en formulering i en tidningsartikel som tar upp en problematik han intresserar sig för.

Ständigt verkar han leta formuleringar till sina föreläsningar.

Ständigt letar han uttryck som bättre förklarar den komplicerade tanke han vill förmedla.

Ständigt verkar han söka bekräftelse på att det han säger kan belysas ur ytterligare en synvinkel.

När han har något att reda ut i sin tankevärld är han alltid mån om att relatera det till sina egna upplevelser av verkligheten. Han vänder och vrider på sina och andras tankar för att få tag på den exakta formuleringen till vad han vill uttrycka.

*

”Tycker Carlo”, ”Jämför Carlo”, skriver han i sina anteckningar.

Inga böcker. Anteckningar som verkar vara gjorda för att reda ut hans egna tankar; som ett slags ”mind maps”.

När det han skriver finns i tryck är det som ett förord i en bok, som en katalogtext till en utställning eller som ett tal vid Carl Nordenfalks begravning.

Ofta lierar han sig med någon som blir medförfattare. I Odbratts bok skriver han efterordet tillsammans med sonen Jacob. I gravtalet till Jan Thomæus förbereder och skriver han det tillsammans med Bertil Sundin.

Carlo är en antecknande skrivare. Böcker han läser är fulla av hans kommentarer och omformulerade tankar. Till alla hans föreläsningar finns mappar där han samlat relevanta citat och hans egna anteckningar som ser ut som egenartade skattkartor, svårlästa och skrivna i alla möjliga riktningar.

Men mest läser han tidningsartiklar de sista åren, gör kommentarer i marginalen, klipper ut och sorterar in i mappar som ska säga någonting om honom själv.

Föreläsningsmapparna är fulla av anteckningar också utanpå. Av de olika anteckningarna går det att förstå att det till exempel handlar om ”Barn och Bild”, ”Modernismens betydelse” eller ”Siri Derkerts familjebilder”.

Jag tror att hans anteckningar visar hans oförfalskade uppfattningar. De är obearbetade och spontana och ger en sannare bild av honom än om de vore tillrättalagda och formulerade i korrekta meningar, tryckta i en bok.

I hans hem fanns hundratalet mappar. Det är ur följande mappar jag hämtat idéer till mitt skrivande:

Texter som handlar om Carlo Texter som handlar om Carlo
Carlo: Problem Karaktär
Carlo: Mänskor, situationer som han gillar
Carlos ideologi = livsstil
Carlo minns Valle Siri
Barn och Bild
Siri Derkert
Modernismens begynnelse (betydelse), eller Tidsbilder

Kanske finns här den viktigaste källan till att kunna få tag i hur Carlo Derkerts liv och gärning gestaltade sig.

Framför allt att fånga hans oredigerade tankar om sitt arbete som konsthistoriker och människa.

I min avhandling hade jag valt ut 217 citat, som blev till en tolkningsgrund. De flesta kommer från hans mapp "Barn och Bild", det föredrag han höll allra flest gånger runt om i landet.

Carlo kommer till Nationalmuseum

Samtidigt som Operation Overlord tar 156 000 man till Normandie och Omaha Beach cyklar en grupp konststuderande med Carlo i spetsen runt Skåne för att besöka olika konstnärer. Med på cykelturen är Britt och Oscar Reutersward.

Vi skulle nämligen 1944 cykla här i Skåne, den så kallade ”Konsthistoriska klubben”. Och då tog vi nattåg från Stockholm och till Lund med våra cyklar. Här skulle vi starta och sedan via Ystad komma till Glimmingehus och Österlen. Och då samlades vi på Centralstationen och steg upp i sovvagnen. Då låg man tre och tre i kupéerna.

Sedan klev vi ut nästa morgon på perrongen i Lund. Då visade det sig att vi pojkar var pigga och utsövda men flickorna såg glåmiga ut. Dom skulle i tur och ordning tvätta sig innan dom kröp till kojs. Och det var ju så mycket tvättceremonier, så det tog en timme för dom att komma i säng och släcka. Sen två timmar innan vi skulle av i Lund, så steg den första flickan upp för att tvätta sig över hela kroppen; morgontvätten. Därefter dom andra två flickorna. Det betydde att flickornas sömn hade varat två och en halv timma kortare tid än pojkarnas. Det där fick Carlo höra, men sa ingenting då i Lund. Så cyklade vi iväg och hade Ystad som nästa övernattningsort. Ett vandrarhem.

På morgonen, när vi vaknade, ösregnade det. Ett fruktansvärt regn med den påföljden att vi hela den dagen blev fastlåsta i Ystad. Och där blev Carlo liksom räddningen. Han satte sig på en hög stol mitt i logementet och hade flickorna på golvet runtomkring sig som lyssnade. Då lade han fram alla sina idéer om livet och människan och framtiden och så vidare.

Och sen kom han över till det här med tvättningen och förklarade att det var ju inte nyttigt med denna tvättning.

Människoaporna till exempel, sa han, tvättade sig ytterst sällan. Vi har på huden fetter och mikroskopiska djur och sådant, som är nödvändigt för kroppen. I stället tvättar vi bort detta med tvål och tvättmedel. Detta är absolut skadligt, sa Carlo. Man ska tvätta sig ytterst försiktigt och sällan.

Så kom han in på det att kvinnan förlorar sina dofter som hon har och som är så viktiga. Hon tvättar bort sina personliga dofter och luktar i stället tvål. Han tänkte då på den neonbelysning i Stockholm som reklamerade för Gahns tvålar. Att kvinnor kunde gå omkring och lukta Gahns tvålar i stället för att ha sina egna personliga dofter, som lockar männen till sig.

Och flickorna gjorde stora ögon. Det där hade dom ju aldrig hört från sina föräldrar, utan tvärtom. Så den kvällen tvättade sig inte flickorna och nästa morgon tvättade dom sig inte heller. Och sen cyklade vi från Ystad bort och övernattade på det berömda hotell Svea i Simrishamn och där tvättade dom sig inte när dom gick och la sig. Inte heller när dom steg upp.

När vi träffades vid frukosten, meddelades det att engelsmännen hade gått i land på den europeiska kontinenten. Så den dan är historiskt belagd. Och sedan när vi cyklade vidare blåste det och luktade får om hela gruppen. Vår grupp av cyklister började lukta faktiskt. Några av flickorna hade mens. Flickorna hade slutat att tvätta sig och tänkte att nu ska jag väl lukta riktigt personligt, så att Carlo får känna hur jag luktar. (Reuterswärd.)

Samtidigt som Konsthistoriska klubben cyklar runt Österlen har Erik Wettergren, som chef på Nationalmuseum, lockat Carl Nordenfalk att ta ansvaret för museets depositionsavdelning.

Nordenfalk kommer från Göteborg där han är docent vid Göteborgs högskola och intendent vid Göteborgs Konstmuseum. Han är en snabbt stigande raket i den museiinriktade konstforskningen. Han är ung, 37 år. Dynamisk. Har redan skaffat sig ett rikt kontaktnät inom den internationella museivärlden.

Han har skrivit en monografi om Vincent van Gogh. Hans bror som arbetar på Norstedts förlag gav honom uppdraget. Boken kom ut 1943.

Arbetet med boken leder till direktkontakter med sonen till Theo van Gogh, den store målarens bror. Det kommer att bli betydelsefullt när Nationalmuseum beslutar sig för att ha en stor van Gogh-utställning 1946. Den första upplagan av boken tar snabbt slut och trycks upp på nytt. Hela boken är fylld av citat från den omfattande brevsamling som Vincent van Gogh lämnat efter sig.

*

Även Carlo har fastnat för Vincent van Gogh. Carlo imponerar på sina kurskamrater med sina tankar om van Goghs färgpalett; Karl-Gustav (Pontus) Hultén, Hans Eklund, Stig Fogelmarck, Britt och Oscar Reutersvärd.

På seminarierna framför Carlo sina idéer klart och tydligt, men i skrift blir det uppstyltat och otillgängligt.

> Carlos tragiska handikapp var detta: Han kunde inte formulera sig annat än muntligt. Så fort Carlo satte sig ner att skriva så fick han kramp. Och det han då åstadkom var en språkbehandling som var så förskruvad, så att det var ogripbart och även obegripligt att läsa. Sådana som är strålande talare och muntligt berättande eugenier, dom låser sig när dom ska skriva. (Reutersvärd.)

Carlo studerar van Goghs brev. Han försöker sätta van Goghs sinnesstämningar och temperament i relation till de aktuella målningarna. Så skapar han ett tredelat system mellan den fysiska färgen, människans färgkänslighet och konstverkets pigmentuppbyggnad.

Han experimenterar.

Söker nya ord.

Letar efter bättre beskrivningar av van Goghs färgnyanser.

De praktiska experimenten gör han tillsammans med Siri i Lillstugan. Hon blir så ivrig att få tag på hur van Gogh gjorde sina trefärgsblandningar att hon nästan tar över färgexperimenten helt och hållet. För Carlos del blir han aldrig nöjd med de ordsammansättningar han försöker skapa som ska motsvara nyansen i färgblandningarna de får fram.

Hans formuleringar blir aldrig tillräckligt tydliga, tycker han. Hela tiden vill han byta ut ett ord eller korta ner en mening.

> Carlo Derkert har genom sina analyser av van Goghs färgblandningar påvisat att denne redan i Arles börjar bryta de rena regnbågsfärgerna med en

trefärgspâte, som huvudsakligen skiljer sig från Hollandsårens genom en rikligare tillsatts av vitt. Hur blå hans himlar än lysa över de gula sädesfälten ha de dock i regel en "onämnbar" nyans av grågult som tillsats till den rena tubfärgen. Men det är först i St. Remy som han konsekvent utvecklar en kolorit byggd på färger brutna medelst trefärgsgrått. Det är detta som ger "Lazari uppväckelse" efter Rembrandts etsning denna underbara glans av gammalt guld och silver, som så gripande tolkar budskapet från gränslandet mellan liv och död, en kolorit påminnande om effekten av en fjärrorgel. (Nordenfalk.)

När så småningom Carl Nordenfalk och Carlo Derkert träffas för första gången så har de ett intresse gemensamt: Vincent van Gogh.

Vet de om varandra redan innan de träffas?

Carl Nordenfalks bok om van Gogh borde Carlo känna till. Just hans ämne i sina konsthistoriska studier. Carlo har med sin kunskap om färgblandningar tillfört nya idéer om van Goghs bilder. Det borde ha intresserat Nordenfalk. Idéerna finns visserligen inte i skrift, men det pratas om det i konsthistoriska kretsar.

Det dröjer innan de träffas, men när de väl gör det varar vänskapen resten av livet.

Citatet ovan är hämtat ur den tredje upplagan av Nordenfalks bok "Vincent van Gogh – En livsväg". Eftersom den första och andra upplagan kommer innan Nordenfalk och Carlo träffats har det varit intressant att jämföra upplagorna. Den tredje upplagan är 29 sidor längre.

I det förordet tackar Nordenfalk speciellt Folke Holmér, Carlo Derkert, Oscar Reutersward och Hans Eklund. Den första förändringen i den tredje upplagan är ett långt citat ur ett brev från Vincent där han klagar över de präster som tillhör en gammal akademisk skola:

Du skall veta att med predikanterna förhåller det sig som med konstnärerna. Det finns en gammal akademisk skola, som ofta är avskyvärd, tyrannisk, en förtvivlad styggelse kort sagt, folk som har liksom en rustning, ett järnhårt pansar av fördomar och konventioner; när sådana står i spetsen för ledningen, förfogar de över platserna efter gottfinnande och genom ett system av förevändningar söker de hålla sina skyddslingar under armarna och utesluta den naturliga människan. Detta sakernas tillstånd har sina vanskligheter för den som inte går med på systemet och som med hela sin

> själ och med hela sitt hjärta och med hela den indignation han är mäktig protesterar däremot. Vad mig beträffar respekterar jag de akademister som inte är som de här beskrivna, men de anständiga bland dem är mycket mera tunnsådda än man skulle kunna tro vid första anblicken. En av anledningarna till varför jag sedan åratal är utan anställning, är helt enkelt att jag har andra åsikter än dessa herrar som sitter och delar ut platserna åt likatänkande. Det är inte en enkel fråga om klädedräkten som man hycklande förehållit mig, det är ett långt allvarligare problem, det kan jag försäkra dig.

Det är lätt att i det här van Gogh-citatet se likheten till Carlos situation. Hans svårigheter med sina studier.

Det går inte helt säkert att säga vem det är som fört in citatet ovan i den nya upplagan. Jag tror att det är Carlo. Det finns något hos van Gogh som appellerar till Carlo.

Hade det funnits ett tidningsreportage om van Gogh att klippa ut så hade Carlo haft det i sin mapp med ”Texter som handlar om Carlo”.

Återkommande har jag hört Carlo säga att van Gogh tillhör de människor som finns inuti honom. Att van Gogh är så att säga hans samtalspartner och trots sin död ständigt närvarande.

Eftersom Nordenfalk i sitt förord tackar en grupp av konststuderande är det svårt att exakt veta vad Carlo bidragit med.

Enligt Oscar Reuterswärd står Carlo ensam för alla förslag till förändringar. Det är ju också Carlo som står för ämneskunskapen om van Gogh. Det är han som ”lusläst” alla brev. Men det är säkert de andra i gruppen som formulerar texten.

Den enda text som tas bort ur den tredje upplagan är meningen:

> Ett av dessa landskap äger Nationalmuseum i Stockholm (färgplansch III). (Nordenfalk, 1943.)

Anledningen till att meningen finns med i tidigare upplagor är att varken Carl Nordenfalk eller konsthistorikerna på Nationalmuseum förstår att den tavla som Axel Gauffin köpt in till museet 1913 är en förfalskning.

Den upptäckten görs av Carlo, Oscar Reuterswärd och Hans Eklund i samband med hängningen av van Gogh-utställningen 1946.

*

Men nu är det 1945 och i maj kommer den efterlängtade freden. Nu kan äntligen mörkläggningsgardinerna tas bort från fönstren.

Det är en ny tid som väntar.

Också för Nationalmuseum är det efterkrigstid och utveckling som väntar. En ny publik ska lockas till museet. Ett modernt samhälle ska formas och Sverige har klarat sig från att bli indraget i krigshandlingar.

Den första båten med bananer kommer till Sverige och först ska varje barn få smaka. Tuggummi är en ny företeelse. Mjölk köper man i mjölkhämtare, fast det börjar finnas flaskmjölk. Plast och tejp finns inte, men nylonstrumpor från Amerika är eftertraktade.

En spårvagnsbiljett kostar 20 öre för vuxna och 10 öre för barn och spårvagnskonduktören är den som bestämmer vem som är under 6 år och får åka gratis. I skolan har Sjöholm/Goes arbetsböcker börjat användas, där barn får färglägga bilder av Stadshuset och Molins fontän med torra kritor, som lätt bryts av. Det lär ha funnits lärare som samtidigt med att barnen fått nya kritaskar bett barnen öppna askarna och bryta av kritorna så att det blir avklarat.

*

Den första utställning som Carl Nordenfalk ansvarar för är ”God konst i hem och samlingssalar”. En utställning som vänder sig mot ”hötorgs-måleriet” och slår ett slag för den konstnärliga färglitografin. Ett ekonomiskt överkomligt alternativ.

Sveriges främsta konstnärer gör litografier – bland andra Albin Amelin, Tor Bjurstöm, Sven Erixson, Isaac Grünewald, Lennart Rodhe och Otte Sköld.

Utställningen blir en framgång, men insändarspalterna flödar av inlägg från dem som känner sig utsatta för konstexperternas översitteri. I ett inlägg från Aftontidningen den 25 oktober 1945 sägs följande:

> Det s.k. moderna måleriets män har satt sig en stor kulturell uppgift före, de skall nu ”pryda” de offentliga lokalerna i vårt land med sin ”konst” och

såmedelst ”fostra” det okunniga folket så att de, som målarna uttrycker sig, skall kunna ”se med andra ögon” på naturen och den värld vi lever i.

Det torde emellertid falla sig svårt för förnuftigt folk som alltsedan barndomen har lärt sig att se och älska det sköna i naturen i ”färg och form” sådan Vår Herre har skapat åt oss, att utan vidare mönstra om och acceptera det onaturliga och vidriga sådant den nymoderna ”konstens” utövare framställer den på sina dukar.

Då vi nu har fått veta att direktionen för Folkets Hus här i Stockholm har beslutat att inköpa en samling av numålarnas rebusar för att hängas i samlingssalarna där porträtten av arbetarrörelsens pionjärer har sina platser, så bör kraftig protest höjas. Folkets Hus är ett verkligt folkets hus där alla arbetare har rättighet att trivas och känna sig hemma och slippa att bli fostrade och omskolade av obehöriga. Många arbetare trivs gott med sin ”hötorgskonst” på väggen, men vill inte ha ”haglundskonstens” mardrömmar i sitt rum.

Det är till den utställningen som Carl Nordenfalk ber Carlo att vara guide. I sitt minnestal vid Nordenfalks begravning tar Carlo upp hur de första gången möts. Det är under en fest som Clarté anordnar på Kårhuset som Carl Nordenfalk kommer fram till Carlo och frågar honom om han vill visa utställningen på Nationalmuseum.

Carlo påstår att han inte visste att Nordenfalk var konsthistoriker, inte heller att han recenserade konst i dagspressen.

Det är märkligt att Carlo inte med ett ord berör i sitt tal deras gemensamma intresse: Vincent van Gogh.

Eller kanske är det inte alls märkligt?

Carl Nordenfalks behov att komma åt Carlos kunskaper om van Gogh och Carlos behov av att få ett arbete, är så känsligt. Han är trettio år, men har ingen formell kompetens för att vara guide på museet. Carlos studiekamrater förvånas över att den ende som inte gjort färdigt sin uppsats blir utvald.

Så började det. Jag vet inte varför du väljer denne fil.kand-studerande från Norrtullsgatan. Tillika konstnärsbarn. Ditt erbjudande att bli guide på Museet tvingade mig till förberedelser. Gav mig påtagliga kunskaper. Inga reproduktioner, inga diapositivbilder. Men påtagliga, närvarande konstverk som studiematerial… Det är Din tillit och Din respekt för mitt arbete som visare och pedagog som under dessa år ger mig inspiration och säkerhet. (Derkert.)

Det förvånar Carlo att han, som bara är konsthistoriestuderande och "tillika konstnärsbarn", får komma in i detta hierarkiskt uppbyggda museum där man håller styvt på status och akademiska meriter.

En annan version bidrar Elias Cornell med då han berättar att han flera år tidigare lyckats övertala Carlo att leda konstkurser på Nationalmuseum i konstfrämjandets regi. Då blir det inte längre till ett mysterium att Carl Nordenfalk känner till Carlos kvalitéer. Mysteriet ligger snarare i varför Carlo friserar verkligheten.

Oscar Reutersward anser att Carlo med sitt temperament, sin närvaro och intuition tillför det som Carl Nordenfalk själv saknar. Nordenfalk är dock tillräckligt lyhörd för att förstå det värde som Carlo representerar.

Reutersward beskriver hur han blev inkallad och utskälld av museidirektören Erik Wettergren och hela tiden blev kallad "kandidat Derkert":

> – Det ska kandidat Derkert tänka på i fortsättningen! Och det hoppas jag...
>
> Till slut så sa jag:
>
> – Förlåt, men jag är inte kandidat Derkert. Jag är kandidat Reutersward.
>
> – Jaså, finns det en till som inte kammar håret!
>
> Och sedan körde han ut mig, men det var en ära för mig att bli sammanblandad med Carlo.

Carlo och Kerstin har en lägenhet på Norrtullsgatan. Kerstin är från Falun och studerar teaterhistoria. Hon är politiskt aktiv, socialist och medlem i Clarté. "Carlo var marxist och Siri var väl närmast stalinist", berättar Reutersward.

När Carlo ska ta med Kerstin hem till Siri för första gången ber han att Oscar och Britt ska följa med för att dämpa Siris reaktioner. Hon har fått en konkurrent om Carlo. Kerstin upptäcker ganska snart att det är svårt att ha Siri till svärmor. När Kerstin och Carlo så småningom gifter sig (Kerstin har som tvåbarnsmamma ledsnat på att överallt tilltalas "fröken Hildinger") är Siri med på bröllopsresan och kvällsritualerna med högläsning i sängen ska alla delta i.

*

Det är den första september 1945 som Carlo börjar sitt arbete på Nationalmuseum. Han får 300 kronor i månaden, men redan från januari 1946 ökar lönen till 555 kronor. Nordenfalk ordnar ett anslag från Stockholms stad på 10.000 kronor för pedagogisk verksamhet. Carlo kallas studieledare och skall visa konst för Stockholms skolbarn. Själv kallar han sig ”museivisare”.

Att visa konst för barn har den lägsta statusen. När vaktmästarna ropar nerifrån entrén: ”Dom är här nu!” så verkar de mena att det är en hop vilddjur i antågande. Tidigare har alla amanuenser flytt åt olika håll när de hört vaktmästarnas ropande. De ville inte bli störda i sina skrivbordsarbeten; att författa katalogtexter till kommande utställningar. Nu kan de lugnt sitta kvar. Det finns en som är speciellt avdelad att ta hand om skolklasserna. Hela tiden nya skolklasser.

Carlo tar hand om alla dessa visningar. 9.30–14.00.

Han bestämmer sig för att inga barn ska få gå ifrån visningarna utan att ha ritat en bild. Därför står han där i trappan och tar emot skolklasserna med en stor klädkorg på magen fylld med papper, underlägg i kartong och pennor.

På ena sidan av papperet finns en blandning av tryckstil och Carlos karakteristiska och svårlästa handstil.

Längst ner på sidan uppmanas barnet att ”rita något ur målningarna eller något du drömt eller något du varit med om”. Ett mycket hastigt tecknat djur som i en pratbubbla säger: ”Vänd på sidan och rita något är du snäll” finns där för att ta bort prestationsångesten.

Med barngruppen runt sig i trappan skyndar sig Carlo att tala om att han som rider på tavlan ovanför trappan är Gustav Wasa. Han säger det för han är orolig att den medföljande läraren ska passa på med lärarfrågor: ”Kan någon tala om vilken kung det är som avbildas på tavlan?” Han vill göra barnen till konstteoretiker, säger han. Frågar om de kan se hur kransen sitter fast på tavlan. Om de kan se någon spik eller något snöre.

När barnen svarar att det inte finns någon spik eller snöre så avslöjar Carlo att det heller inte behövs. Kransen är ditmålad. Det är ingen riktig krans, utan litet färg som gör att man tror att det är en krans.

Det är en illusion.

När man lärt sig det är man konstteoretiker.

Sedan visar Carlo de tavlor han valt ut och han är noga med att lyssna till

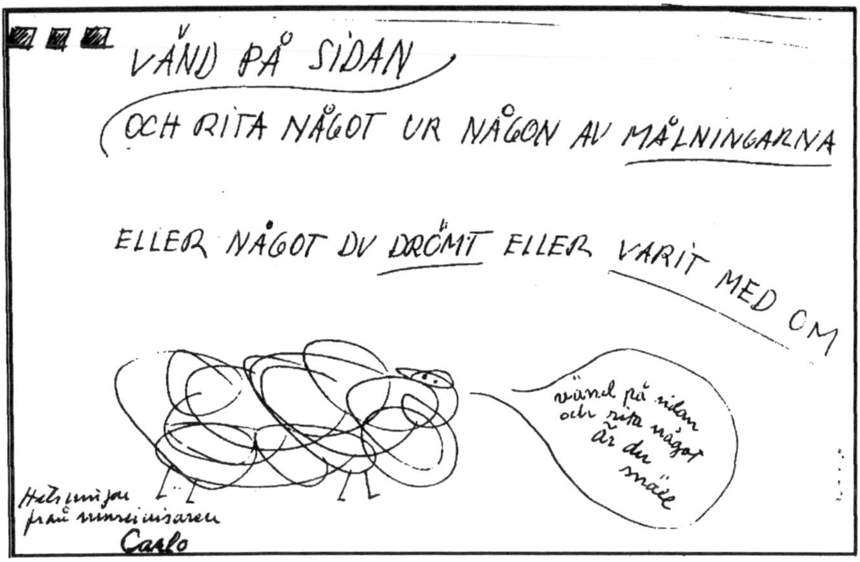

Detalj av arbetsblad som Carlo använde vid sina visningar för barn på Nationalmuseum.

vad barnen säger. Han vägrar att göra visningarna till ett kunskapstillfälle, som kravet från skolan är, utan gör det i stället till en upplevelseresa, där barnen kan utgå från sina egna erfarenheter.

Det handlar om att upptäcka sig själv och sina egna erfarenheter i det man ser.

Han pendlar mellan två olika förhållningssätt. Å ena sidan visar han hur fascinerad han är av det han själv gör. Han ser det som att göra en föreställning, ett skådespeleri för att barnen ska se på honom litet förvirrat och tycka att det är intressant. Å andra sidan; han redovisar en kunskap som han har skaffat sig. Det tycker han är den bättre metoden; vi vet lika lite i vissa sammanhang, att just osäkerheten är mycket viktig, att man redovisar osäkerheten.

För att hjälpa barnen anknyter Carlo hela tiden till deras egna erfarenheter; Rembrandts tavla med en gammal man ger t.ex. möjligheten att prata om mor- och farföräldrar. Hur de ser ut. Hur de pratar. Hur det var på Rembrandts tid. Hur vanligt det var att då måla av gamla människor.

Från 1964 finns en bandinspelning av ett samtal mellan Carlo och en 11-årig flicka som besöker Popkonstutställningen på Moderna museet.

Carlo: Den här röda formen – skulle du kunna se vad det är?

Flickan: En tunna, en tillbucklad tunna.

Carlo: En kolossalt tillbucklad tunna. Vad är... sen ska vi slå upp i katalogen, för jag har visserligen hängt utställningen, men jag har inte alltid... jag har alltså inte tittat i någon katalog... alltid. Nu ska vi se... 43! Kan du läsa?

Flickan: Stek, hihi.

Carlo: Är den tillagad eller rå?

Flickan: Det är papper om.

Carlo: Vad är det man ser, alltså?

Flickan: Det är kött det där.

Carlo: Det är köttet, ja. Det är ju en härlig biffstek, 30 centimeter, 40 centimeter. Och den är gjord av för material då? Ska vi se här!

Flickan: Gips och emaljfärg.

Carlo: Det är en väldig gips – vad ska vi säga – modell, som nån har gjort, va. Mera då, vad hittar vi mera?

Flickan: Där... jag vet inte.

Carlo: Det måste vi titta på! Vi har (läser ur katalogen) ”liten ugnsstekt potatis med smör och fyllning, 1963.”

Flickan: Mm!

Carlo: Det här är ju som att komma till ett främmande land. Man känner sig som en sån därn etnograf.

Flickan: Hmm!

Carlo: Man tänker: ”Vilken kultur har jag hamnat i?”

Flickan: Hmm!

(Radioprogram av Agneta Mogren med anledning av att Carlo Derkert tilldelats Stockholms stads guldkänga.)

När jag lyssnar på tonfallen hos främst flickan tycker jag mig uppleva både att hon är generad över att vara så uppmärksammad av en vuxen och samtidigt alltmer stolt över att kunna delta i dialogen. Carlo är noga med att få med henne som dialogpartner, utan att för den skull göra sig till eller göra sig själv barnslig. I en jämförelse skulle det vara intressant att visa hur dagens hallåor – manliga och kvinnliga – i TV:s alla barnprogram verkar tro att man måste göra sig till och vara extra barnslig i sina reaktioner för att få kontakt med barn. Där är det ingen hejd på hur ”fiina” och ”braaa” alla inskickade barnteckningar är. Som om det inte finns andra sätt att bemöta barns allvarliga försök att gestalta sina tankar om världen.

*

1946 är den stora utställningen med Vincent van Gogh. Carl Nordenfalk, som nu har sett Carlo Derkerts kvalitéer som konstguide, engagerar honom, Oscar Reutersvärd och Hans Eklund att assistera vid hängningen av utställningen.

Genom sina förbindelser med Norstedts förlag har Nordenfalk låtit trycka upp en reproduktion i naturlig storlek av Nationalmuseums tavla "Landskap med sädesskylar". Den sprids över landet genom studieförbund och Konstfrämjandet.

I Toledo Museum of Art i Ohio finns en likadan tavla.

Bägge tavlorna finns omnämnda i brev skrivna av van Gogh.

Tavlan i Stockholm anses vara en förstudie, men har inte de mått som van Gogh angett: "une toile carrée de 30", som är ett standardmått 73 x 92 cm.

När de tre konststuderandena ser att Stockholmstavlan har måtten 53 x 66,5 cm, börjar de att närmare jämföra de båda målningarna. Och de skriver en artikel om vad de har upptäckt.

De konstaterar då att Toledotavlan ger en verklighetstrogen bild av staden och dess omgivningar. Man kan skymta bebyggelsen på andra sidan Rhônestranden.

Stockholmsduken har bevisligen haft Toledotavlan till förebild, inte tvärtom. Den svenska versionen har inte Toledodukens precisa skildring av Arlestraktens struktur och atmosfär. Fonden liknar mer ett berglandskap och påminner inte alls om Rhônedalen. Staden är bortopererad. Helhetsbilden saknar känning med trakten.

I förgrunden finns i båda tavlorna en skördeman som på tavlan från Toledo lämnar efter sig en tydlig yta med mejad säd. I tavlan på Nationalmuseum har skördemannens skära försvunnit. Man ser inte heller att han håller något sädesknippe i den vänstra handen. Den mejade säden har förvandlats till en halmstack, där en kvinnofigur sitter och lutar sig mot en av sädesskylarna.

Så här långt kan det ändå vara van Gogh som är konstnären bakom bägge tavlorna. Han målar ofta samma motiv flera gånger. Han gör variationer där det finns förändringar i perspektivet. Eller skildrar motivet ur annan vinkel.

Detalj Landskap med sädesskylar, Toledoversionen. En verklighetstrogen bild av Rhônedalen och staden.

Detalj Landskap med sädesskylar, Stockholmsversionen. Här är staden helt borttagen och ersatt med något som ser ut som en kyrka och en bondgård.

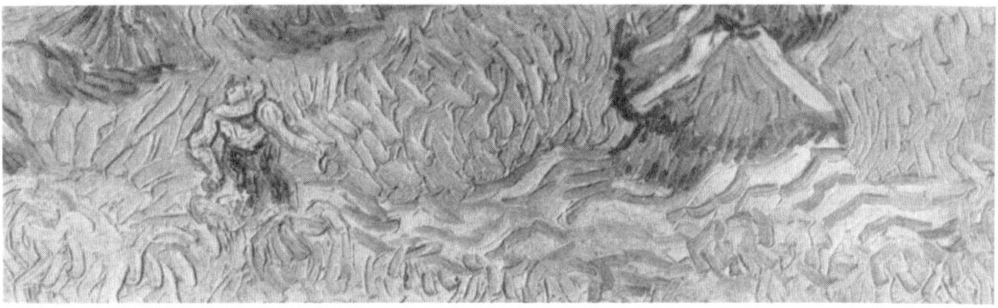

Detalj Landskap med sädesskylar, Toledoversionen. Tydligt syns skillnaden mellan den mejade säden och den icke mejade.

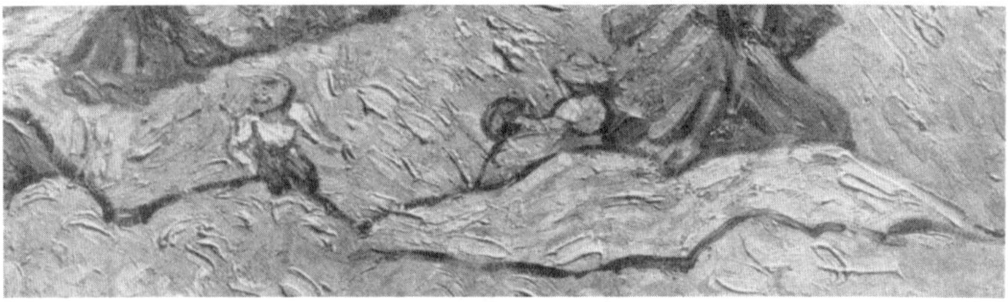

Detalj Landskap med sädesskylar, Stockholmsversionen. Den mejade säden har delvis förvandlats till en kvinna, som lutar sig mot en sädesskyl.

Han gör repliker där tavlorna är mycket lika.

Stockholmsduken borde i så fall vara en replik, men stämmer inte med van Goghs sätt att måla: Den är suddigare i motivet i stället för tvärtom.

Artikelförfattarna jämför hur van Gogh gjort vid andra tillfällen. De vill vara tydliga i sin argumentation.

I ”Fruktträd i blom” har motivet utvecklats och getts en mer grafisk form jämfört med dess förebild ”Persikoträd i blom”. På samma sätt förhåller det sig med de båda versionerna av ”Ravinen”. Studien i Leicester Galleriet, London, återspeglar van Goghs omedelbara naturupplevelse medan repliken hos Kröller-Müller Foundation ger en helhetsbild ”av en större grafisk fasthet. Klippformationernas arkitektur och det strömmande vattnet” är återgivna mera utmejslat, konstruktivt och dekorativt än i originalmålningen.

Med detta konstaterande beger sig gruppen av assistenter till Nordenfalk med en begäran att få publicera sina upptäckter. Han ger sitt tillstånd.

Dock avkräver han ett löfte att de inte ska skriva att Nationalmuseums tavla är en förfalskning. Om det just då kommit ut att reproduktionen som Nationalmuseum låtit trycka upp hade gjorts på en förfalskning så hade skandalen varit svår att klara för museet. De ska också skriva på engelska.

Enligt Oscar Reuterswärd blir det en omfattande artikel, som i nedbantat skick kommer ut i Konsthistorisk Tidskrift 1946.

En liten inklistrad ”brasklapp” lyckas Carlo, Hans Eklund och Oscar Reuterswärd få med i det särtryck som görs av artikeln:

> A solution which would smooth over the difficulties set forth here would be the supposition that the Stockholm picture had, in fact, not been executed by van Gogh himself, but emanated from another hand. No decisive evidence in favour of this hypothesis can, however, be adduced.

Resultatet blir att Nationalmuseums tavla flyttas undan och att hänvisningen i Nordenfalks bok att ”ett av dessa landskap äger Nationalmuseum” tas bort i den tredje upplagan.

Först på 90-talet bryr man sig om att ta reda på om det är en förfalskning eller inte. Man har funnit kadmiumgult på den förfalskade tavlan, något som van Gogh aldrig använde. Det var dyr färg. En sådan färg hade han aldrig råd med. 2004 ställer Nationalmuseum ut tavlorna för att människor ska kunna jämföra och se det Carlo upptäckte redan 1946 tillsammans med sina vänner.

Dialog vid Mariatorget

På långt håll ser jag honom. Tvärs över gatan vid hans bostad står hans egen träbänk, "Carlos bänk". Det är där han sitter. En gång ringde mig en vän och klagade för att hennes skrivande hade låst sig. Hon frågade mig om råd och jag visste att just den bänken fanns inom promenadavstånd för henne.

– Ta med dig papper och penna och sätt dig på "Carlos bänk" och skriv, så ska du se att det löser sig.

En vinterbild av "Carlos bänk" tvärs över gatan vid S:t Paulsgatan 35 B.

– Det ska jag göra, sa hon med ett tonfall som om skrivkrampen redan hade släppt.

När jag kommer närmare upptäcker han mig och vinkar glatt. Han har lovat att berätta för mig om van Gogh. Jag har försökt förbereda mig. Så brukar han själv säga till publiken när han börjar. Både Carl Nordenfalks "Vincent van Gogh, En livsväg" och Irving Stones "Han som älskade livet" har han läst, berättar han. Det får aldrig vara något mystiskt med hans kunskaper. Han ger sig själv tillåtelse att vara osäker, att behöva en minneslapp.

Nu har jag förberett mig; lyssnat igenom hans inspelade van Gogh-föreläsningar. Dessutom valt ut några bilder av van Gogh, som jag har med mig. Se om Carlo inspireras att berätta något speciellt om van Gogh utifrån bilderna. Fast troligtvis behöver jag inte ta fram bilderna ur mappen jag har under armen. Konsthistoriska kunskaper har han gott om. van Gogh har han ett speciellt förhållande till. Hans konst och brevskrivande har givit förklaring och tröst åt det Carlo haft att kämpa med i sitt liv. Det jag undrar över är – hur?

Hela Hornsgatsbacken upp från Slussen har jag gått och tänkt på hur jag ska börja. Att jag ska härma honom och hoppa över alla inledningar. Därför har jag gått och mumlat ordet "självdokumentation". Det har jag hört honom säga. Det är det första jag ska säga. Så jag slår mig ner bredvid honom och drar in andan för att bli först, då jag hör honom säga:

– "De första stegen" heter skulpturen här. Jag har aldrig brytt mig om att läsa skylten. Jag har alltid trott att den hette "Mor och barn". Där ser man. Man lär sig hela tiden.

Jag går fram till skulpturen och ser att konstnären heter Karl Hultström. Att det är eleverna vid flickläroverket, som samlat in pengar till skulpturen. Rest 1942 står det. Jag ska just till att få ur mig mitt förberedelseord, när han förekommer mig igen.

– Jag har tänkt på en sak. Det är ju ingen idé att jag sitter här och berättar det du redan kan. Vi vänder uppochner på det hela. Du berättar det du tycker är intressant. Det blir trevligast för oss båda. Mera som ett samtal. En platonsk dialog, va! Var vill du börja?

– Hornsgatan upp har jag hela tiden gått och tänkt på ditt ord "självdokumentation". Det stämmer väl in på hela van Goghs produktion. Också hans brev. Som om han sina sista tio år arbetade på en självbiografi i ord och

Karl Hultströms skulptur "De första stegen", som Carlo lärt sig att den heter.

bild. Vad han än tog sig för blev det avtryck av hans personlighet, inte sant? Det var inte bara självporträtten som var självporträtt och var ett dokumenterande av vem han var. Hur han tänkte. Som du med dina anteckningar. Du har ju sagt att det inte finns något annat än inre bilder…

– Antingen det är olivträd, cypresser eller människor han tecknar eller målar så formas dom av den sinnesstämning han just då befinner sig i. Så är det för Siri också. Hon är som van Gogh, målar verkligheten, men färgar den med sin speciella personlighet. Så gör du och jag också för den delen. Våra handlingar avspeglar hur vi uppfattar omvärlden och det blir till avtryck som talar om vilka vi är.

– Så då blir dom gamla kängorna som han målade i Paris, va, det blir ett självporträtt.

– Javisst! ropar Carlo högt så att en kvinna med barnvagn på andra sidan gatan tittar förvånat åt vårt håll.

– Är det en manlig eller kvinnlig medborgare i vagnen? ropar han tvärs över gatan och kvinnan ler förvånat mot honom och ropar tillbaka:

De gamla skorna, Paris 1886.

– Hon heter Siri som din mamma!

– O, vad du gör mig glad! svarar han henne och fortsätter sedan vänd mot mig:

– Det är ett självporträtt i högsta potens. Du förstår van Gogh är en pilgrim, en vandrare, hela tiden på väg. ”On the road” skriver han på en bild.

– Att vara på väg kan ju tolkas både bokstavligt och bildligt…

– Bra, bra, bra, avbryter han mig. Det är båda delarna för van Gogh. Han sliter verkligen ut skor. Han är lärare i Ramsgate och får ingen lön. Då går han till London som ligger fyra mil bort. Varje helg går han för att han vill komma i närheten av Ursula som han förälskat sig i. Hon har visserligen avvisat honom för hon är redan förlovad. Det accepterar han inte. Det är bara att hon inte förstått hur mycket han älskar henne. Utanför huset där Ursula bor, står han och ser hur ljusen släcks i rum efter rum. Han gör inget för att visa sin kärlek. Hoppas bara att kvinnan ändå ska förstå. Sedan är det bara att vandra tillbaka de fyra milen till Ramsgate. Bara han kunde få förklara för henne så skulle hon börja älska honom, men han gör det inte. Han ställer verkligen till det för sig. Till och med när Ursula gifter sig står han i strömmande regn och har inte fattat att det pågår ett bröllop i det upplysta huset. Han måste fråga kusken utanför som upplyser honom om vems bröllop det är. Då flyr han från England.

– Nu gör du det komplicerat för mig; han slet ut skor, han hade enorma kärleksbekymmer och verkade vara otroligt envis…

– Ja, men så är ju livet. Om det bara vore en sak i taget som pågick… Det spännande med van Gogh är att det är en trasslig härva av problem som han brottas med. Pengar som inte räcker, hans misslyckade förälskelser och hans envishet som du säger…

– Det är verkligen sant. Dom utslitna kängorna kan kanske hänga med en stund till i vårt prat. Ett typiskt exempel på van Goghs envishet är väl när han vandrade de åtta milen från Cuesmes i kolgruvedistriktet till Bryssel för att prata med pastor Pietersen om sina bilder…

– Han har börjat teckna, ja, och slagit prästyrket ur hågen. Han är inne i en fas av livet som han kallar ”den aktiva melankolin”. Ruggningsperioden säger han om just det året, när han fått sparken som frikyrkopredikant.

– Ja, just det. Fåglar ruggar, säger man, när dom tappar sina gamla fjädrar och nya växer fram. Är det inte då han börjar kopiera andra konstnärers bilder?

– Han tycker att det är ett bra sätt att lära sig. Främst är det Millets gravyrer. Han längtar efter att prata med någon om sina bilder. Det är då han minns att pastorn målade i hemlighet. Dom tre francs han har i fickan räcker inte till någon tågbiljett. Det hindrar honom inte. Han vandrar istället hela eftermiddagen och natten. Framåt morgonen har han bara tre mil kvar. Då är skorna helt utslitna. Tårna sticker ut och några pappskivor är inte till stor hjälp. Han får blåsor under fötterna. Det blöder. Men han märker det inte. Han är helt inställd på att få prata. Väl framme känns han till en början inte igen. Smutsig och svettig med håret på ända. Nerblodade fötter. Han är helt slut och säger: ”Jag visste inte att jag var så trött.”

– Då är det inte konstigt att han kommer på att måla ett par utslitna kängor, säger jag för att komma tillbaka till symbolerna för van Goghs envishet. Dom är excellenta symboler för hur han är och hur han har det. Kanske tänkte han på sin åttamilavandring när han målade dom flera år senare.

– Jo, jo, men alla dessa kopior han gjorde för att han tyckte att han hade

Vincent van Goghs Såningsmannen (efter Millet) 1890.

så mycket han måste lära sig, fortsätter Carlo envist på sin inslagna linje och kommer in på ett annat tankespår:

– När van Gogh får en idé i huvet så bryr han sig inte om att tänka efter vilka konsekvenserna blir. Han gör sig ingen föreställning om vad som kan komma ut av samtalet. Han tänker inte på vad han ställer till med för sin omgivning. Det kanske är så att det är något av hans storhet också?

Medan jag lyssnar lägger jag märke till hur jag härmat Carlo och övergått till att tala om van Gogh i presens. Jag påminner mig vad han har sagt, hur van Gogh finns inuti honom. Att han gärna talar om honom i presens. Nu är det jag som pratar i presens. Det smittar att prata om livets villkor. Högt säger jag:

– Han får 150 francs i underhåll av sin bror och det räcker dåligt när han flyttat ihop med Sien. När det blir till gräl dom emellan så vill hon att pengarna ska användas till mat. Och van Gogh vägrar och säger att han måste ha pengarna till sitt arbete.

Carlo blir så ivrig att han inte klarar av att lyssna utan tar vid där jag tvingas sluta. Och jag påminner mig brevmeddelanden där Carlo varit bekymrad över hur pengarna ska räcka till. Han måste ha till nödvändiga restaureringar av Siris skulpturer. Det måste gå före. De är verkligen lika i sitt engagemang.

– Det går före matinköp. Han ger inte avkall på att han måste ha pengar till att betala sina modeller och till den målarfärg han behöver. Här kan vi göra det ännu rörigare genom att ta med att han faktiskt inte kunde måla ur fantasin. Det han målar måste han ha framför ögonen. Att motivet sedan förvandlas på duken till något annat har att göra med hans personlighet. Det vardagliga är viktigt för honom. Jag har läst det och vet att det låter uppstyltat – vardagens företeelser upphöjda till livsvärden. Ett vardagsföremål tydliggörs i en målning och får ett symboliskt värde. Genom att möta dessa vardagsmänniskor och vardagsföremål kommer vi att upptäcka att det är just i den vardagen som våra liv finns. Där finns våra värderingar. Där finns det som är heligt för oss. Också det som är farligt för oss. Han menar att en bondflicka i sin slitna lappade kjol och sin jacka, som genom väder och vind fått de finaste nyanser är vackrare än en herrskapsfröken.

– Det är därför han kämpar med den potatisätande familjen, för att få

Sien sitter modell och blir Sorgen personifierad. "Sorrow" har van Gogh skrivit nedtill, Haag 1882.

Potatisätarna, Nuenen 1885.

fram de rätta nyanserna. Och till slut lyckas han, fast målningen blev hårt kritiserad. För honom – och då tänker jag på ordet självdokumentation igen – innehåller målningen en fullskriven dagboks alla problem och sorger. Dottern i familjen som blev med barn och van Gogh som blev beskylld av prästen för att ha gjort henne med barn. Bybefolkningen som inte kunde förstå sig på en som gick runt i stugorna och letade motiv till sitt målande. Att han aldrig målade något vackert. Att han inte gjorde rätt för sig och att Theo fick försörja honom. Att prästen såg till att han blev uppsagd från sin bostad. Vad kommer allt hans elände ur? Är det den där övergivenheten som spökar för honom? Den där längtan efter kärlek?

– Vi vill alla bli älskade, eller hur? Du är ju hermeneutiker, säger Carlo, så du vet att man måste söka i hans liv efter orsakerna att det blev som det blev. Vilka är dom särskilda händelserna som påverkar honom? Han sätts i internatskola när han är nio år. Den övergivenheten känner jag till. När pappan reser ifrån honom så står han kvar länge och tänker, ”O, vad tomt här är! O, vad jag längtar efter pappa!” Efter fjorton dagar får han höra ett rykte att pappan ska komma och hälsa på. Han blir så oerhört glad. Pappan kommer och den lille pojken omfamnar pappan. Ett barn med ett alldeles enormt kärleksbehov. Det kan väl inte vara så farligt att krama sin egen pappa. Frågan är hur puritanskt hemmet är. Hur mycket kropp får det finnas i familjen?

– van Gogh själv berör det, hakar jag på Carlos resonemang. Det är när han bor tillsammans med Sien och han blir beskylld för att vara "déclassé". Du använde just det ordet i din föreläsning. Kommer du ihåg?

– Nog gör jag det. van Gogh säger: "Hon hade ett barn och jag måste ha kärlek. Jag längtar efter lidelse. Gud, var är han? Gud har övergivit mig! Den levande guden kan inte vara en träbock eller gjord av halm. Är det något med honom så måste hans budskap vara älska, älska mer, älska!" Det är det som är kärnan i livet.

– Det låter freudianskt på mig.

– Ja, som Freuds sexualteori, kompletterar Carlo. Han är en helt modern människa. Han förstår att den kroppsliga kärleken inte kan skiljas från den andliga. Finns den andliga kärleken och gemenskapen så tar den sig också uttryck i en kroppslig kärlek. Sien är redan med barn när dom flyttar ihop och han är med när barnet föds. Han skriver till Theo att han vill gifta sig med Sien. Lyriskt beskriver han hur han har det. "En ung ateljé, ett ungt hushåll i full gång. Det är inget mystiskt eller hemlighetsfullt med det. Det är en ateljé som slagit rot mitt i själva livet, en ateljé med vagga och pottstol. Där finns ingen stagnation. Allt uppmuntrar till aktivitet." Det är intressant att jämföra Carl Larssons hem med van Goghs. Carl Larsson var arbetarpojke och då strävar man till något bättre. van Gogh är borgarpojke och vill något annat. Siri var det också, från en stabil borgarfamilj. Ingen av dom hade behov av att beskriva det vackra. Dom tyckte till och med att det var ointressant.

– Jag minns att vi pratade om det när vi var på Waldemarsudde tillsammans.

– Det kommer jag inte ihåg.

– Jo, vi stod framför Karin Boyes akvareller och teckningar och du gjorde jämförelser med din halvsyster Livs bilder. Att Karin Boyes bilder var så romantiska medan du påstod att Livs illustrationer hade en helt annan förankring. Då kom vi att prata om Carl Larsson och van Gogh. Hur olika dom var. Att det berodde på deras bakgrund.

– Nu minns jag.

Vincents sovrum, Arles 1888. van Gogh har inte som Carl Larsson någon strävan att skildra det vackra. I dennes Matsalen, 1890–97, uttrycks en längtan bort från konstnärens torftiga barndom.

– Jag sitter och tänker i ett annat spår, säger jag. Det blev så mycket konflikter runt van Gogh. Konflikten med pappan, med Sien, med Kay, med sin farbror, med Gauguin, ja med den ena efter den andra. Hur kommer det sig? Han som är så bra på att formulera sig skriftligt, varför går det snett?

– Ja, man undrar ju. I dag när jag cyklade hem från museet – man kommer på saker när man cyklar, men man måste omedelbart skriva ner det när man kommer fram. Annars är det borta. Det här skrev jag: ”Varför dessa bråkiga människor? Riktiga värstingar! Det är van Gogh. Ensam och störande för att han inte lärt sig att kommunicera med världen.” Det är egentligen underligt. Tillhör man en borgerlig familj så vet man precis hur man ska kommunicera. Man lär sig ett system. Det är trevligare att vara trevlig. Släkten är också trevlig när man är trevlig.

– Jag hör ditt ironiska tonfall. Bara prata om det positiva. Vara rar. Leende. Aldrig väcka obehagliga frågor. Jag träffade aldrig din mamma, men jag har för mig att hon inte heller tålde kallpratandet om struntsaker.

– Du har rätt. Jag är nog den typen jag också. På samma sätt var van Gogh. Han har aldrig fått lära sig det där verserade sättet att prata om ingenting. Han kan inte hålla tyst med sina egna tankar. Dom måste ut på ett eller annat sätt. Vad jag kan förstå kan det bero på tre saker – du ser att jag har grunnat på det här; antingen är det ärftligt eller också har det en social bakgrund, fast i borgerligheten är man ju bra på att prata, åtminstone konventionellt. Det kan också bero på särskilda händelser som man kan peka på. Varför dessa kommunikationssvårigheter? Mobbad, avskedad, envis och säregen…

Jag blir så ivrig av mina egna tankar att jag måste stoppa Carlo:

– Jag undrar om det inte kan vara tvärtom?

– Nu förstår jag inte. Vad menar du?

– Jo, det kan också vara så att han verkligen tillåts att uttrycka alla sina tankar i familjen. Han blir motsagd, men aldrig hindrad att komma med sina egna tankar. Alltid accepterad. Därför lärde han sig aldrig när han skulle lugna sig och försöka inse, när han gick för långt i sin argumentation. När han gjorde sin motpart illa.

Det blir tyst emellan oss. Jag tänker på hur Carlo hade det tillsammans med sin kraftfulla mamma. Om Carlo i deras samspel haft det på liknande sätt som van Gogh. Det går inte att utröna varför han plötsligt slår om och blir så tyst och stilla. Men det är bara för ett ögonblick. Hans inåtvändhet försvinner helt när jag fortsätter:

– Det är ju så med den där änkan, Kay heter hon, som hälsar på familjen i Etten. Till att börja med så har dom så trevligt, hon, det lilla barnet och van Gogh. Hur hon känner det förstår han inte. Att hon just förlorat sin man. Han märker bara sina egna känslor, att han är blixtförälskad. Hon och ingen annan. Hon vill inte. Där står dom mitt emot varandra som två stormakter. Han tycker att hennes ”aldrig, nej aldrig”, det ska hans kärlek klara av att besegra.

– Nej, just det. Det hjälper inte att pappan försöker att tala förstånd med honom. ”Ni är ju kusiner”, säger pappan, ”det går inte.” Kay flyr till Amsterdam och van Gogh efter. Dit kommer han när hennes familj sitter runt middagsbordet med tända kandelabrar. Kay gömmer sig i en garderob. ”Låt mig få se henne så länge som jag kan hålla handen i den här lågan.” Så sticker han in fingrarna i ljusstaken. Han skriver det i brev till Theo. Han är verkligen alldeles omöjlig. Envis och överdriven. Det måste man säga.

– Det finns många särskilda händelser att analysera för en hermeneutiker om man skulle skriva om van Gogh.

– Det var meningen att jag skulle göra det en gång. Men hermeneutiken var inte accepterad på 40-talet. Jag tror att jag började i fel ände. Jag fastnade i hur van Gogh målade och hur han blandade till sina färger. Experimenterandet med trefärgsblandningar. Om jag skulle skriva nu så skulle utgångspunkten istället bli alla dessa traumatiska möten och avsked som drabbade honom och färgade av sig på hans målande.

– Berätta!

– Vi har ju inte gjort annat än pratat om hans misslyckanden. Men det är fantastiskt hur han kommer ut ur sina sorger och klarar av att vända dom till storartade skönhetsupplevelser.

– Vad tänker du på då?

– Han har två vägar till det gudomliga. Den ena är den som är fylld med de starka färger som han lär sig i Paris. Dessa ljusa färger är naturligtvis själva det gudomliga. Han lyfter motiven till en sfär där det inte finns skuggor, valörer, utan enbart ljus och färger. Bilderna blir fulla av musik, som talar om kärlek, som talar om gud, en utstrålning. Han målar mitt i den brännande arlesiska solen för att nå det fullkomliga ljuset. Gudsljuset. Ljuset får även bränna honom. Också bränna ut honom. Den enklaste stol, i det enklaste stilleben, i ett sädesfält; där finns gud och där finns kärleken. Den andra vägen är hans Getsemanevandring. Den stora katastrofen sker när Siens mamma säger åt henne att hon måste börja ta emot karlar igen. van Goghs pengar räcker inte. Prostitutionen ger mer. Hans förtvivlan, hans hopplöshet då han känner sig övergiven av den han älskar. Den hopplös-

"Getsemanebild", Stjärnnatt, St Remy 1889.

"Paradisbild", Solrosor, Arles 1888

heten för in Getsemane i hans konst. Han säger: "Jag gick ut i landskapet – vi hade sagt adjö till varandra – ut till en kanal. Molnen skockade sig på himlen och vinden kom och började riva träden med sig." Här kommer nu Getsemane. "Träden var underbart sköna. Det var ett drama i varje gestalt. I allt detta såg jag också en bild av hur människan trots sina orimliga formaliteter och sin konvenans kan bli en dramatisk gestalt. Ja, stormens drama i naturen passar mig bäst liksom smärtan i livet. Paradiset är härligt... men Getsemane är ännu härligare."

– Nu hänger jag inte med riktigt. Tragiken och uppbrottet från Sien skedde väl 1893? Och den brännande solen med strävan efter gudsljuset i Saint-Remy var ju långt senare, eller hur?

– Alldeles riktigt. Till en början i Arles solrosor, ljuset, gudsbilden. Men det hindrar inte van Goghs utveckling. Från och med skilsmässan från Sien kunde han börja se dramatiken i naturen. Men det är en utveckling som tar tid. Han ser sin egen situation i det som händer i naturen. Och det gör ont förstås. "I allt detta såg jag en bild av hur också människan kan bli en dramatisk gestalt av egenartad resning när hon drabbats av en oerhörd sorg", skriver han. Man kan se det här, när han målar cypresserna i Saint-Remy. Dessa vinddrivna träd. En bild av människan där hon känner det storma inom sig i svårighetens stund. Man kan se hans stjärnhimlar som ett sätt att finna en bild för hur allting drivs av sorg och förtvivlan. Getsemanebilderna blir fler och fler i Saint-Remy. Gauguin har rest ifrån honom. Men det är tvehövdat. Man kan uppleva det som entusiasm. Det är inget tråkigt Getsemane. Det är ett euforiskt, nästan glädjefyllt Getsemane.

– Så å ena sidan paradiset med solen, ljuset, sädesfälten och solrosorna, försöker jag sammanfatta. Å andra sidan Getsemane med dunklet, de jagande åskmolnen, de vindpinade cypresserna.

– Därför att där ligger det bibliska, viskar Carlo i örat på mig, ljuset, dunklet, ljuset. Du vet, han bär det religiösa med sig hela tiden. Å ena sidan vandringen man gör upp till Jerusalem, men för van Gogh finns också vandringen därifrån. Och frågan är vad han tycker är viktigast; paradisvandringen till Jerusalem eller hans Getsemanevandring som leder bort.

– Du berättade om hans första predikan…

– Han skriver den i Isleworth. Det är en landskapsmålning, helt enkelt. Den är ganska fantastisk… "Det är vårt liv. Vårt liv", säger han. "Det är inget du ser!" Det är bara frågan om en upplevelse. Vårt liv är en pilgrimsfärd. Genom landskapet leder en väg till ett högt berg långt borta. På toppen av berget ligger en stad… Det är den heliga staden, viskar Carlo och blir så dramatisk att jag tänker att han i detta ögonblick är van Gogh. Det säger han också:

– Nu är jag van Gogh. Bakom den är soluppgång eller solnedgång. Soluppgång är för hoppfullt, det måste vara solnedgång. Det blir mörk natt snart. Och så… vidare… "Låt oss inte glömma att tingen inte är vad de kan synas vara. Att gud genom de vardagliga tingen lär oss högre ting." Där har du hela hans filosofi, fast i en biblisk formulering, kan man säga. Han ska gå upp till någonting som han vet finns. Och det perspektivet är en bra modell för hans konstnärliga tillblivelse också.

– Nu blir jag litet yr. Du får vara snäll och förklara, skyndar jag mig att säga.

– Perspektivet är bara en tanke, det finns inte i verkligheten. Han tycker sig inte ha nått fram till de uttryck han vill åstadkomma. Ändå bär han med sig kunskapen redan nu. Han vet vart han ska, vart han är på väg. På ett sätt är han redan framme. På ett sätt har han en väg att gå för att komma fram. Därför är perspektiv en bra modell. I verkligheten har vi ett medvetande som säger oss hur stort målet är, fast det på avstånd ser så litet ut. Ändå vet vi att det är lika stort hela tiden. En flygmaskin är inte i knappnålsstorlek. Vi vet precis hur stor en flygmaskin är. Det är bara optiken som säger att den är stor som en knappnål. Han har en figur som han hela tiden återkommer till. Gubben med lyktan. Han har en lång väg att gå. En vandrare som har ett mål i fjärran. van Gogh skriver: ”Det är jag som går här!” Och du vet när det är mörkt så har man en liten lykta. Lyktan, vad säger de kristna att det är? Världens ljus, världens ljus! Ljuset är hoppet i mörkret.

– Du sa: ”Vardagens företeelser upphöjda till livsvärden”. Visst är det så att van Gogh hade en fantastisk förmåga att förena det vardagliga och det gudomliga? Såningsman och Jesus i samma bild. Det som ansågs trivialt och fult blir plötsligt vackert och på något sätt moraliskt.

– Och respektabelt, lägger Carlo till. van Gogh, han säger så här: ”Ett djupgående studium av första bästa ting som kommer i vår väg, eller den

På väg till kyrkan långt där borta. Kyrkogården i Nuenen 1883.

Lasarus uppståndelse, en scen av både Paradis och Getsemane, Auvers 1890.

första individ som möter oss, det är tillräckligt underlag för en verklig skapelse."

– Nu måste jag fråga dig. Jag vet att det är väldigt personligt. Du har ju pratat om att du har honom som samtalspartner. Du bär honom med dig. Ständigt.

Nu vill Carlo avbryta mig men jag låter honom inte få något tillfälle.

– Vänta! Jag är inte färdig än. För en stund sedan så sa du faktiskt att du var van Gogh. Det sa du på bandet från Nationalmuseum också. Vad är det hos van Gogh som du fascineras av? Det kan inte enbart vara bilderna, eller?

– Nä, det är också hans personlighet. Hans intensitet. I bilderna men också i livet. Hans självförbrännelse. Hur han i sina brev till Theo klarade av att beskriva sina tankar om liv och konst, sina misslyckanden. Därmed gjorde han konst också av breven. Han och jag har verkligen inte haft ett likartat liv. Ändå kan jag känna igen känslor som han beskriver. Dom finns i mig också. Därför är van Gogh så betydelsefull för mig. Som om vi var bröder.

Hans livsbegärelse finns hos mig. Den finns säkert hos alla som kämpar för något nästan osannolikt svårt. Blir det begripligt för dig? Förstår du?

– Det gör jag. Självklart handlar det inte om att jämföra liv på ett bokstavligt sätt. Det måste varsamt översättas. Då kan man känna igen sig.

– Ska vi gå in till mig och ta en kopp örtte för värmens skull? Jag tycker det är lite kallt här i skuggan. Vad säger du?

– Gärna!

Carlo hos Siri – och inte

Carlo får tidigt lära sig att assistera Siri i hennes målande. Men det är bara på sommarloven. Hela vintrarna bär han på sin längtan till Siri och till sin halvsyster Liv.

Fortsatt heter han Gabriellini i efternamn efter den italienska fosterfamiljen som han var inackorderad hos fram till 1921. För morföräldrarna är han den franske adoptivpojken. Den åttaårige Carlo har svårt att finna sig i de uppfostringsprinciper och regler som han utsätts för hos Valborg och Edvard i det gamla grosshandlarhemmet. Men är tvungen eftersom Siri har svårt att försörja sig själv, Liv och Sara.

Carlos längtan står till den samvaro han får uppleva på somrarna. Så vill han ha det året runt.

Hur är det då på sommaren ute vid Ålands hav? Vad är det han tycker han går miste om på hösten och vintern, när Siri och Liv fortfarande är kvar vid Simpnäs?

Vad betyder det för Siri att hon växt upp i en familj med sju barn, husa och hembiträde? För Siri är det viktigt med närhet och samvaro. När Siri tecknar blir det naturligt att barnen gör det.

Alla är i samma rum.

Den form av underhållning som vi idag är vana vid, som TV och radio, finns inte; telefon är inte att tänka på. Kommunikationen med yttervärlden sker genom brev eller att man åker och hälsar på varandra.

När Siri skriver dagbok blir det naturligt att barnen gör det. När Siri läser, läser barnen. Ett mycket nära förhållande utvecklas mellan Siri och Liv. Den minsta systern Sara är döv och är inackorderad på Manillaskolan under vintrarna.

*

Jan Myrdal beskriver sina uppväxtförhållanden och blir ett intressant jämförelseobjekt till Carlo. Myrdal skriver om senvintern, 1933. Han ska då fylla 6 år. Han vet redan på kvällen innan han somnar att han ska bli tvungen "att springa" på natten.

Han "springer" varje natt. Innan han lägger sig plockar han undan leksaker som kan ligga i vägen när han vaknar mitt i natten och måste upp till toaletten i mörkret.

Han tänder inga lampor.

Han ropar inte.

Då kan föräldrarna vakna.

Han får inte "springa" på nätterna.

Han försöker hinna fram till fönstren där de gula läderstolarna står. De är från Stockholmsutställningen. Han står på knä på en av stolarna och ser ut genom fönstret. Han ser Karlbergs slott, kanalen och S:t Eriksbron.

Hela våren och hösten och den nya vintern "springer" han på natten. På kvällen innan han somnar står föräldrarna på var sin sida om sängen och vill att han ska förklara varför han "springer". Han försöker, men de är inte nöjda med svaret.

De vet redan att det är för att han är mörkrädd och har ångest. De vill att han ska säga att det är så. Om han säger det kan han få gå ut och leka, men han säger inte något.

I stället tittar han bort dem. Han förvandlar deras röster till moraklockans tickande. Till slut lämnar de honom ifred.

På natten står han på knä på stolen. Sven Markelius har ritat stolarna. Det är kallt och han skulle vilja gå på toaletten men det är mörkt i korridoren.

På morgonen väcks han av hembiträdet. Han har återigen kissat på den gula läderdynan. Det blir fläckar varje gång. Fyra av dynerna har han fläckat ner.

Han klär sig och får gröt i köket medan Mary gör klar kaffebrickan åt föräldrarna, rullar smörkulor, tar fram engelsk marmelad, rostar bröd och brygger – inte kokar – kaffe.

Sedan sätter hon på sig serveringsförkläde och serveringsmössa, hämtar tidningarna, Dagens Nyheter och Social-Demokraten, och lägger dem på brickan och så går hon mot föräldrarnas avdelning. Klockan är sju och jag hör henne knacka. Nu berättar hon om mig. Jag hör föräldrarnas röster. De låter upprörda. Jag går in på mitt rum. Jag hoppas de inte kommer för att tala med mig. (Myrdal.)

*

En av de längsta artiklarna som Carlo lämnar efter sig handlar om Liv, halvsystern. Den kan jämföras med Jan Myrdals ovan och det avstånd han beskriver mellan sig och föräldrarna.

Carlo skriver i sin tur om hur ofta han hör Liv och Siri berätta om sina gemensamma upplevelser på vintern, när han inte fått vara med. Då är handlingen förlagd till Ålands hav.

Han hör berättas hur mistluren bölar och hur lotsgubbarna försvinner med den lilla båten i dimman. En morgon har en tvåmastare strandat utanför köksfönstret. Siris fiol och ritblock är hela tiden nödvändiga attribut.

En resa in till Stockholm kan ta två dagar om isarna är besvärliga. Allt detta hör Carlo berättas och det blandas samman med hans egna minnen från sommarloven.

Verkligheten förvandlas så till en saga.

Den handlar om människor han älskar och beundrar, om situationer och konflikter och om talande röster och outtalade önskningar. Han skulle så innerligt vilja vara med, men måste finna sig i att det inte går.

Kanske finns också en förklaring i att Siri inte berättar att Carlo är hennes barn tillsammans med Valle. Carlo är ju bara en adoptivpojke som morföräldrarna kan ta hand om. Det är de som betalar hans skolavgift till Whitlockska samskolan.

Men på sommaren kan han behöva sol, bad och havsluft. Då får han vara tillsammans med Siri och Liv. Sara är också med.

Då ger de sig ut på upptäcktsfärd med matsäck och målargrejer. Liffe – Livs smeknamn eller Liffe-Tiffe som hon kallar sig själv i breven till Carlo – sitter i vattenbrynet och studerar skräddare eller grodyngel. Mamma Siri står och målar med duken mot klippan. Motvilligt måste någon stå modell några minuter.

En annan dag strövar man i skogen. Sitter i en glänta och någon läser ur Pickwickklubben. Liffe hittar en död humla som hon tecknar av. Barnen skrattar och mamman jobbar med pastell och är glad att alla tre barnen har glömt bort att bli trötta.

Gunilla Palmstierna-Weiss berättar att familjen utvecklar en speciell kvällsritual, där Carlo läser högt för familjen nerkrupen i Siris säng.

*

Det är 30-tal, det är arbetslöshet, fascismen växer i Tyskland. I Ådalen skjuter militär på demonstrerande arbetare, depressionen är här. Först som femtonåring får Carlo sin rätta identitet; namnet Carlo Derkert-Rosenberg.

Det är när Siri har köpt den lilla bagarstugan. Morföräldrarna betalar husköpet, 4 000 kronor. Stugan tillhör Hersbyholms herrgård.

Det är när Carlo har tagit studenten som han "flyr" från sina morföräldrar och flyttar in hos Siri, tvärtemot vad andra ungdomar gör. Han är 19 år. Då brukar separationsarbetet från föräldrar ha klarats av. Det är då han gör det han har längtat efter ända sedan han kom till Sverige. Flyttar "hem". Han slipper morföräldrarna, men gör sig mer beroende av sin mamma.

Han är teaterintresserad och går på teaterkurser. Hans intresse för teater är stort, han vill bli skådespelare. Året innan Bertolt Brecht kommer till Stockholm på sin flykt undan nazismen är Carlo med i uppsättningen av "Fru Carrars gevär". Carlos medspelare är bland andra Anders Ek, Birgitta Valberg och Alice Babs.

> Om han hade blivit skådespelare så hade han blivit en av våra stora, tror jag. Det hade han blivit. Så han använde den begåvningen. (Gunilla Palmstierna-Weiss.)

Carlo överger tanken på att bli skådespelare, fast han har stor talang och är mycket intresserad. Likaså överger han tanken på att bli konstnär.

De svårigheter han har att uttrycka sig i skrift gäller också hans bildskapande. Han blir aldrig nöjd med vad han åstadkommer och vill inte visa vad han har tecknat.

I stället börjar han följa seminarierna i filosofi vid Stockholms högskola tillsammans med Britt och Oscar Reutersward. Han gör det utan att vara inskriven vid högskolan.

Sedan börjar han läsa konsthistoria. Oscar Reutersward berättar att han då upptäckt en ny sida hos Carlo. Det är vid Konsthistoriska klubbens 25-årsjubileum. Som underhållning sätter några konststuderande, bland annat Carlo och Oscars fru Britt, ihop skådespelet "Godnatt Viktor".

Titeln syftar på Viktor Rydberg som var den förste professorn i konsthistoria vid Stockholms högskola. Föreställningen skulle handla om Viktor Rydberg, hans byst stod på en hylla i biblioteket.

> Det började med att han satt och studerade på något bibliotek och plötsligt står djävulen framför honom och lockar honom ut ur studierna och det prudentliga livet, men han säger: Nej, jag vill studera, jag vill…
>
> Men djävulen lyckas locka honom. Och djävulen var då Carlo Derkert, klädd i röd mantel och fruktansvärt stilig. Och sedan lockade han iväg Viktor Rydberg på dåligheter till en nattklubb. Och dom här flickorna som sen blev museichefer och allt möjligt, dom lärde sig cancan med benuppspark och sånt där. Dom tränade natt och dag. Som sagt det var fruktansvärt stiligt med inledningsscenen. Så höjde sig ridån och där satt Viktor Rydberg med en läslampa. Plötsligt belyses djävulen några meter från honom och med Carlos enormt sköna stämma – han hade ju en otrolig röst och förförde…
>
> Då framgick det ju att han hade gått på teaterskola. Carlo siktade tydligen åt många håll som ung man. Han ville bli vetenskapsman. Han ville bli politiker. Han ville bli skådespelare och så vidare. Inte att undra på när han var så begåvad. Carlo hade gått i teaterskola och gått kurs i språkbehandling. (Reutersward.)

På filminstitutet finns ett antal kortfilmer med Carlo från 50- och 60-talen regisserade av nära vännen Peter Weiss.

*

Att den längtan efter närhet till sin mamma som Carlo uttrycker till vänner och i brev och anteckningar, blir till beroende upptäcker Carlo i drömmen.

I sin dröm lämnar han Lillstugan och tar sig ut genom grinden. Utanför staketet känns det som att komma ut ur ett fängelse. Till stöd har han en lång käpp på vilken Livs huvud är uppträtt. Carlos tolkning av drömmen är en beskrivning av hur svårt det är att frigöra sig från Siri.

Det är han som måste ha kraften att göra sig fri.

Liv måste han också hjälpa att bli fri. I verkligheten är Liv redan död, men behöver ändå tillsammans med Carlo frigöra sig från sin kärlekskrävande mamma.

Det är inte alls som i sagan ”Hans och Greta” där det är modern som vill att barnen ska klara sig själva. Han berättar också hur andra reagerar inför hans dröm.

– När jag berättar om drömmen, är det många som tycker att den är otäck. Det kan jag inte förstå. Jag tycker det är en vacker bild. Jag hjälper Liv och mig själv att bli fria.

Som utomstående och betraktare av Carlos liv går det att också ha en annan tolkning; drömmen kompenserar det som inte kan ske i verkligheten. Den frigörelse från sin mamma som Carlo inte kan åstadkomma ordnar drömmen åt honom. Han klarar inte att göra den i verkligheten.

Drömmaren själv har förstås tolkningsföreträde.

> Siris behov av mänsklig kontakt är enormt och hon ställer krav att ha de närmaste inpå sig nästan ständigt. När Liv på somrarna längre perioder är gäst hos sina bästa väninnor, Ninnan Santessons dotter Lena på Gottskär eller Vera Nilssons dotter Ginga på Öland, upplever Siri Lillstugan som tom och öde – hennes ”halva jag är inte där”. Redan tidigt har hon skäl att oroa sig för Livs hälsa och för dotterns skull har hon perioder av sömnlöshet och nattlig ångest. (Söderberg.)

Under tre sommarmånader 1937 är Liv inlagd på Serafimerlasarettet för TBC. Hela tiden skriver hon dagbok. Hela tiden längtar hon hem till Lillstugan på Lidingö.

Sommaren 1938 sker en intensiv brevväxling mellan Siri och Liv. Hon är dels på besök i Gottskär hos Ninnan Santesson, dels på Öland hos Vera Nilsson. Meningen är att Liv ska få frisk luft och äta sig stark, men hon får magkatarr och när hösten kommer är hon allvarligt sjuk.

Från Öland skriver hon och beklagar sig över Veras beskäftighet, som hon upplever står i kontrast mot Siris bemötande. Siri verkar ha pedagogiska talanger utöver det vanliga och hon är mycket varsam med kritik. Hon vårdar Livs självkänsla som en värdefull och ömtålig planta. De blir till konstnärskollegor och kamrater.

> Carlo har berättat att han och Sara ibland var avundsjuka på Liv för att hon inte behövde diska och städa så ofta som de. ”Hon arbetar” var Siris svar och Liv kunde fortsätta teckna modell istället för att deltaga i hushållsarbetet. (Montgomery & Weibull.)

Den 25 november 1938 dör Liv.

Hon är 20 år och har utvecklats till en lovande konstnär. En rad illustrationer av H. C. Andersens sagor skulle kunna ses som bearbetning av hennes egen situation.

Det är ett hårt slag främst för Siri. Hon vägrar att acceptera att Liv är död. I december tar hon Carlo med sig på en månadslång vandring i norska fjällen. Enligt Siri är man bra på att bearbeta sorg i Norge för där finns så många änkor efter fiskare.

I sina dagböcker fortsätter hon att ”prata” med Liv och under flera år undertecknar hon sina brev med ”Siriliv”. Carlo kommenterar sin sorg inför Oscar Reutersward:

> Mamma och jag och Liv, vi bildade en triangel. Men nu är vi en triangel med två sidor.

När Carlo tillsammans med min familj besöker Gripsholms slott, och han visar Siris utställning Fogelstadkvinnor, säger han att han kan motivera varför han tycker sig ha rätt att tala om henne. Hon är nämligen en konsthistorisk person.

Det är inte alls för att hon är hans mamma.

Han tycker att det är hans plikt som konsthistoriker. När han säger det hör han inte själv hur ihålig hans motivering är. Jag tänker tvärtom; att det är just för att Siri är hans mamma som han inte kan låta bli att prata om henne.

Han gör sig aldrig fri.

Vem band vem?

*

Under Konsthistoriska klubbens cykeltur på Österlen berör Carlo sitt förhållande till sin mamma. Han ska inom en månad fylla 29 år. Det är som en drift att han måste prata om henne. Som om det lindrar den smärta han bär med sig från sin barndom, att inte få ha sin mamma hos sig. Igen och igen måste det uttryckas, också i vuxen ålder. Han talar om för Oscar Reutersvärd att han skulle vilja gifta sig med Siri.

Så stark kan ett bortlämnat barns längtan vara.

Det är bara en kort tid efter Skåneresan som han träffar Kerstin. Carlo, som haft så många vackra flickor som beundrar honom. Alla som underdånigt närmar sig Siri och accepterar allt hon säger. Det gör inte Kerstin. Kanske är det därför som Siri kan acceptera Kerstin. Kanske är det det som gör att Carlo "faller" för henne, att hon bjuder Siri motstånd. Carlo upptäcker att det finns en kvinna som kan hjälpa honom att sätta upp en barriär mellan sig och Siri.

Han förmår det inte själv.

När Kerstin väntar det första barnet är de överens om att hon ska föda hemma. De vill dela glädjen. Föder man på sjukhus på 40-talet är det inte tal om att fadern får vara med. Men Siri ska också vara med. Med teckningsblock. "Nu, Carlo, föder Kerstin ett barn åt oss", hör Kerstin att Siri säger.

Då packar Kerstin ihop det hon behöver och tar en taxi till Södersjukhuset. Barnet föds och därefter reser Kerstin till Tjeckoslovakien med den nyfödda.

Hon kräver att Carlo måste välja: henne eller Siri.

Han gör sitt val, väljer Kerstin, men har fortfarande mycket att bearbeta.

Men Siris saknad efter sina barn, sin familj, tar heller aldrig slut. Carlo, Liv och Sara, inget av barnen växer upp hos henne och får flytta hemifrån på ett normalt sätt.

Det är som om det därigenom har växt fram ett outsläckligt behov av små barn. Som en hungrig häxa i sagan slukar hon barn och detta sätter Kerstin stopp för. Hon förbjuder Siri att träffa sina barnbarn. Carlo beskriver förhållandet i en föreläsning på Millesgården:

> Men det värsta är att hon också förälskar sig i barnbarnen på ett sätt som

> gör att en ung hustru tycker att det går för långt. ”Hon kommer att äta upp dom, Carlo!” och så far Kerstin ut en dag, -52, och säger: ”Nu tar jag barnen.” Och det är en sån där oerhörd händelse, som Siri... hon klarar av allting. Och Kerstin har ju rätt och jag måste gå i psykoanalys nu, 6 år. Två kvinnor som jag inte klarar av. Och det är spännande, kan man säga efteråt. (Intervju med Ingela Lind för Bildjournalen).

Men Tora, den äldsta flickan, vägrar att ta ställning. När hon vill vara hos sin farmor åker hon till henne. Hon talar om att hon vill hålla sig utanför föräldrarnas och Siris konflikt.

Carlo står mellan två mycket starka kvinnor. Han tycker att Kerstin i alla fall kunde gå med på att han hjälper Siri att ordna utställningar, men Kerstin anser att det ska en konstnär klara av själv.

En son ska inte göra det.

För Carlo är det en omtumlande tid.

Han säger att han förlorar fotfästet och att det är jobbigt att inte existera. Han och Kerstin åker spårvagn och han tycker sig lyfta från golvet. ”Var inte så dramatisk utan lugna ner dig! Sätt dig ner!” säger Kerstin till honom.

När psykoanalysen avslutas säger hans terapeut till honom att han ska ta den mycket levande lille femårige pojken i handen och låta honom växa upp. Carlo tycker att det är ett bra råd han får. Han menar att han på så sätt får känna sig som en levande människa även om det bara är frågan om en femåring. Det är också det lilla barnets längtan efter sin mamma, som han får fortsätta att bära med sig. Genom hela livet.

Är det den längtan som gör att han förstår barn och barns känslor?

Att lindring kan fås genom upplevda bilder, genom att teckna och måla själv?

På ett odaterat papper antecknar Carlo olika samtalsfragment han haft med Siri under hennes sista tid i ateljén på Vallvägen och på Björnbo sjukhus, Lidingö.

Han tycker sig vara tvungen att tala om för henne att barnen är hans och Kerstins, inte Siris. Hennes kärlek till barnbarnen handlar enbart om hennes egna behov, hennes egen saknad efter sina barn. Hon måste inse sanningen.

När Carlo besöker henne på dödsbädden, vill hon att Carlo ska lova att skilja sig från Kerstin. Det kan han väl lova att göra nu när hon ska dö. Hon vägrar att förstå att Carlo älskar sin Kerstin, att de har fyra barn och levt ett helt liv tillsammans, Han skriver att han säger ett tydligt ”nej” till henne.

Vid ett annat tillfälle står Siri framför Östermalmväggarna och berättar för Carlo om hur hon där tänker dikta om sitt liv. Hon pekar och säger att där är Liv och där är alla de andra barnen. Det ser du väl?

Plötsligt säger Siri att hon en dag i början på juli kom hem och såg att Kerstin satt i en stol på tomten. Hon tyckte sig se att det var Liv som kommit tillbaka. Carlo förstår att det är en fantasiprodukt som kommer ur hennes egen nakna saknad och hennes egen längtan. Han säger till henne att det är han som valt henne, hon heter inte Liv, hon heter Kerstin. Men Siri släpper inte sina tankar, utan säger att hans barn ju var hos henne, att dom fick leka och ha roligt ute på tomten, att hon tecknade med dem. De ropade att hon skulle komma. Carlo måste om igen påminna henne om verkligheten att det inte är Siris barn, att hans äldsta dotter inte är Liv. Hon heter Tora.

Kerstin stannar mycket länge hemma för att ta hand om barnen. Vännerna har en beundran för både Carlo och Kerstin i deras förhållande till sina barn. Det påminner om italiensk uppfostran.

De ska alltid vara med även om klockan blir mycket.

Gunilla Palmstierna-Weiss kan aldrig glömma när både Kerstin och Carlo till slut gick in i rummet bredvid för att få Tora och Johanna att somna. Efter en stund så kom en av ungarna ut och sa: Nu sover dom äntligen.

Deras barn växer upp i en tid när ”fri fostran” diskuteras, när Gustav Jonsson får öknamnet ”Tok-Gustav” för att han har uppfostringsidéer som först långt senare accepteras. Carlo studerar och påverkas av tidens uppfostringsideologer, bland andra Alexander S. Niell, Herbert Read, Homer Lane.

Jan Thomæus, som tidigt utbildade sig till bildterapeut, tillhör de som bidrar till Carlos kunnande, senare också den italienske psykologen Loris Malaguzzi och egyptiske arkitekten Ramses Wissa Wassef:

> Vad är ett barn? Barnet är allt mänskligt livs början. När ett barn föds med ögon, öron, händer, hjärta och hjärna är det för att bli poet, konstnär, forskare – allt detta på en gång. Kort sagt barnet föds för att bli människa.
>
> Så länge vi tvingar barnet att vara som vi vill att det ska vara, förstör vår kärlek till barnet allting:

Vi vill att det ska nå höjderna och säger åt det att klättra högre.
Vi följer barnet för våra egna syften och begär att det ska gå längre.
Vi är angelägna om att låta barnet få tillgång till allt det vi förvärvat.
Men den enda vettiga formen av fostran är att bevara barnets förmåga att skapa obruten tills de fria krafter det givits av naturen inifrån formar det till människa.
Ändå finns det så många andra frågor och problem.
Varför finns det hämmade och besvärliga barn?
Det besvärliga barnet är ett barn som lidit skada och det hämmade barnet är ett överkänsligt barn. Barnet känner sig inte som andra och är rädd för att vara annorlunda, men så snart vi hjälper barnet att vara sig självt kommer det att känna sig som andra och ångesten ger med sig.

När vi håller på att sammanställa den slutliga texten till ”Barn Bild Begåvning” får jag Wissa Wassefs text från Carlo. Han vill ha med den i boken. Carlo menar att det som Wissa Wassef säger är mycket viktigt och samtidigt är det inte lätt att tillämpa kunskapen själv; att själv vara den gode föräldern.

Det är Kerstin som är hemma hos barnen. När veckans arbete på Nationalmuseum är slut händer det ofta att Carlo packar konstverk i en bil och reser ut i landet. I Konstfrämjandets regi visar och pratar han om konst.

Är det ett sätt för Carlo att vara nära sin mamma? Umgås med henne i konsten?

Men barn måste lära sig att en pappa inte jämt kan vara med familjen, säger Gunilla Palmstierna-Weiss. Han måste tjäna pengar också. Så är det ofta vi vuxna svarar på barns längtan efter att få mera samvaro med sina föräldrar.

Var det så Siri tänkte när hon övergav sina barn; de får förstå att en mamma inte kan vara hos sina barn jämt? Hon måste utveckla sitt konstnärskap också, skaffa mat till familjen. Samtidigt kämpade hon för att ha barnen nära sig, ville inte släppa dem ifrån sig. Som häxan i Hans och Greta, fast den häxan misslyckas att hålla kvar barnen. Det gör inte Siri – hon håller kvar både Liv och Carlo – ingen av dem tar sig utanför staketet, fast Carlo drömmer om det. Snarare sitter han i ett järngrepp fast i den triangel som utgörs av Siri, Liv och honom själv.

När Siri på sin dödsbädd enligt Carlos anteckningar uppmanar honom att skilja sig från Kerstin, verkar han protestera. Ändå flyttar de isär ganska snart efter Siris död. Så kan de var och en gå upp i sina arbeten utan att inkräkta på varandras områden. Kerstin som teaterhistoriker och Carlo med alla sina utställningar och konstpedagogiska föreläsningar.

Han förklarar sitt särboende med att han är ett asfaltbarn. Under sina tre sista år, 1990–93, hinner han med två stora operationer med sjukhusvistelser och konvalescenser. Dessutom är han mycket aktiv i förverkligandet av två Siriutställningar: "Fogelstadkvinnor" på Gripsholms slott, Siri på Millesgården och hela förberedelsearbetet kring Nationalmuseums utställning av Livs bilder, som har vernissage först efter Carlos död.

På Gripsholms slott är Annika Öhrner utställningskommissarie. Carlo åker ett par dagar i veckan under sommaren 1990 med snabbåten till Mariefred för att visa utställningen.

1991 colostomiopereras Carlo. 1992 är det dags för "Familjebilder" på Millesgården med Elisabeth Liden som ansvarig utställningskommissarie.

1993 är det dags för en ny operation.

> De har hittat fläckar på ena lungan, säger Carlo i telefon. Jag sa till läkarn att det var lika bra att de tar bort dom fläckarna.

När operationen är klar visar det sig att man varit tvungen att ta bort hela lungan.

Under hösten sker förberedelsearbetet för Livs utställning. Utställningskommissarier är Küllike Montgomery och Nina Weibull. I flera år har Carlo kämpat för att få till stånd utställningen. Nu ska den bli av. Flera gånger håller arbetet på att braka ihop. Carlo blir mycket upprörd över att man på Nationalmuseum snålar med syrafria passepartouter:

> Det borde de väl kunna ordna till Livs alla bilder. Och en sån liten utställning.

Det är Küllike Montgomery som blir skottavla för hans ilska. Carlo tycker att hon borde som utställningskommissarie kraftfullt hävdat utställningens betydelse och krävt att den fick större utställningsyta.

Det är lätt att göra sig ovän med Carlo när man rör sig i närheten av hans innersta intressesfär. I sin besvikelse över att Nina Weibull inte ville skriva en avhandling om Liv anklagade han henne för att ha en borgerlig sexualitet.

Resultatet blev ovänskap som sedan hjälpligt reparerades; till utställningen fanns den känsligt skrivna boken om Liv klar.

När jag träffar henne på hennes arbetsplats i Spökslottet, säger hon:

> Det blev ingen avhandling, men jag lärde mig att vara subjektiv. Det lärde mig Carlo och hans nyfikenhet. Separationen från Valle blev aldrig av och symbiosen med Siri varade hela livet. Det Carlo lämnar efter sig kommer att bli det människor minns av honom, de som mött honom, såvida inget skrivs på syrafritt papper.

Carlos människosyn – från Skå-Gustav till Loris Malaguzzi

En kvinnlig kollega ber Carlo om råd hur man klarar av besvärliga och oupp-märksamma barngrupper. Han berättar generöst om hur han brukar göra.

> Han sätter sig ner på golvet, säger han.
> I lugn takt snör han upp skosnöret och tar av sig den högra skon.
> Därefter tar han av sig strumpan och räknar hur många tår han har. Det är möjligt att barna redan här blir nyfikna på vad det är han gör. Om inte fortsätter han med den vänstra foten.
> Då brukar flera barn komma fram och fråga vad han håller på med, säger Carlo.
> Då talar han om vad det är han gör.
> Och då är dialogen igång. (M. Taube.)

Det råd Carlo ger sin kollega förändrar villkoren för guider på Nationalmuseum från att vara informerande och undervisande till att vara samtalande och dialogskapande konstvisare.

Ett sätt att åstadkomma förändring är att göra det som inte tidigare gjorts. Den handling man då påbörjar kan ofta te sig absurd. De vanliga handlingarna har redan prövats. Det är det ovanliga och ej prövade som kan åstadkomma en förändring.

Tyvärr förekommer det alltför ofta att en problemlösning misslyckas för att det ordineras mer av samma slags medicin som inte hjälpt tidigare.

*

Följer kollegan Carlos råd? Återkommande får just hon stökiga och pratiga barngrupper, som hon inte lyckas bemästra. Till slut prövar hon att som Carlo sätta sig på golvet och ta av sig skorna. Hon har dräkt, strumpbyxor och pumps, redan det gör det svårare för henne. Hon misslyckas helt. Inte ett enda barn kommer fram och frågar vad hon håller på med.

En förklaring till hennes misslyckande är att hon är fel klädd, men det torde inte vara hela sanningen.

En annan förklaring är att hon har uppfattat Carlos råd som ett tips som hjälper henne tillfälligt ur en svår situation. Carlos råd är egentligen ett råd som inbegriper att hela hennes förhållningssätt borde förändras.

Anders Engquist skriver att han har en kritisk inställning till att ge råd. Anledningen beror på att människors problem ofta har att göra med deras attityder och värderingar. Att förändra dem är en lång process och kräver ett perspektivskifte. Detta innebär att problemlösningen för att bli lyckad måste gå från lägre till högre abstraktionsnivå.

Att Carlo lyckas där kollegan misslyckas har att göra med skillnader i värderingar och människosyn. Vad det borde handla om är att i grunden reflektera över vad rådet skulle innebära för mig själv och göra det helt och hållet till mitt.

Det finns olika slags kunskap, säger Per Lilienberg, konstnär och tidigare rektor för Gerlesborgsskolan, i en föreläsning. Viss slags kunskap kan man gå till bokhyllan och omedelbart slå upp:

När levde Vincent van Gogh?

Vad heter ”Var vänlig borsta mina skor!” på franska?

Den andra formen av kunskap hittar man inte i bokhyllan:

Hur är man solidarisk?

Hur får jag kontakt med en annan människa?

Hur gör jag så att både jag och den andre tycker att det är intressant att prata med varandra? Den kunskapen måste man leva sig till. Den lär man sig inte genom att lyssna på en akademisk föreläsning.

*

Carlo kommer ”ut i offentligheten” i samband med krigsslutet. Hur ser den pedagogiska debatten ut då? Den svenska skolan är i omdaning. Tankar från början av seklet håller på att få gehör. Grundskolan planläggs.

Vad påverkas Carlo av då och senare? Varifrån får han sin pedagogiska förankring? Sin människosyn? Vilka är det som stöder hans egna tankar om bemötande och aktivitetens betydelse? Hur omvandlar och smälter han samman kunskapen till ett eget kunnande och handlande?

Med sig i bagaget hade han redan umgänget med Siri och Siris konstnärsvänner. Det gemensamma tecknandet i ateljén för att finna det personliga uttrycket. Alla stadda i utveckling. Alla sökande. Inget bedömande som bättre eller sämre. Alla höll på.

Var fanns stöd att få för den pedagogiken utanför konstnärsgruppen? Var sökte Carlo kunskap och bekräftelse för sina egna tankar om lärandet och bildskapandet? En förutsättning var att den konstpedagogik som kunde komma ifråga måste ha en förankring i en människosyn och en samhällssyn som Carlo omfattade.

*

Gustav Jonsson börjar sitt arbete som föreståndare på Barnbyn Skå 1947. I sitt lilla häfte som han skrev redan 1948 riktat till all nyanställd personal talar han om vikten av att lära känna sig själv.

Arbetar man på ett ställe som Barnbyn är det viktigt. Det är inte bara barnen som är tokar. Även vuxna har alla sina speciella tokigheter. Man får nogsamt erfara arbetets både ljuvlighet och djävlighet. Antingen man vill eller inte så råkar man i gungning nere i själsdjupen.

När ett barn ostraffat gör saker som man själv inte vågade föder det en alldeles speciell oro inom en. Det är då man ökar sin självkännedom och kan skaffa sig en levande psykologisk kunskap som ligger bortanför den kunskap böcker och grå teori erbjuder.

När ett barn svarar att det inte vet varför det stjäl, så är det viktigt att förstå den djupa visdom och ärlighet som ligger i detta svar. Vi vet mindre än vi tror om motiven till våra handlingar. En stöld är som alla mänskliga handlingar orsakade av en rad olika faktorer. Ett upprepat stjälande hänger ihop med känslokonflikter inom barnet.

Det grundar sig inte på förnuftsmässiga överväganden. Det är därför svaret är ärligt när barnet säger att det inte vet varför det stjäl. För den vuxne som är ur humör blir reaktionen kanske att han smäller igen dörren ovanligt hårt eller sparkar iväg en sten på trottoaren. Eller att han snäser till och tränger sig före i kön. Det är inte det att han har bestämt sig för att på det sättet avreagera sig. Skulle han få frågan varför, skulle han som barnet svara:

– Jag vet inte!

Den dyrbaraste gåvan som Barnbyn har att erbjuda är den hemsökelsens stund man har efter en dag då man vaknar och är ur form och har huvudvärk. Det kryper av olust i en. Man tappar humöret, skäller ut ett barn, börjar gråta eller gör något som man vet är helt galet. Det är då det viktiga sker, eftertankens kranka blekhet, reflektionen, återupplevelsen av händelsen. Det är där lärdomen finns.

Kanske skulle Carlo inte ha berättat om hur han tog av sig skorna för att göra barnen nyfikna på vad han hade att berätta. Kanske hade det varit bättre att be henne reflektera över sitt eget handlande i mötet med de ”besvärliga barnen”. Då kunde kollegan ha funnit sin väg att komma i dialog med barnen. Jonsson menar att det inte finns några elaka barn. När barnen hälsar den manlige läraren eller den kvinnliga vårdaren med:

– Vad är det där för en ny gubbdjävel?

– Vad är du för en djävla käring?

Då finns det skäl för dem att säga så. Barnen har erfarenhet av att vuxna är ”djävla käringar” eller ”gubbdjävlar”. Det är själsligen skadade barn som farit illa i sina tidigare miljöer, beroende på det bemötande de fått av vuxna. Genomgående är att barnens känsloliv skadats därför att de inte fått den trygghet som barn behöver. Det är då olyckliga barn formulerar sin längtan efter förståelse och ömhet. De gör det på det för dessa barn mest naturliga språket; svordomar, sexualord, skällsord, sparkar, knytnävsslag, stölder och skolk. Men det finns också skygga och ångestfulla barn och skillnaden mellan den övergivet gråtande pojken och den fräckt svärande ”lymmeln” sitter bara på ytan.

> Det finns en sann berättelse ur livet – psykologiskt sann – om herr Medelsvensson på väg hem från kalas en vacker vårnatt. Han går genom Humlegården, där häggen står i rikaste blom. Herr Svensson känner sitt hjärta fyllas av rörelse inför naturens skönhet, han fattar en vacker kvist med blommor och säger: ”Blommar du…”, blir generad för sin egen rö-

> relse och fullbordar meningen som sann och äkta svensk: ”Blommar du… häggdjävel.” Minns den berättelsen någon gång, då du möter ett barn på bygatan, som hälsar dig med: ”Hej du, käringdjävel!” (Jonsson.)

Det är den erfarenheten och kunskapen Jan Thomæus bär med sig när han lämnar Barnbyn efter att ha varit praktikant där. Där har han fått den kunskap och erfarenhet som han inte fått i sin bildlärarutbildning. Det är av Gustav Jonsson han lärt sig att bemöta eleverna. Det blir det viktigaste för honom. Samtidigt är det detta som också är det svåraste.

Jan Thomæus är med i den musiklyssnarcirkel, där också Carlo och Kerstin, Stig Carlsson, Carlssonhögtalarnas skapare, är med. De träffas regelbundet hos varandra. Säkert diskuterar de också med varandra om sina erfarenheter av möten med barn och tonåringar. Thomæus' böcker tillhör de som Carlo ofta har under armen när han föreläser för vuxna om barns bildskapande.

*

Efter Skå börjar Thomæus arbeta som bildlärare på Viggbyholmsskolan.

Han vill inte straffa elever. Det blir bara värre av det.

När han låter bli att skriva anmärkningar och vill få klassen att ta ställning till det som hänt, möts han av butter tystnad. Elever tycker öppet att han ska säga ifrån.

> ”Men tycker du inte att det går väl långt nu?” frågade undrande elever. Uppriktigt kunde jag svara att det här var väl inte så farligt. Värre hade jag varit med om. Och när jag inte blev upprörd, gick luften ur både de indignerade och bråkmakarna.
>
> En regel höll jag på. Ingen fick lov att störa den som arbetade. Men ibland var det ingen som arbetade. Om de ville arbeta eller inte ansåg jag vara elevernas sak att avgöra. Alla människor vill egentligen arbeta, och denna ursprungliga och goda lust ska inte andra människor få lov att grumla. (Ur Thomæus' föreläsningsmanuskript, ej daterat.)

I sin utbildning till teckningslärare får han inpräntat att den naturliga utvecklingen är att barns spontana bildskapande försvinner i tonåren. Det är lika naturligt som när småbarn tappar mjölktänderna. Därför får Thomæus lära sig att en bildlärare aktivt ska lära tonåringar hur deras bilder borde se ut. Undervisa i komposition, färglära, perspektiv och dela ut preciserade uppgifter till sina elever. Själv är han helt övertygad om att det är ett felaktigt resonemang:

> – Vi har hört att du inte ger några uppgifter, säger hans lärarkollegor till honom på personalrummet.
>
> – Intressant. Du sätter bara fram material till eleverna? Men sen då? När ska du börja undervisa?
>
> – Aldrig, säger Jan Thomæus som svar. (Thomæus 1974.)

I sitt föreläsningsmanuskript tar han upp problemet om hur han hjälper en elev att göra personliga och levande tonårsbilder. Gång på gång kommer elever fram till honom och vill ha råd och hjälp med hur deras bilder ska se ut. Thomæus envisas med att ha samma svar till alla:

> – Man kan bara veta hur man vill att ens egna bilder ska se ut, man kan inte veta hur en annans bilder bör se ut.
>
> Men jag pratar tillsammans med eleven.
>
> – Vad är det som är besvärligt? De tittar också på andras bilder: Munch, Hill, Prins Eugen. De pratar om en film som just går på biograferna, om musik de tycker om. Ibland kommer jag med förslag men oftast resulterar det i:
>
> – Nej, vet du vad, det där tycker jag låter dumt, så då försöker jag hellre själv. Hur samtalen utfaller har många orsaker.

Vem eleven är. Hur stämningen är. Hur skolan runt omkring är. Hur mycket tid de har på sig. Ju mindre tid man har på sig, desto mer blir man tvungen att ingripa. Påverkar gör man förstås alltid på det ena eller andra sättet. Hur ömtålig lokalen är, hur mycket färg och lera som får fläcka ner golvet. Det finns alltså inget standardrecept. När det inte finns, så blir det automatiskt jobbigt för läraren som i varje situation måste anstränga sig att försöka känna in just den eleven just nu.

Bästa sättet att hjälpa en elev, menar Thomæus, är att först och främst lyssna mycket uppmärksamt. Sedan kunna ge adekvat stimulans som får eleven att vilja hålla på. Hela tiden energiskt hålla i minnet hur viktigt det är att inte störa den naturliga utvecklingen.

Inte vara överlägsen, inte kritisera, inte komma med tokiga värderingar som bygger på beundran. Det gäller inte bara barn utan alla åldrar.

I ett samtal försvinner orden ut i rummet och det är bara den som lyssnat som vet att de funnits. Det skrivna ordet blir ett dokument som kan studeras länge. På så sätt liknar bilden och det skrivna ordet varandra. Både skrivandet och målandet leder till reflektion över uttrycket som ska formuleras, hur jag ska uttrycka mig. I ett samtal är "duet" viktigare än "jaget".

Samtidigt som orden skapas och uttalas så sker lyssnandet. Man kan påstå att samtalet därigenom är ett samarbetsprojekt. I ett lyckat samtal deltar samtliga närvarande.

Det kräver i sin tur att deltagarna känner trygghet att våga säga det man vill säga och att man blir bekräftad. Det kan inte förberedas utan sker hela tiden mitt i samtalet.

Barn som tecknar och målar behöver också bli bekräftade. Tecknandet och målandet kan också sägas vara ett slags samarbetsprojekt, men inte mellan människor utan mellan öga och hand och papperet/duken. Det projektet kräver också trygghet för att den skapande ska våga säga det han eller hon vill säga.

*

På Viggbyholmsskolan är det inte ovanligt att nya elever efter en tid frågar vad Thomæus är för slags lärare, han lär ju inte ut någonting. De är inställda på att en bildlärare ska fungera som en språklärare, som lär ut rätta sättet att böja verb.

> Vad de i stället lärde sig genom att hålla på att arbeta, undervärderade de. Vad vi tillsammans kunde komma fram till – som i Leffes fall – var för dem något främmande. De nya eleverna var helt enkelt inte vana vid att se något av värde där.
>
> Rätta böjningen av "hålla på" i imperfektum är "höll på", inte "hållde på". Men hur lär man sig blanda till grönt? Då är det inte så enkelt längre. Vilket grönt? De ojämförligt bästa svaren uppstår, när man själv håller på och prövar sig fram. Mycket snart kan ingen undgå att märka, att av olika gult och olika blått blir olika grönt. Alltså vad engelsmännen kallar "learning by doing" – att lära sig genom att göra. Då blir detta ens egen upp-

täckt och erövring. Man blir bekant med det på egna villkor. Slutligen kan man i egen takt bli förtrogen med det. (Thomæus 1980.)

*

Homer Lane, en slöjdlärare, anställs för att leda den nystartade uppfostringsanstalten "Little Commonwelth" i Dorsetshire, 1913. Han har lett uppbyggnaden och arbetet på en av ungdomsrepublikerna för unga förbrytare i Amerika, Fordrepubliken. Det är domstolarna och barnavårdsnämnderna som skickar barn för särskild vård. Little Commonwelth är en uppfostringsanstalt med självstyrelse.

Lane vill att de barn och ungdomar som placeras på anstalten ska ha familjeliknande förhållanden och bo i stugor med två vuxna, en man och en kvinna.

Det är så Gustav Jonsson organiserar det på Barnbyn Skå.

Lane är lärjunge till Freud och Jung, men ingen dogmatiker. Han vill inte tillhöra någon "skola". Det är svårt för honom att uttrycka sig i skrift.

Han skriver och formulerar, förkastar och lägger i papperskorgen. Det är utifrån föreläsningsmanuskript och noggranna referat av hans föreläsningar för föräldrar och lärare som hans bok blivit till.

I svårigheten att formulera sig skriftligt finns det en likhet mellan Lane och Carlo.

Den viktigaste skillnaden mellan Commonwelth och andra uppfostringsanstalter och skolor är att där inte finns andra regler än de som barnen bestämt själva. Alla som är över tretton år är medborgare i Little Commonwelth och ska dela ansvaret för organisationen och att alla följer de lagar som de bestämt.

De vuxna ska undvika att vara auktoritära.

Medborgarna är avlönade för det arbete de genomför. För lönen kan de betala sin inackordering, köpa mat, kläder och använda till nöjen. Ibland kan en medborgare få stöd från den fond som byggts upp genom att alla betalar en viss skatt. Om en ungdom rymmer eller förstör något tas de kostnader det innebär från den fonden. Ganska snart förändrar medborgarna straffen. I början döms till böter och inskränkt frihet. Efter ett tag ersätts det av att den dömde skall ersätta eller reparera de skador han åstadkommit.

När jag läser om Homer Lane kommer jag att tänka på en matinéfilm jag såg på Mälarhöjdens bio som barn: ”Pojkstaden” med Mickey Rooney. En hel stad uppbyggd enbart för pojkar. Där hade de riktiga arbeten och riktigt ansvar, inget var på låtsas. Det var en miljö där det goda och onda fick kämpa med varandra och över alltihopa vakade fader Flanagan.

Pojkar arbetade i verkstäder, pojkar arbetade i bageriet, pojkar skötte banken och posten. Valda pojkar satt i stadsfullmäktige och bestämde i staden. I domstolen var pojkar domare och försvarsadvokater. En jury av pojkar bestämde vem som var skyldig eller oskyldig.

Då, för mig som tioåring, var det en påhittad film, en saga, som var fascinerande. Lockande för att pojkarna i filmen arbetade med verkliga uppgifter, något som jag och mina kamrater längtade efter att få göra.

Men Pojkstaden fanns också i verkligheten och fader Flanagan är inte en filmroll där utan en verklig katolsk präst, som grundade ”Boys town” nära Omaha i Nebraska redan 1917.

Det är en överraskning för mig som vuxen; ett helt samhälle som är självstyrande med innevånare som kommer dit för att de misshandlats, övergivits och förvildats.

Det är från bland annat Lanes bok ”Barnets fyra åldrar” som Carlo hämtar tankar om hur barn och ungdomar ska bemötas:

> Det är som det här med barns ätande. Man kan väl förstå att föräldrar förr i tiden matade barnet för dom orkade inte med att barnet spillde ner sig så mycket – det tog ju en sån tid att tvätta och krävde en sådan ansträngning. Men med dom här pansarkostymerna dom har av plast kan dom gott låta barnet pröva själv. Och barnet vänder skeden just innan den når munnen och alltihopa faller i håret eller på golvet eller i haklappen. Det är som en Chaplinfilm och vi kan skratta åt barnets försök. Det fina med att barnet får försöka är att det är en process.
>
> Varje resultat av en sådan genomlevd process blir av annan kvalité än det genom förtryck inlärda.
>
> Men det är klart – man får ha en överenskommelse med barnet:
>
> – Nu har du kladdat nog för idag. Jag orkar inte längre. Du får fortsätta i morgon.
>
> Eller ett barn som experimenterar med en sked som skramlar:
>
> – Nu har du skramlat. Du får fortsätta i morgon.

Det säger man efter en kvart. Vad man inte får göra är att byta silverskeden mot en plastsked som inte skramlar. Det roliga för barnet är skramlet och så är skeden utbytt mot en ickeskramlande plastsked. Då blir det ju inget experimenterande. Edison hade aldrig löst det där med glödlampan om han inte hade tillåtits att experimentera.

...

I tunnelbanevagnen där sätter jag mig alltid där bak. Där dom sönderskurna sätena finns. Och då har jag alltid en luva. Om jag hade hatt så skulle jag sitta mitt i vagnen. Och då säger dom:

– Jultomten, du är litet för tidig, säger dom om det är i november.

Och då börjar vi prata. Ibland har jag någon versbok med och då läser jag en vers. Det allra finaste jag hade med mig var en kulturhistoria från 1800-talet. Den hade jag med mig ett par månader.

– Har ni sett den här vuxna karln som får stryk av sin husbonde?

– Va, får han stryk av sin husbonde? säger dom. Ja, då kommer dom.

– Ja, det är en dräng. Enligt lagen så fick man straffa sin dräng genom stryk på bara stjärten.

– Är det möjligt? säger dom.

– Har ni inte läst om det i skolan?

– Nej, var finns den där boken? säger dom.

Dom är tydligen väldigt hungriga på kunskap

...

Det är som dom där ungdomarna i tunnelbanan – dom som säger så ibland:

– Hörrödu, den där bilden – en sån jävla skit!

– Men det är inte säkert att dom menar det. Det är en protest. När dom har hakkors – det är inte säkert att dom menar det, men det är en protest. Så att jag börjar ju inte gråta då, utan jag tänker: ja, dom har verkligen vantrivts i skolan. Ja, det förstår jag och jag säger:

Jag tycker... kan vi inte se? (Derkert på Maria folkhögskola.)

*

När Carlo lär känna Wissa Wassef och den pedagogik han introducerat i bondbyn Harrania, får han bekräftat det han vet; barns oerhörda kraft att undersöka och skapa. Wassef har noga läst det Herbert Read skrivit. När Wassef förklarar sin målsättning med experimentet i Harrania använder han samma formulering som återfinns hos Herbert Read.

Så här sa Wassef i en föreläsning på Nationalmuseum 1966 i samband med den andra Harraniautställningen:

> När ett barn föds med ögon, öron, händer, hjärta och hjärna är det för att bli poet, konstnär, forskare. Allt detta på en gång. Barnet föds kort sagt för att bli människa.

Read formulerar samma sak så här:

> I och med att han (läraren) gradvis blir medveten om vad en viss individ behöver förvärvar han också en djupare förståelse av vad människan behöver för att bli människa.

Read menar att tecknandet tillfredställer ett uttrycksbehov på samma sätt som det talade ordet gör. Barnet strävar med att få ett fulländat uttryck.

Den verklige teckningsläraren, skriver Read, finns redan inuti barnet och kämpar med att uppnå förfining. Tecknandet ska vara en verksamhet som leder till ett fritt uttryck för barnets jag och de tankar barnet bär på.

Barns tecknande och målande följer sina egna lagar. Det bestäms inte av objektiva realistiska normer utan genom en inre subjektiv känsla eller förnimmelse. När barnteckningarna förändras är det för att en naturalistisk inställning långsamt tvingas på barnen, då de måste ge sig i kast med en yttre värld. Antingen beror det på deras behov att objektivt skildra omvärlden eller att de upptäcker att föräldrar eller lärare gör naturalistiska bilder som de försöker härma.

Det är i den utvecklingsfasen många barn slutar att teckna.

Som vuxna framhåller de att de aldrig har kunnat ”dra ett streck”.

För att beskriva lärarens uppgift att stimulera och ge impulser till barnets utveckling, använder sig Read av Martin Bubers text:

> Endast då någon tar henne vid handen, inte som ”skapare” utan som medbroder, förlorad i skapelsen, och hälsar henne inte som konstnär utan som kamrat, vän eller älskare, upplever hon en inre gemenskap. Ett uppfostringssystem som blott bygger på instinkten att skapa skulle resultera i en ny och högst smärtsam isolering av människan.

I mötet mellan elev och lärare gäller det att som lärare påminna sig om att varje förhållande har sina egna lagar, sin struktur och verklighet. Men att den ändå är möjlig att omfatta.

Buber, skriver Read, inför begreppet omslutning.

Det innebär att de två människor som möts verkligen har förmågan att leva sig in i den andres situation, i hans känslor och i hans reaktioner på det egna beteendet. Buber menar att det finns olika slag av omslutning. I skolsammanhang måste det grunda sig på tillit.

Tilliten till världen därför att läraren konstant finns där. I ett vänskapsförhållande har de två parterna ett lika stort ansvar för att leva sig in i den andres situation.

I skolan är det pedagogen som ska se situationen från båda parters sida, medan eleven endast ser den från sin egen sida. I den stund eleven ser tingen från sin lärares synpunkt övergår förhållandet till ett vänskapsförhållande. Det kan upprättas i en senare ”efteruppfostrande” fas, som kan fortsätta då eleven slutat skolan.

I arbetet med elever kommer också till ett självreflekterande inslag. Läraren kommer till insikt om på vad sätt han ger det som krävs, inser vad han kan ge till sina elever, inser vad som övergår hans förmåga.

Läraren lär sig att ansvara för de elever som anförtrotts honom och därigenom uppfostrar han sig själv.

Det eleverna behöver för att utveckla sin personlighet bör läraren redan ha funnit och utvecklat hos sig själv. Till lärarens arbete hör att medvetandegöra sig om den egna personligheten, menar Read.

När han besöker ett antal skolor så förbryllas han av det faktum att han inte kan se något samband mellan de undervisningssystem eller de akademiska kvalifikationer lärarna har och de bästa resultaten. I stället är hans slutsats att de goda resultaten beror på den sympatiska atmosfär som finns just på den skolan eller i den klassen.

Han menar att atmosfären är lärarens skapelse och inte det som går att köpa för pengar. I Carlos terminologi blir begreppet ”omslutning” i stället ”att vara en god omgivning”.

Herbert Reads bok ”Uppfostran genom konsten” tillhör de böcker Carlo bär med sig till föreläsningen om ”Barn och Bild”. Read förmedlar samma budskap som Wissa Wassef.

Carlo kan bli stående med Reads bok under armen tillsammans med Thomæus' böcker och boken "Ett barn har hundra språk". Det är som om han genom att bära på böckerna, mycket medvetet vill framhäva att han är en förmedlare av deras tankar. Att han verkligen har tagit dem till sig.

Jag minns att Edna Martin kom dit när vi öppnade utställningen före jul 1960 i december. Vi hade den i ett långt galleri och så gick den ut i stora salen och Edna Martin kom in och sa:

– Oj, vilken textil. Vilka bildberättelser. Dom måste ha en bra lärare? sa hon.

– Nä, sa vi, vi har tryckt av vad Wissa Wassef har berättat här, dom har ingen lärare.

– Då måste dom ha bra mönster.

– Nej, mönster fick dom inte.

Dom fick inte äga pennor ens en gång. Det är patriarkaliskt i Egypten, va. Inga papper. Inga pennor, utan det... – jaha, och då kommer det tredje och det är det som är intressant:

– Då måste dom vara begåvade!

Det är vår sista skans. Det är ju härligt att vi kan ta till det för då slipper vi skriva och dansa och det, va (skratt). Vilken oro och ångest – om inte den spärren fanns att jag inte är begåvad. (Derkert på Nationalmuseum.)

Det han kan visa på är barns kraft. Men exemplet Harrania har en svaghet. Det är väl bra att sätta barn att väva och "upptäcka att det blir bättre än man kunde förvänta sig", ett uttryck som Read använder.

Men Egypten ligger så långt bort.

Det är inget europeiskt samhälle. Man kan inte sätta alla svenska barn i var sin vävstol och en del lärare tar allting så bokstavligt.

*

Därför är det tacksamt när den första Reggio Emiliautställningen kommer till Moderna Museet 1981, "Ett barn har hundra språk men berövas nittionio".

Här får Carlo exempel på europeiska dagbarns undersökande och skapande. Han kan peka på förhållningssättet som genomsyrar arbetet.

Att de vuxna ska uppmuntra det experimenterande och forskande barnet.

Den vuxne ska inte avbryta processen genom att tala om facit.

I verkligheten finns ofta flera olika svar på en fråga. Men viktigast är att barnen får leda arbetet. De vuxna måste hela tiden sätta frågetecken för vad de gör. Det får inte finnas ett rätt och ett fel.

> Loris Malaguzzi talar om den svåra förklaringens väg. I den enkla förklaringen är verkligheten uppdelad i ämnen. Den svåra förklaringens väg står för komplexitet. Barns verklighet kontra fantasi, barns arbete kontra lek, barns förnuft kontra kreativitet. Balans och obalans kompletterar varandra. Barnet måste upptäcka att den vuxna verkligen är en resurs. Om barnen märker att också dom vuxna är nyfikna och ställer frågor, gör barnen likadant. (Bahlenberg & Derkert.)

När Wissa Wassef inspireras av Herbert Read, studerar Loris Malaguzzi Célestin Freinet, en pedagog som också Carlo fascineras av. Han hyllar det konkreta arbetet. Ett barn som är försenad i sin utveckling behöver vara kvar i den materiella tillfredsställelse som det manuella arbetet ger.

Det är ingen god pedagogik att tro att man med konstlade medel kan rycka honom ur sin långsamma funktionella utveckling genom att tvinga fram extraläsning.

Det vore som om en mamma i sin ängslan över att barnet inte lär sig gå tillräckligt fort, placerar det i en apparat som tvingar barnet att röra benen på ett visst sätt. Det är bara verklighetsfrånvända pedagoger som tror att man kan snabba på utvecklingstakten genom att hoppa över stadier.

Och de håller envist fast vid sina misstag.

Ändå är det uppenbart att barnet inte utvecklas. Freinet anser likt Dewey att det krävs speciella verkstäder för det grundläggande arbetet. Skolan ska inte vara en dressyr, utan erbjuda arbetsmöjligheter. Alla barn är olika och blir intresserade av olika aktiviteter.

Därför behövs fyra olika verkstäder för det grundläggande manuella arbetet. En för grönsaksodling och djurskötsel, en för metall- och träslöjd, en för syslöjd och hushållsarbete och en för byggande.

För den sociala, intellektuella och konstnärliga utvecklingen behövs också fyra verkstäder. En för undersökning, kunskapsinhämtande och dokumentation, en för experimenterande, en för grafisk verksamhet och kommunikation och en för den konstnärligt skapande verksamheten.

I Reggio Emilias kommunala daghem byggs barnens nyfikna undersökande och experimenterande runt den särskilt anställda ateljéristan och den målarverkstad varje daghem har.

Kunskapen är personlig, den går inte att överföra. För att det ska bli till en kunskap måste barnet med alla sina sinnen få bearbeta den information det fått. Informationen och stimulansen kan ateljéristan, läraren ge. Ett av sätten att bearbeta information till kunskap är att teckna eller måla.

I den bild barnen gör ser pedagogen vad barnen har förstått. När barnet upplever något nytt, behöver det stöd och uppmuntran för att utifrån sina förutsättningar kunna tolka upplevelsen. Detta utan att den vuxne lägger ett raster med sin tolkning som får barnet att rätta sig efter den vuxnes sätt att se. Barnet måste i sin tolkning få använda det språk och sätt som det själv önskar.

I Moderna Museets katalog ”Mer om hundra språk” skriver Loris Malaguzzi att den mur, som barn själva måste hoppa över, är den mur som rests av en vuxenkultur som är både motsägelsefull och tvetydig. Det är en kultur som på samma gång som den idealiserar barndomen samtidigt i praktiken underskattar och nedvärderar barnens inneboende möjligheter och förmågor.

Vi borde ha en vuxenkultur som i stället för att befästa traditionella undervisningsmetoder som ”bygger på ständiga upprepningar och betungande filantropisk inställning” i stället stimulerar till experimenterande, forskande och förändring.

Malaguzzi menar att muren som barnen har att ta sig över, revoltera mot, består av en negativ syn på barn. En människosyn som ska leda till att de vuxna får ett anpassat, passiviserat barn. Det barnet är ett barn som har mist sin nyfikenhet, som inte låter sig förvånas.

Det vill inte utforska eller förstå.

Det vill hellre bli bedömt för vad det inte är än för vad det skulle kunna vara. Det saknar intresse att tillägna sig det betydelsefulla och komplexa i livet.

Det accepterar den ogenomtänkta teorin att det är slumpen som gör att det utvecklas till en social och solidarisk medborgare. Det lever helt utifrån utgångspunkten att den egna erfarenheten får styra handlingarna utan tanke på konsekvens. Det är oförmöget att samtidigt leva med ”känsla, fantasi och förnuft”. Det förbiser sina egna förutsättningar att utvecklas och relatera till andra människor.

I stället tvingas det att utvecklas genom en programmerad, schematisk och hierarkisk undervisning. I sju punkter talar Malaguzzi om betydelsen av att stimulera barns alla uttryckssätt:

För det första har vi en kunskap att kunna uttrycka oss på flera språk och inte bara det talade.

För det andra är det så att ju mer varje språk får möjlighet att utvecklas desto mer kommer det att berika också de andra språken.

För det tredje är det de egna erfarenheterna som utvecklar alla uttryckssätt, kognitiva såväl som kommunikativa.

För det fjärde är barnet självt medskapande då det hanterar språkens olika kulturella och historiska varianter.

För det femte genererar de språk som barnen redan använder nya och alternativa handlingar och logiska mönster. Det innebär också en större kreativ förmåga.

För det sjätte måste alla språk tillmätas en likvärdig ställning och innebära att de möts av respekt och förståelse från de vuxna.

Avslutningsvis är det frågan om inte barnens egen kultur bekräftar de sex punkterna. Alla punkterna verkar vara helt bortglömda av den akademiska forskningen eller åtminstone undervärderade, påstår Malaguzzi.

När Carlo avslutar sin föreläsning på Nationalmuseum, avbryter han publikens applåderande. Han vill lägga till något, som jag är övertygad om inte bara ska visa på en yttre likhet mellan Gustav Jonsson och Loris Malaguzzi. Han vill också visa på en inre likhet som består av deras bemötande och människosyn.

> Kan vi få det hastigt bara, utan att säga nåt. Malaguzzi. Jag skulle bara visa att han liknar Gustav Jonsson.

Föreläsningen Barn Bild Begåvning

Så här kan det börja.

Han står framför publiken och utan presentation eller introduktion överraskar han med att säga att smuts är materia på fel ställe. Jord inne på golvet är smuts, men inte ute på åkern…

En annan gång, på Konsthallen i Göteborg, har publiken redan kommit. Salen är överfull och stolarna räcker inte till. Man sitter på golvet och står efter väggarna. Då gör han entré längst bak och samtidigt som han tränger sig fram genom publikhavet börjar han sin föreläsning. Viftande med sin föreläsningsmapp säger han:

> I Harrania säger Wissa Wassef att när man har fått igång barn i ett skapande brukar resultatet bli bättre än väntat.

På Maria folkhögskola står han vid ena väggen mitt i en bänkrad när eleverna kommer in och sätter sig. Han pratar om Degas. Säger att Degas satt på scenen och målade när dansöserna repeterade. Degas tyckte inte det var intressant med föreställningar.

> – Det är därför jag inte står där, säger han och pekar på en plats framme vid tavlan.

Att vara en föredragshållare som står där, det bjuder honom emot. Det är som när Degas målar. Dansösen hamnar inte i centrum på tavlan. Golvet kan vara helt tomt. Då förstår man att de står och förbereder sig. Då kan ni förstå att jag står och förbereder mig just nu. Ytterligare ett par elever kommer in i salen och då säger han från sin plats utmed väggen:

> Ni ska komma för sent. Det är inte för sent. Det är jag som håller på att förbereda mig. Det här har inte med föreläsningen att göra. Då förstår ni att det är alldeles tomt på golvet till höger för att dit kommer dansöserna om fem minuter. Då förstår ni hur tavlan fungerar. I andra kompositioner sker det viktigaste i mitten, men här finns en potentiell rörelse. Så ser man dansöserna, och så ser man golvet, och så ser man dom igen. Så tycker man att golvet är det mest spännande, för dit kommer dom om fem minuter. Ja just det. Det här hör inte till föredraget. Kan vi ta något annat som inte heller hör till föredraget? (Derkert på Maria folkhögskola.)

Göran Odbratt berättar att han ville att Carlo skulle komma till hans kurs för behandlingspersonal. Mycket noga beskriver han, med ritad karta, hur Carlo ska hitta till lokalen. Det var ett hundratal meter att gå från hemmet på S:t Paulsgatan. 120 människor har trängt in sig i föreläsningssalen avsedd för 70, men ingen Carlo dyker upp.

Göran ger sig i väg och letar.

Ingenstans finns han, inte på väg, inte hemma.

Tillbaka till den väntande publiken.

Där börjar Göran underhålla publiken. Tjugo minuter försenad dyker en man upp i dörren med mössan neddragen i pannan och blå täckrock med den röda halsduken virad flera varv runt halsen. Man kan bara se ögonen och han skriker längst bak i lokalen, för det är där dörren är:

> Jag ber inte om ursäkt! Jag ber inte om ursäkt! Tyck synd om en man som inte vetat vart han ska!

Så börjar han föreläsningen och det blir ett lysande föredrag.

*

På Nationalmuseum sker starten på ytterligare ett sätt. I ett kraftigt publiksorl hälsar en kvinna publiken välkommen att lyssna på Carlo Derkert.

Applåder.

– Hallå, hallå. Fungerar den? säger han och menar mikrofonen.

Publiken svarar i kör att det gör den inte.

Han kommenterar att "dom" har lovat att de ska få det att stämma och menar högtalarljudet som tjuter av rundgången när han kommer för nära högtalaren. Ändå börjar han:

> Jag har en hjältinna när det gäller det här med skolan. Hon heter Asta Håkansson. Hon var född i en Bohuslänfamilj. Dom var stenhuggare. Det var tolv barn. Hon fick hjälpa till mycket som barn. Pappan dog tidigt. Hon tog i alla fall småskollärarinneexamen.
>
> (Rundgången får högtalaren att tjuta.)
>
> – Var ska jag vara nu för att det inte ska säga aaauummmmaa? (Derkert på Nationalmuseum.)

Samma föreläsning inleds på helt olika sätt.

Det betyder inte att fortsättningen också är olika. Vissa grundelement finns hela tiden med, men kan komma in i olika ordning. Han förbereder varje föreläsning som om den är en unik företeelse och anpassar den till den aktuella situationen och den aktuella publiken.

Odbratt påstår att föreläsningarna är mycket noggrant inrepeterade. Varje replik ska låta naturligt spontan. Som en skådespelare har han prövat den i alla möjliga lägen. Till förberedelsen hör också timmen före i ett tyst rum helst med en soffa att ligga och slappna av i. Ett ställe att ostört memorera föreläsningen.

Barn och Bild är en ständigt återkommande föreläsning.

När jag försöker förstå hur Carlo tänker om inledningen av sin föreläsning, så blir det viktiga att publiken snabbt ska komma in i ämnet och känna sig delaktig. Det igenkännbara men ovanliga skärper uppmärksamheten.

Hans föreläsningar har alltid konkreta utgångspunkter. Han börjar aldrig i teorin. Och han ser till att variera sitt budskap och ta om det flera gånger så att det inte ska kunna uppstå någon tvekan hos publiken.

Föreläsningen där han inleder med att jord på ett golv är smuts och att man alltid måste ta reda på i vilken situation man befinner sig, håller han för mig och mina kollegor som utbildar specialpedagoger.

Den fortsätter så här:

Tänk dig en 12-åring som kommer för sent dag efter dag till skolan. Då säger man:

– Du får ta dig i akt. Du måste lära dig att passa tiden eller också får jag tala med dina föräldrar.

Sen får man höra att han har en mamma som är sjuk. Han kan inte lämna sin mamma. Då blir han ett helgon för han har inte beklagat sig. Man måste alltså alltid ta reda på sammanhanget. Någon kanske säger:

– Den där människan är dum!

– Hurså?

Det är ett meningslöst yttrande. Det beror på situationen om en människa är dum eller inte. Kärleken är varken ond eller god. Den blir det den blir på rätt ställe. Att vara på rätt ställe, det är en enormt viktig kunskap. Ta till exempel en skrotskulptur. Vad kan man göra konst av? Vad som helst – ett lock, ett skottkärrehjul. Jag var med och köpte en sån komposition. Den kostade ju pengar. Vad skulle jag säga till publiken? Då kom jag ihåg vad konstnären hade sagt:

– Ett gammalt hjul på rätt ställe, det har en uppgift.

Så när publiken skulle komma och jag skulle visa konstverket hade jag förberett mig noga i 14 dagar, för att jag skulle kunna vara fullständigt spontan.

– Herr Derkert! Det där är ett rostigt lock!

– Det är rätt! Ute på soptippen är det ett rostigt lock, men här är det en form, färger och en komposition. Det är en bild i en rymd, i en klang. Och det är en av de ljusaste bilder man kan ta. Tänk alla rostiga lock ute i samhället – hur ska man få dom så att dom fungerar, fast dom uppenbart är rostiga? Jo, på rätt ställe, va!

Och alla människorna började applådera. Det var dadaisterna som var först med påståendet att man kan göra konst av vad som helst. Men långt före dom, i Asien, var japanerna som lade en sten i en trädgård som en bärare av ett stycke naturgudom. Konst är inbillningskraft. Om du går och tittar på Rembrandts ”kökspiga” så kan du göra ett experiment:

– Finns det någon kökspiga där? Nej, det har aldrig funnits. Allt som funnits är ett antal hg oljefärg. Det är bara det att färgen är ansatt på ett sådant sätt att vår inbillningskraft förvandlar den till en kökspiga. Men konst gör oss också häpna. När Duchamp går omkring och hittar konst, leder det oss till konstens ursprung. Duchamp köpte en enmanspissoir. Han signerade det ”Mutt 1917” och placerade den upp och ner och kallade den ”La fontaine”. (Bahlenberg & Derkert.)

När jag räknar ihop det, är det tio konkreta bilder han ger, för att så småningom visa på hur inbillningskraften också finns hos det lilla barnet, ett symbolspråk som ligger där berett att utvecklas.

De olika exemplen stöder varandra i en lång kedja, så teorin bakom behöver det inte ordas om. Den kan publiken formulera utan föreläsarens hjälp. Men han får också med det för honom viktiga bemötandet av barn. Bakom ett barns handlande kan ligga en väl motiverad omtänksamhet, som inte omedelbart är uppenbar.

*

I alla Barn och Bild-föreläsningarna finns ett genomgående tema om hur vuxna bemöter barn. Han säger att för barn är vuxna gudar och att det finns onda och goda gudar.

Själv trodde han som barn att lärare från början på ett gudomligt sätt är födda med och fyllda av all den kunskap de förmedlar. Att de aldrig har behövt lära sig, att de aldrig behövt läsa på.

De låter det framstå på det viset.

Vill man som vuxen visa sin osäkerhet, sin mänsklighet, måste man redovisa var man har fått kunskapen från. Tala om att den kunskapen inte är så svår att ta till sig.

Den kan kräva en viss ansträngning att skaffa sig, men det behöver inte vara svårt.

På Nationalmuseum berättar han om Asta Håkansson, småskollärarinna i Borås som blir intresserad av Freinets pedagogik. Hon skaffar sig en kurs i esperanto för 2 kronor och kan börja skriva till franska Freinetskolor för att utbyta tankar.

Hon kan med sin bakgrund som barn i en bohuslänsk stenhuggarfamilj instämma med Freinet: att leva är att utvecklas.

Man kan inte utvecklas annat än genom egen erfarenhet.

Nästan i en parentes avslutar Carlo med att erkänna att han bara har läst om henne i en tidskrift som heter KRUT (Kritisk Utbildningstidskrift).

> Jag har tänkt på olika sätt att visa konst och där pendlar jag mellan två. Det ena är att jag är så fascinerad av det jag gör och ser så att jag… jag… det

är nödvändigt med ett stycke föreställning, där ungarna eller dom vuxna tittar på mig litet förvirrade och tänker att är det så intressant och så upplever dom litet av min upplevelse. Så där kommer min upplevelse in. Men det andra som jag tycker kanske är en… en… en… en bättre metod. Det är att man helt enkelt redovisar för dom att det är en kunskap som jag har skaffat mig. Att man säger: "Det har jag läst där." och att "det vet man mycket lite om". Så att dom plötsligt förstår att man egentligen är på deras sida. Vi vet alla lika lite. Och att just osäkerheten är väldigt viktig. Att man redovisar den för dom andra. För när jag gick i skolan trodde jag nämligen att lärarna var födda med denna gudomliga kunskap.

(skratt)

Medan om… när man plötsligt förstår att lärarna är några som också har fått plugga och kanske måste slå upp i en bok och där jag skulle kunna komma med ett förslag…

Ingela Lind:

Det är då dom vågar ifrågasätta och komma på det…

Carlo:

Just det. Då är jag i en väldigt lycklig position, va. Då kan jag verkligen bara komma med förslag. (Intervju: Ingela Lind.)

De onda gudarna är lättast att hantera, för de kan man ta avstånd ifrån.

Värre är det med de goda gudarna.

De är så hjälpsamma och tycker att de vet vilken färg en himmel har. Ber man dem, ritar de omedelbart en häst eller ett träd. Får de möjlighet, rättar de gärna i barns bilder.

De säger kanske i en skämtsam ton att de inte vill ha några snölandskap och ställer därmed krav på att bilden skall vara fylld av färg. Hela himlen ska vara blå, för de menar att himlen alltid är blå och att det finns tid till att måla den blå.

Eftersom de är gudar är det så svårt att säga emot dem.

Carlo använder sig av skämtet för att publiken ska kunna ta till sig det bakomliggande budskapet att det inte finns något facit, något säkert rätt eller fel:

– Då måste jag läsa det där, som den där sjuåringen. Ja, granngårdarna, ja, här (läser): Jag hörde på 50-talet en lärarinna som läste ur bibeln (kommenterande) – det är naturligtvis väldigt bra, Jakobs stege och Adam och

Eva och sen har dom spelat upp det på band och sen så skrev hon ner det och så läste hon det i radio. Jag skrev: "Du måste skicka dom där texterna." "Ja", sa hon och så fick jag den här texten om en sjuåring. Hon har hört berättelsen om Adam och Eva och sen skrivit ner det här (med läsröst):

Adam och Eva.

(Kommenterande) – Eller rättare sagt dom spelade in det. (Börjar om)

Adam och Eva.

Adam bodde i ett gult hus, men han hade ingen fru. Sent i natten kom Gud Fader in och tog Adams revben. Och vips, vaps så var Adam väckt av Eva.

Och Eva ropa: – Adam, här har du din vän Eva.

Då sa Adam: – Jag har ingen vän som heter Eva.

– Du minns väl mig på festen (stort publikskratt).

– Nej, sa Adam, men vi kan vara vänner ändå? Men en vacker dag så blev dom vänner och solen lyste blå på himlen blå.

Och nu är pedagogerna där igen (skratt). Går det an det här? Då får man titta här. Erik Lindegren – han är ju död, men någon annan sån där poesiprofessor – han kan mycket lätt förklara varför solen är blå.

För det förstår man av första raden:

Adam bodde i ett gult hus.

Då måste solen vara blå! Det är ju huset och det som händer där som är det viktiga. Det är logik. Poesins logik. Måleriets logik. (Derkert på Nationalmuseum.)

I en annan historia är det farbror Anders som tittar lilla Anna över axeln och undrar vad det är för en konstig bil som hon håller på att teckna. Men den lilla Anna blir inte svaret skyldig, när farbror Anders säger att det där är väl ingen bil:

Barn förstår ibland vuxna bättre än vuxna förstår barn.

Det måste de, annars går det inte att handskas med dessa gudar. Det är därför Anna säger undervisande:

– Nu ska du lyssna riktigt noga, farbror Anders, så ska jag lära dig något. Jag är nämligen futurist. Jag tecknar inte hur bilen ser ut. Jag tecknar hur fort bilen kör. Och eftersom du stör mig i mitt skapande – ta de här 30 kronorna och skaffa dig en taxi och åk härifrån så långt som möjligt.

När jag ser denna historia i hans anteckningar tycker jag först att det är konstigt att han gör en historia där en flicka tecknar en bil. Men hans underliggande budskap, tänker jag, måste vara att vilja framstå som medveten feminist också i sina exempel.

I de senare föreläsningarna har han bytt ut flickan mot gossen Sven och tagit hänsyn till inflationen; förvandlat de 30 kronorna till en hundralapp. Men det egentliga budskapet handlar om vad de goda gudarna tanklöst kan ställa till med, genom att de tycker sig veta istället för att fråga barnet.

Ett ytterligare exempel på hur Carlo förmedlar sina tankar om bemötande är när han berättar om hur familjen besöker ryska paviljongen på Biennalen i Venedig. Kerstin och han ogillar den romantiserade ryska socialrealismen och ironiserar över att människorna framställs så vackra, hur jättelika skördarna verkar vara och att konsten inte skildrar några sociala svårigheter.

På vägen därifrån säger Tora att hon inte vill gå tillsammans med dem.

Hon tycker ju om det de rackar ned på.

Carlo menar att det är en oerhörd läxa att de inte frågar Tora: Vad tycker du?

De vuxna glömmer att också barnet har åsikter om utställningen. Efter en sådan erfarenhet gör man inte om samma misstag en gång till. Man förstår att barn är precis där de är och har en fullständigt riktig uppfattning utifrån de utgångspunkter de har.

*

Carlo anser att vuxna borde bemöta barn som de utforskare de är. Han säger att det är det hans föreläsning kommer att handla om.

Det är inte lärarnas verksamhet som är den viktiga.

Det är elevernas med den stora erfarenhet de redan har som sjuåringar.

> – Och som vi har redan då vi föds. Omedelbart. Vi är programmerade med en oerhörd kunskap. Vi hittar till mammans bröst utan någon broschyr från Hälsovårdsnämnden… och titta! Börja och titta, hörni – när ni åker Tunnelbanan eller bussarna – på alla dessa bebisar som plötsligt blivit så många som ligger i barnvagnarna! Är det inte egendomligt hur dom tittar på en? Från ett halvt år och upp till tre år. Dom äter opp en. Man undrar vad dom egentligen ser på. (Derkert på Nationalmuseum.)

Barn är nyfikna redan från början. Vuxna ska i så liten grad som möjligt ingripa i det arbetet. Bara bemöta barnet som den seriöst arbetande forskare det är.

– Den vuxne ska vara en god omgivning!

I den miljön inkluderas att barnet har tillgång till det forskningsmaterial det behöver.

För att utveckla och göra sig förtrogen med sitt bildspråk och symbolspråk behöver barnet papper och kritor.

Arbetet måste barnet göra själv med sin fantastiska energi och sina oerhörda livsmöjligheter.

Först som en upptäcktsresande upptäcka papperet och upptäcka kritorna. Sedan med sina egna forskningsmetoder stoppa kritan i munnen. Och upprepa det. Kanske blir det av en slump en färgfläck på papperet som barnet får undra över.

Det måste få ta tid.

Det är ett slags grundforskning som pågår.

Det här forskningsarbetet gör barn när de är omkring 18 månader och har tillgång till "en god omgivning". Det är långt senare, ur barnets perspektiv, som barnet i sitt forskande arbete, i "klottret", upptäcker en symbol.

Barnet frigör, förlöser symboler ur sitt klotter.

Det kommer med ett påstående att någonting som inte är mamma ändå betyder mamma. Förmågan att symbolisera och se tecken för en verklighet är det som skiljer människan från djuren. Människan kan skapa symboler för våra iakttagelser, varseblivningar och upplevelser.

– Nu visar det sig att också apor tecknar och är glada. Om man får en apa att göra streck som den upptäcker så fortsätter den. Man tror att dom är glada i varje fall. Men så kommer det oerhörda då apan och människan går skilda vägar. (Derkert på Maria folkhögskola.)

Apan kan inte symbolisera. Carlo säger: Ekorrar har inga bibliotek.

I en senare fas är det barnet som medvetet bestämmer sig för att göra en symbol. Det blir då en första dokumenterad beskrivning av en uppfattad verklighet. Men även fortsättningsvis kan barnet hitta, frigöra symboler ur sitt klotter.

Frågan är om inte allt skapande, också medvetet arbetande konstnärers, går till just på det sätt som små barn gör bilder. Att i det klotter av linjer och färger de åstadkommit hitta och frigöra en bild som de känner sig nöjda med och som de kan sätta en titel till för att vägleda åskådaren.

Strindberg arbetade ut sina känslor på dukarna med palettkniv och ibland fingrarna. Den färdiga bilden fick sedan ett passande namn, ofta något som hade med hav att göra.

Eventuellt finns det en skillnad mellan det skapande barnet och den medvetne konstnären. Kanske innebär det att skapandet och hittandet har många turer för konstnären medan barnet gör ett enda försök och i det hittar en bild.

*

I varje föreläsning om förutsättningar för barns bildutveckling, också den på Nationalmuseum, berättar han om hur han visar konst för barn.

Han berättar om hur det började, om Nordenfalk som ansökte om pengar hos Stockholms stad för att kunna anställa en särskild studieledare. Ibland säger han att det började 1946. Ibland 1950. Han förenklar en krånglig anställningsprocess och då är det exakta årtalet inte så viktigt.

Det viktiga gör han en berättelse av:

> – Och nu slapp man ropa när det kom en klass: ”Antonsson, din klass har kommit!” Förut klagade Antonsson: ”Jag håller på med förord till en katalog!” Nu slapp dom det, tjänstemännen, för jag fanns där. Jag var undervisningsavdelningen.

Han beskriver det som att han har en fälttågsplan för hur han ska göra visningen för de två klasserna som samtidigt ska visas runt på museet.

I planen ingår att ingen ska få lämna museet utan att ha gjort en bild. Alla ska också ha valt ut en tavla som de tycker bäst om.

Han säger att det är mycket listigt.

Vi vill tycka om någonting eller tycka illa om någonting.

Det är ju därför vi går på museer.

Han beskriver hur de bägge klasserna kommer på led två och två in i museet. Utanför museidörren har barnen, av sina lärare, just blivit tillsagda att sköta sig och vara tysta.

Det gäller att genast skapa kontakt. Han gör det genom att fråga barnen om man får skratta på ett museum.

Barnen vet. Bara man skrattar på en gång gör det inget.

Han säger det här till en vuxen publik som sitter och lyssnar på en föreläsning. Noga beskriver han hur han lagt upp planen som ska göra att barn börjar förstå vad konst är. Att alla kan göra bilder. Man bara börjar. Han undervisar inte de vuxna som eventuellt inte har förstått vad konst är. Ändå gör han det genom att berätta det han säger till barnen.

> – Och jag var ju privilegierad för jag hade Carl Larssons fresker där. Härligt! Vilket museum har Carl Larsson? Men jag visste också att jag inte var någon historielärare. Jag tänkte inte tala om att museet var ett berömt museum och så. Utan jag började väldigt häftigt: – Hörni, ni ser dom här målningarna – är dom målade med vattenfärg på mur eller med oljefärg på duk? Det var en förbluffande fråga. Någon svarade litet oförskämt: – Det är nog vattenfärger. Och det var det ju. Fast man har kalk i vattnet för då bränner det ihop förstår ni så det blir en av dom starkaste teknikerna. – Hm, hm. (Derkert på Nationalmuseum.)

Sedan bär det uppför trappan, där han överraskar barnen med att ta en klädkorg på magen, en klädkorg fylld med papper, pennor och skrivunderlägg. Ingen har någonsin sett en guide på ett museum på det sättet.

Det vore ju att tappa något av sin akademiska auktoritet.

För honom, med sin uppväxt i en konstnärsmiljö, är det viktigt att varje barn själv gör en teckning innan det lämnar museet. Syftet med museibesöket ska inte vara ökad kunskap utan en upptäcktsresa där man upptäcker sig själv och sina egna erfarenheter i det man ser.

Då blir barnens bildskapande ett både medvetet och omedvetet reflekterande över vad de upplever och känner.

> – Försökt ge exempel på att det inte är kunskapen om stilar eller konstnärer som är det viktiga, men att man där i konstverket kan hitta erfarenheter

som konstnären har formulerat så att besökarna, barnen, de vuxna själva skulle kunna börja måla, för att på det viset formulera dom egna erfarenheterna. (Intervju: Ingela Lind.)

Ovanför trappan hänger Gustav Wasas intåg i Stockholm 1523 av Carl Larsson. Barnen förstår genast att det är målat med oljefärg på duk. De ser skarvarna mellan dukarna och kan räkna att det är sex hopsatta dukar.

Som vi redan hört ropar han för att eventuellt förekomma de medföljande lärarna: Det där är Gustav Wasa!

Han påstår att ingen av de sextio barnen kommer någonsin att glömma vad kungen heter. Han gör det till en lättsam tillrättavisning riktad till alla lärare, men också till den vuxna publiken som åhör hans föreläsning.

Han förklarar att han inte vill fråga vilken kung det är.

Det skulle vara att ställa en tredjedel av barnen utanför.

Den vuxna publiken som lyssnar kan känna igen den otäcka känslan alla har minne av; hur det är att inte kunna svaret på frågor. Man hör av lärarens tonfall att man borde kunna.

När man ser tavlan kan man förstå att det är midsommar för alla blomsterdekorationerna. Där hänger kransar. Och han berättar i föreläsningen för de vuxna att han ber barnen titta efter om kransarna är fastsatta med snören eller ståltråd.

Och barnen kan varken se ståltråd eller snöre.

Det behövs inte heller, för kransarna är fastmålade på duken. De är inte riktiga. Det är bara färg som målats dit så att man ska tro att det är kransar.

Det är symboler, tecken som man ska tyda. Han säger till barnen att han nu har gjort dem till konstteoretiker.

Men han säger inte till publiken som lyssnar till hans föreläsning att även de har blivit konstteoretiker genom att förstå vad han säger till barn:

> – Nu är ni konstteoretiker. Ni vet att en målad krans inte är en riktig krans. Det är en symbol.

Det är då alla som lyssnar tycker sig få en ny insikt om konst. De målade bilderna är symboler och symbolerna kan se olika ut och ändå vara symboler för samma sak. Det är därför konsten är så varierad.

Hela tiden tillåter han sig själv att använda ett mycket bildrikt och enkelt språk som också de vuxna gärna lyssnar till. Det är ju inte de vuxna han vänder sig till.

Han berättar ju bara hur han pratar med barn. Hans kommentar till de vuxna blir:

– Och det är det som är vår chans, när vi är bildmakare. Vi vet – änglar finns inte, men vi vet hur dom ser ut. Det är ju fantastiskt med språk. Språk är inte bara avbildning. Det är också någonting annat. (Derkert på Nationalmuseum.)

*

Agneta Mogren menar att Carlo är mycket kritisk mot den svenska skolan och dess lärare. På många håll handlar det fortfarande mer om korvstoppning än att tänka själv.

Det är det skrivna ordet som står i centrum.

Att lära är att få arbeta med alla sina språk och möta världen med alla sina sinnen. Växa och mogna genom att få tid och möjlighet att reflektera över sitt arbete.

Blir man säker och trygg i sig själv börjar man tro på sina egna möjligheter. Då kan man också ifrågasätta auktoriteter och rådande konventioner.

Barn måste få pröva sig fram.

Man måste få göra misstag.

Ofta är det vuxnas egen rädsla för att det ska bli fel som hindrar barn. Det är viktigt att hålla på. Det handlar inte om begåvning utan förmågan att orka söka svar på problem.

Lärare borde bli bättre på att få barnen att hålla på. Visserligen tar det längre tid om barn lär genom att pröva sig fram och då också göra misstag, men det blir en annan kvalité på kunskapen. Carlo är misstänksam mot den kunskap som inte kommer ur en helhetsupplevelse.

– Men jag är litet misstänksam mot den kunskapen (skrattar och fortsätter) som jag inte har upplevt med hela min kropp. Att successivt förstå och uppleva vad jag håller på med. Och då kommer vi till en kvalitet hos kunskapen som man aldrig diskuterar. När det gäller skolan är det hela tiden böcker som gäller, bara antalet böcker. Och dom som ska spara nu talar om att det ska vara större klasser. Man missar ju poängen med hur kunskap uppstår och hur kunskap kan bli någonting levande. Och det har inte bara med ekonomi och nationalprodukt att göra. Man missar ju den kunskapen som är kunskapen om sina känslor. Kunskaper om relationer, det talar man aldrig om. Bara om teknikens utveckling, bruttonationalprodukten... Det blir lite ramaskri nu när man tar bort praktiska ämnen just va, slöjd, målning, musik. Men sen är jag lite misstänksam hur denna slöjd, målning och musik – pedagogiken i det. Men det är för att jag är så misstänksam (skrattar) mot lärare som jag brukar säga att dom inte är skolmogna. Då menar jag att dom är oerhört bra i sina ämnen, men dom har som människor en osäkerhet och en ömtålig prestige. Och... som gör att dom inte klarar då den relationen, som gör att det uppstår en slags – vad ska vi säga – dialog eller en korrespondens eller att ungen känner ”ja, ja, jag vågar fortsätta!” (Radioprogram med Carlo med anledning av att han tilldelats Stockholms stads guldkänga, producerat av Agneta Mogren.)

Envist hävdar han att skolan bara behöver två regler att hålla sig till. Ingen får störa den som håller på med ett arbete och ett arbete måste få ta den tid det tar.

Han påstår att i de skolor där barn får arbeta utifrån egna idéer och i egen takt, där blir det också ett bättre lärande. Den disciplinen som onekligen måste finnas kommer från arbetet. Det är i själva verket en koncentration på det material som barnet arbetar med.

När barn arbetar utifrån egna tankar kommer för barnet näraliggande problem att komma upp till ytan. Det ställer krav på läraren att lära känna sig själv och bearbeta sina egna problem:

– Vad är mina ömtåliga punkter?

– Vad är jag rädd för?

– Vad tål jag inte av andra människor?

– Barnet är berett för att vara intresserad av verkligheten och sedan hålla sig till sina modeller. Det behövs inget facit. Det var ungefär som Edison. Var det inte han som uppfann glödlampan? Tänk er att det var en lärare som hade pekat och sagt: ”Hörrödu, det där är fel material i den där tråden.” Då hade Edison sagt: ”Jag skiter i den där glödlampan. Du kan gå hem och lägga dig. Jag ska be att få vara ifred. Jag ska inte göra fotogenköket en gång till. Jag är ute efter att erövra någonting och där finns inget rätt svar." (Derkert på Maria folkhögskola.)

Han vill att vuxna i sitt bemötande av barn slutar att fokusera på "rätt och fel". Barnets lekande är ett experimenterande som kan jämställas med forskarens arbete. Också misslyckandet leder till kunskaper. "Bra och dåligt" skapar bara osäkerhet.

Psykologiskt drabbar det barn så att rädslan att göra fel utvecklar dem till suddgummimissbrukare.

Ett lärande innebär att vara i en process, att vilja hålla på. Det är det viktiga. Lärandet om hur vi lever, om historien, om världen och samhället måste ske i ett undersökande arbete. Verktygen som behövs (att kunna läsa och skriva, att kunna engelska, spanska, ryska, att kunna söka information) för att kunna "vara ute på research" kommer barnet att vilja lära sig använda när behovet uppstår under processen. Då kan verktygsläran få en särskild behovsprövad och avgränsad plats.

När familjen bodde i Gamla stan hade barnen en lärare som prövade nya metoder, enligt Carlo.

Uppsatsböckerna rättades inte, det var skissböcker.

Barnen fick själva läsa upp vad de skrivit. Skrivandet fick utvecklas utifrån att det var kommunikationen till klasskamraterna som skulle bli tydlig. Stavningen – rätt eller fel – fick inte göras till en huvudsak. Rättstavningen fick ha sitt avgränsade träningspass en gång i veckan

*

Ett kännetecken på Carlos föreläsande är hur han med en berättelse om ett barn, en konstnär, en lärare, en förälder eller sig själv kommer fram till en tanke eller en teori som han anser är viktig och vill förmedla till publiken.

En del av dessa historier kan bli klassiska, till exempel "Adam och Eva", "Farbror Anders", "Gustav Wasa och kransarna", "Bror Hjorths Kappsläden" och "Hjärtelådan".

Med berättelsen om Adam och Eva visar han dels på barns känsla för ett poetiskt språk, dels hur viktigt det är att som vuxen inte klampa in och rätta.

Till stöd tar han Kornej Tjukovskij som skriver att den naturliga känslan för poesins rytm kan dödas hos barnet.

En fyra–femåring säger: Mormor – ingen är min älskarinna som du!

Att den poetiska känslan inte får utvecklas är så vanligt att knappast någon reagerar. De rättelser som lärarna gör i barns dikter försämrar nästan alltid den ursprungliga versionen.

Bristen på vuxnas känslighet inför barns skapande är också innebörden i berättelsen om farbror Anders. Barnet är den som borde ha tolkningsföreträde när det gäller sina egna teckningar och målningar.

Att vara en god omgivning innebär att vara intresserad, be barnet berätta om vad det håller på med. Aldrig uttrycka sig i termer av bra och dåligt. Eller "O, vad fiint!"

Det är totalt ointressant.

Tala i stället med barnet så att det blir en dialog om vad man ser på. Enklast är att be barnet berätta och acceptera vad barnet svarar.

Hur illa det är ställt i vårt välmenande överflödssamhälle visar han på med berättelsen om Bror Hjorths "Kappsläden". Den bild som Hjorth målade i Paris 1922 för att han längtade till den svenska vintern.

Carlo hade flyttat från Nationalmuseum till Moderna museet när det öppnades. På Moderna fortsätter han att visa konst för barn.

– Ja, men dom ungdomar som jag hade på Moderna, sa jag, som kom in och kunde se en sak av Bror Hjorth som hette "Slädfärden". Då var det någon uppkäftig och härlig pojke som sa:

– Den där måste kosta en halv miljon, sa han om den där Bror Hjorth-målningen.

– Hur så?

– Ja, den är så dåligt målad. (Publiken skrattar.)

Då frågade jag:

– Varför tycker du att den är så dåligt målad?

Jo, nu kommer det härliga svaret:

– Jag kunde ha gjort den själv. (Publiken skrattar.)

Och jag tycker att ett sånt svar från en ungdom är verkligen en, en karaktäristik av hela vår kultur: (Viskar) Det som är dåligt det är det som jag gör själv. Det är ju fasansfullt. (Skrattar själv och säger:) Tänk om pojken hade sagt: (Låtsas härma pojken)

– Kan man måla så? Nu går jag hem och prövar själv!
(Derkert på Maria folkhögskola.)

Den gemensamma moraliteten i berättelserna handlar om hur vuxna inte förstår det allvar med vilket barn utforskar sin omvärld. Att vuxna hela tiden överför sin okunnighet och sina fördomar till barn.

Barn lever i en alldeles särskild kultur på samma sätt som aboriginerna, indianerna eller samerna.

När man lär känna dem förstår man att det inte är frågan om några primitiva kulturer. Bara att de måste bedömas utifrån sina egna förutsättningar, som den polske etnologen Malinowski skriver.

I barnkulturen beskrivs upplevelser, tankar och känslor på det sätt och med de tecken som barn tycker uttrycker den verklighet de vill beskriva. Tala aldrig om barnteckningar som bra eller dåliga, för det är omöjligt att säga. De som gör det visar bara på sin egen tafatthet. Har inte förstått att det rör sig om en kommunikation som genom frågor och svar utvecklar och inspirerar till nya teckningar.

Av alla sina möten med tecknande barn berättar Carlo återkommande om mötet med June. Han vill att barnen skriver ner vilken av tavlorna de tycker bäst om och gärna motiverar sitt val. Sedan vill han att de ska "rita något ur någon av målningarna eller något du drömt eller varit med om".

När det är dags för June att teckna så vill hon inte.

Läraren som är med talar om att "hon brukar aldrig teckna". Men Carlo ger sig inte. Han säger att han tar till ett typiskt manligt knep när han ber flickan att göra det för hans skull.

June tecknar en bild som han får lova att inte visa för någon. Hon gör en teckning som han beskriver är som ett första steg i en dans. Har man tagit det första steget kan man ta ett till och ett till.

Det är så det så småningom blir en hel tango.

Men den första bilden är viktig och måste få vara trevande och osäker. Också den andra bilden. Det är förödande att genast börja fantisera om den färdiga tangon eller slutprodukten i bildprocessen.

Sådana bilder ska inte sättas upp och visas.

I stället ska läraren ha en speciell låda med ett hjärta på, en hjärtelåda, där hon eller han gömmer alla utvecklingskliv och självövervinnelser som barn gör.

Oscar Reutersvärd berättar att Konsthistoriska klubben hade tänkt ha en konstutställning för att få in pengar till sin verksamhet. Hemma hos Carlo och Siri i Lillstugan på Lidingö frågar Oscar om inte Carlo tänker delta med några bilder, men Carlo nekar för han har inget att visa.

Då bryter Siri in och säger att han har ju en hel kista full med bilder. Mycket riktigt finns där mängder av bilder att välja mellan, så Carlo kan också delta i utställningen med sina "trevande" och känsliga bilder.

Jag tänker att det finns en likhet där mellan den lilla flickan June och Carlo.

Han känner igen sig.

*

De diabilder som följer på föreläsningsdelen har tre innehållsdelar. Den första delen består av 40 diabilder och visar Harraniavävarna. I den andra delen är det 30 bilder som visar på barns bildutveckling. Den tredje delen visar 38 bilder från Reggio Emilia.

Den fördelningen gäller den speciella föreläsningen på Nationalmuseum 1989. Vid andra tillfällen kan Carlo i sin förberedelse ha en annan fördelning. När jag skulle leta fram de bilder som hör till "1989-föreläsningen" ur karusellkasetterna blev det 8 bilder över, gjorda av barnbarnet Tove. Det är bilder som han haft med på den sista föreläsningen i december 1993. Den föreläsningen hade han för elever på Maria folkhögskola och jag kan tänka mig att han tyckte att han därför extra ville betona barns bildutveckling.

"Harraniadelen" handlar om barns medfödda och otroliga skaparkraft. Det är inte frågan om begåvning eller exceptionellt duktiga lärare.

Kraften finns i alla barn.

Den visar sig när de får tillgång till ett material som ger möjlighet att experimentera. Då berättar barnen sina berättelser och det blir mycket bättre än man kunde förvänta sig. Det behövs också en lärare som är lyssnande och förstående men inte har några tvärsäkra råd att ge, bara ger av sin tilltro. Wissa Wassef verkar ha den insikten och Carlo tycker att det överensstämmer med hans erfarenhet.

Båda har också påverkats av Herbert Reads tankar.

Den andra delen handlar om barns bildutveckling. Hälften av bilderna är gjorda av hans eget barnbarn Tove, hälften har han lånat från Jan Thomæus arbete med skolungdomar.

Bilden är ett språk som ska utvecklas.

Vuxna kan förstöra den utvecklingen genom att inte ge den tid bildspråksutvecklingen behöver. Barnet ser bildspråket som en möjlighet att använda för ett berättande, och ett välutvecklat bildspråk möjliggör att en överspridning kan ske till andra språk. Då blir tekniken, rätt och fel, något som kommer i andra hand.

Om de får berätta med den teknik de behärskar kommer de att börja efterfråga ny teknik när det blir nödvändigt för berättandet.

Att för tidigt bli utsatt för renässansens ideal eller centralperspektivets mysterium kan förtrycka barnet.

Då finns risken att barnet bildförstummas. Så sker i dag i alltför stor utsträckning i våra skolor. Lärare undervisar för mycket och lyssnar för litet.

I den tredje utställningen med förskolebarns forskande och skapande i Reggio Emilia handlar det om pedagogernas planering för att små barn ska få forska på sin verklighet. Göra det med utgångspunkt från egna hypoteser.

Loris Malaguzzi har anpassat idéer från Célestin Freinets skola till förskoleverksamheten. När Freinets skolbarn skriver, gör sina egna skolböcker och gör tidningar, dokumenterar Malaguzzis förskolebarn i bilder.

När det blir berättelser är det lärarna som är barnens sekreterare och skriver ner barnens berättelser. Med bilderna från Reggio Emilia tycker sig Carlo kunna bevisa barns skaparkraft, barns forskande nyfikenhet och betydelsen av det vuxna bemötandet runt barnen.

*

Den föreläsning av Barn och Bild som jag beskriver finns dokumenterad från olika framträdanden: 1987, Göteborgs universitet, 1988, Maria folkhögskola och 1989, Nationalmuseum. När han senare återkom till Göteborg hade han döpt om föreläsningen till ”Vart tar alla begåvade barn vägen?” Man kan säga att det är en redovisning av ett helt livs erfarenheter och kunskap. Carlo redovisar hur han arbetar med barn och ungdomar.

I sin syn på hur man ska bemöta dem tar han stöd i främst Wissa Wassef, Loris Malaguzzi och Jan Thomæus. Den period han mest uppehåller sig vid är ”de underbara 50- och 60-talen” med alla dessa tusentals möten.

Först på Nationalmuseum och sedan på Moderna. Då visades också utställningarna med egyptiska barn som väver, 1960 och 1966, samt ytterligare en 1979. Men mitt i det han säger kommer kommentarer som anspelar på någonting om hur han själv blivit bemött.

Hur han borde ha arbetet om han velat göra vetenskaplig karriär.

> – Nu är det ju så att jag hade 60 barn per dag. Tjugo dagar i månaden. Ettusentvå i månaden, två månader tvåtusenfyra, ett år tolvtusentjugofyra, åtta år… så ni förstår att jag fick så mycket teckningar så att jag tappade sugen. Jag kastade bort allihop. Jag borde naturligtvis gått igenom dom. Varit en sådan där vetenskaplig begåvning som kunde ha kommit fram till vad dom hade sagt och vad flickor valde och vad pojkar valde och bedöma teckningarna. (Derkert på Nationalmuseum.)

Samtidigt gör han klart genom det sätt han säger det att det inte är det som har intresserat honom. Eller rättare sagt så är han intresserad, men kan inte förmå sig att inordna sig i den traditionella akademiska fållan.

Han visar på en mänsklig sida; att både vilja och inte vilja, skyller på att han som invandrarbarn aldrig lärt sig att uttrycka sig skriftligt. Priset han får betala är att han tycker sig utesluten ur vissa kretsar. Det hindrar inte att han kraftfullt kritiserar bildlärarutbildningen för att han aldrig blivit inbjuden att tala om sin syn på bildutvecklingen. Han framhåller att också Jan Thomæus’ böcker aldrig funnits tillgängliga på Konstfack och kritiserar utbildningen där.

Han menar att det finns en stark skiljelinje mellan dem som anser att barn är födda med en sensibilitet och en naturlig känsla för balans och rytm och dem som tycker att barn ska undervisas och läras att teckna och måla.

> – Och då har jag lärt mig en term från Jan Thomæus. Eftersom Jan Thomæus aldrig blivit inbjuden av Konstfack, så känner dom inte till den (hans bok. Min anm.). Han har sagt:
>
> – Ska dom rita och måla noggrant och ordentligt?
>
> Då svarar Jan Thomæus och det är ett fruktansvärt viktigt svar:
>
> – Det är sekundärt.

Det är sekundärt. Har du fem stavfel så får du inte C för det, för det är sekundärt. För det är din berättelse. Det är din satsning på att formulera någonting, som är det värdefulla och inte stavfelen. Och ändå är det så att vi för inte så länge sedan – 30, 40 år sedan – fick underkänt på en uppsats om det var för många stavfel. Man vet – det sekundära blir det primära. (Derkert på Nationalmuseum.)

På samma sätt gör han en omfattande beskrivning av hur det gick till när Moderna museet bestämmer sig för att göra utställningen ”Egyptiska barn väver”.

Han säger att en kvinna kommer till Moderna museet och berättar att hon varit i Egypten, och har sett hur barn och ungdomar väver där i en by som heter Harrania. De borde få ha en utställning på museet.

Han gör kommentaren att man blir ju ganska misstänksam när det kommer någon så där. Men så säger hon att hon varit nere på Nationalmuseum och frågat och där har de tackat nej.

– Då bestämde vi oss, säger han.

Moderna museet arbetade på det sättet. När andra museer tackade nej, så var det en signal att Moderna skulle säga ja.

För att ytterligare visa på skillnaden mellan den ”fina” institutionen och den radikala institution han själv vill tillhöra, berättar han om hur den amerikanska Cunninghambaletten inte fick uppträda på Operan 1965.

Pontus Hultén öppnar Moderna museets stora sal i en vecka för balettsällskapet. Det blir stor skandal. Etablissemanget vänder sig mot att det ska dansas i ett museum med konst.

Det sägs att museet missbrukas. Man får tillfälligt hänga undan tavlor.

Det tragiska är att de som kritiserar inte förstår att de olika konstarterna befruktar varandra. Att dansen inte har lika stor status måste försvaras. När han säger det låter det som om han gläds åt att ha argumenten för att säga emot de stelbenta traditionalisterna.

Det han inte berör är hur han sätts åt sidan av ”de som har akademiska meriter”. När Pontus Hultén slutar som chef för Moderna Museet förpassas Carlo tillbaka till Nationalmuseet.

– Han blev för populär hos publiken, säger Per Liljenberg till mig.

Och jag minns ett samtal med Carlo, där han kommenterar att drottning

Silvia skulle guidas runt i en utställning, där han hade stått för merparten av alla visningar. Men att han inte var tillräckligt rumsren för att göra en visning för drottningen. Hans kommentar var att han säkert skulle ha spräckt alla tidsscheman och därför var det bra att han slapp.

Tydligt tar han ställning när han märker att forskare i sina böcker uttrycker sig förtryckande gentemot barn. Det är som om han samtidigt värjer sig mot det förtryck han själv blivit utsatt för.

– Jag hoppas att ni känner er skuldtyngda nu, för det här säger dom allihop, till exempel Karen Vibecke Mortensen. Utmärkt. Hon har forskat. Hon vet alla orden. Perioder. Hon talar om puberteten, hon talar om allt möjligt: realismen, schema… men sen så säger hon också så här när hon visar dom här bilderna:

– Ja, det där är svag begåvning.

Den som missar litet grann av det viktiga i proportionerna:

– Tafatt framställning. Ingen blick för finare nyanser. Outvecklat.

Tänk er små barn som känner på sig även om vi viskar ”tafatt framställning” att vi säger och egentligen menar:

– Lilla barn, jag ska nog lära dig! Ingen blick för finare nyanser… hmmm, hmm, nu ska du få se. Det ska jag nog lära dig.

Utan att tänka på att varje ålder har bilder som svarar mot det sätt barn har att uppfatta och uppleva verkligheten. Det finns en mycket bra bok av en som heter Knut Brodin där han talar om vad huset betyder när en liten unge går ifrån ett litet hus. Det är inget konstigt. Det betyder bara att ungen prövar att gå utanför boet, va. Sedan springer det hem igen.

Knut Brodin:

– Kalle tecknar bättre.

Han som är så klok att han kan säga sådana konstiga ickemalinovskijska saker.

– Bara antydningar. Aha, jaha, så Knut Brodin han tyckte att det skulle varit tydligare.

– Inte lyckats sammanfoga grundlinjen med huset.

Aja baja!

– Hennes skicklighet är inte större än… vad det nu stod efteråt?

– Äntligen lyckats få huset i ett naturligt läge. Duktig unge, har du äntligen fått…

Ni märker att jag är litet aggressiv när jag säger det här. Det är så fruktansvärt att missuppfatta alltihop. Och undra på att mänskor är emot Matisse och Picasso och abstrakt konst. Som barn har de fått höra allt det här som också gäller modernismen: brist på grundlinje, brist på baslinje, konstiga proportioner, inget perspektiv, brist på modellering. (Derkert på Maria folkhögskola.)

Carlo visar Picasso på Moderna museet 1989

Hela salen är fylld av människor. Det finns inte stolar till alla. De får stå runt väggarna. Carlo ska visa Picassoutställningen. En ensam stol står mitt i folksamlingen. På den kommer han att stå. Först en inledning innan han börjar visningen. Alla ska kunna se och höra. Ingen högtalarhjälp. Bara Carlo med sin anteckningsmapp under armen. Så står han där och sorlet från publiken tystnar. (Kapitlet är fiktivt men utgår från en föreläsning.)

Picasso har en fantastisk tredimensionell fantasi. Jag har lärt mig det ur en bok av en som heter Steinberg. Tredimensionell fantasi. Det finns i en katalog här på Moderna. När han skildrar en modell så beskriver han modellen också från det håll som den ser det som är på andra sidan. Då blir det en slags mångsidighet. En mångtydighet. Det gör barn också…

På ett sätt kan man säga att fotografer arbetar på det viset också. Han med kameran heter Hans Thorwid. Jag har lovat honom att få ta bilder. Han ska inte blixtra. Det är mig han ska fotografera. Från olika håll. Ni behöver inte vara oroliga. Då säger dom på TV att man inte ska titta in i kameran. Det blir aldrig bra. Jag ska försöka låta bli det. Var var jag?

En kvinna i publiken hjälper honom: *Barnen…*

Javisst ja. Barn målar den omedelbart upplevda rumsligheten. Den rumslighet barn ser är inte bara det jag ser, när jag står här. De har med sig upplevelsen av det som de ser ur olika vinklar. Då ser de till att bilen de tecknar har fyra hjul. Alla hjulen ska synas, för dom vet ju att det är fyra hjul på en bil. Allting ska vara närvarande. Bilar, figurer och hus är närvarande på en plan yta. Borta är perspektivet. Det är just så Picasso gör det.

Rummet har ersatts av en rymd eller en rytm, ett flöde av ytfacetter. Man kan jämföra det med musiken, där den etablerar ett flöde av toner i tiden. Tonerna binder samman. Operalibretton kan vara hemskt dåliga. Det är musiken som sätter rytm och klang till så att det blir njutbart. Och operamusiken förgriper sig ju också på texten. Det blir ju förfärligt när man tänker på språkrytmen. (Sjunger:) *Aaamaaanda gååångar sig uuut i Lundeeeen. Orden blir ju för långa.*

Under 1960-talet gör han parafraser. Till exempel Manets "Frukost i det gröna". Nog anar man att det är en karl till höger och ett fruktstilleben till vänster, som är en metafor för lust. Vi tror ju att äpplen är äpplen, men det är det ju inte. Äpplen är en fruktbarhetssymbol. Vi har ju tappat alla sådana metaforiska betydelser. Allt ska bara vara nyttigt för oss. Det är det ju inte. Om laddningen har försvunnit för oss kan vi heller inte uppleva den konstnärliga laddningen i bilder. Detta är sorgligt.

Han gör monster och han är så grotesk. Den perioden kan man också kalla den surrealistiska. Det är efter hans klassiska intervall 1915–1925. Surrealismen är som drömmarna med ett innehåll, som vi inte är medvetna om i ett vaket tillstånd. Den konkretiserar psykiskt innehåll som är tabuiserande. Det är inte det vackra som skildras. Tabuiserande för att det fula inte ska få synas. Gråt inte! Var inte arg! Det är så otäckt. Du verkar psykiskt störd. Du verkar psykiskt störd. På 1800-talet satte man tvångsbett på sådana. Surrealismen realiserar att man har sidor som är tabuiserande. Det vill Picasso skildra. Hans surrealism rör sig kring vardagen. Men vad är vardagen? Picasso tycker att van Gogh är så underbar. Så här säger han: "Att komma på ett helt nytt motiv. Ta van Gogh. Hans potatis. Ett sånt vanligt vardagsmotiv. Att han målar det. Eller dom gamla skorna. Det var värre än allting, teaterviskar Carlo.

Det är realismens filosofi. Att måla vardagen, men så att det man ser inte bara är någonting som gör att man tänker: "Jag ska komma ihåg att köpa potatis." Utan att det man målar gör att man tänker på något annat. Det blir en metafor. En symbol är, när en potatis står för en potatis i verkligheten. Det målade tecknet potatis blir en symbol för verklighetens potatis. När potatisen står för överlevande, egendomligt, urtidsmässigt, då är det en metafor. På det viset behöver man inga sagor. Verkligheten blir så underbart levande om man som van Gogh laddar upp den. Det är ju också det Picasso vill.

Han målar en tupp en gång. Han är så glad. Tuppen. Tuppar har ju alltid funnits, men som så mycket annat i livet måste vi nyupptäcka dom. Se dom på ett nytt sätt. Precis som Corot upptäckte morgonen eller Renoir upptäckte flickor. Då kommer man till det som är konst. Vi varseblir saker och ting, men vi ser inte allting. Hur skulle vi kunna det? Vi varseblir det som vår kultur…

Det där är inte bra, hör du! säger han till någon i publiken som avbryter honom. Lyssnar och kommenterar: *Jasså! Bra, där är vetenskapsmän i publiken.*

Ja, var var det nu jag var nånstans? Sist. Ja! Det var något viktigt jag skulle säga, men så är det när det börjar bulta. Vad var det sista ordet jag sa? Ja, medvetandegöra. Inte hela verkligheten, utan det som vår kultur tycker är värdefullt att iaktta. Och vad vår familj tycker är värdefullt att iaktta. Det är både kritiska lägen och sättet att vara och känna. Och vad som bör vara intressant på annat sätt. Så lever vi alltså vidare med en grund i mamma-pappa-barn. En grund i vår kultur. Men sen är ju livet så spännande. Vi vill skapa oss en egen familj, ett eget samhälle. Vi vill skapa oss egna värderingar. Då är det inte bara ett moraliskt ansvarstagande. Vi måste också ha ett språk för det. Har vi inget språk blir vi missuppfattade. Det är därför konstnärerna är ute efter ett språk så att man förstår att dom har iakttagit en tupp på ett nytt sätt. Det har blivit en metamorfos. Detta är mycket grundläggande för Picasso. Hans fasansfulla människoskildringar. Det är således kvinnor i hans omgivning och kvinnorna kanske är projiceringar av hans mamma. Fast man får hoppas att vi karlar har gjort upp med våra mammor.

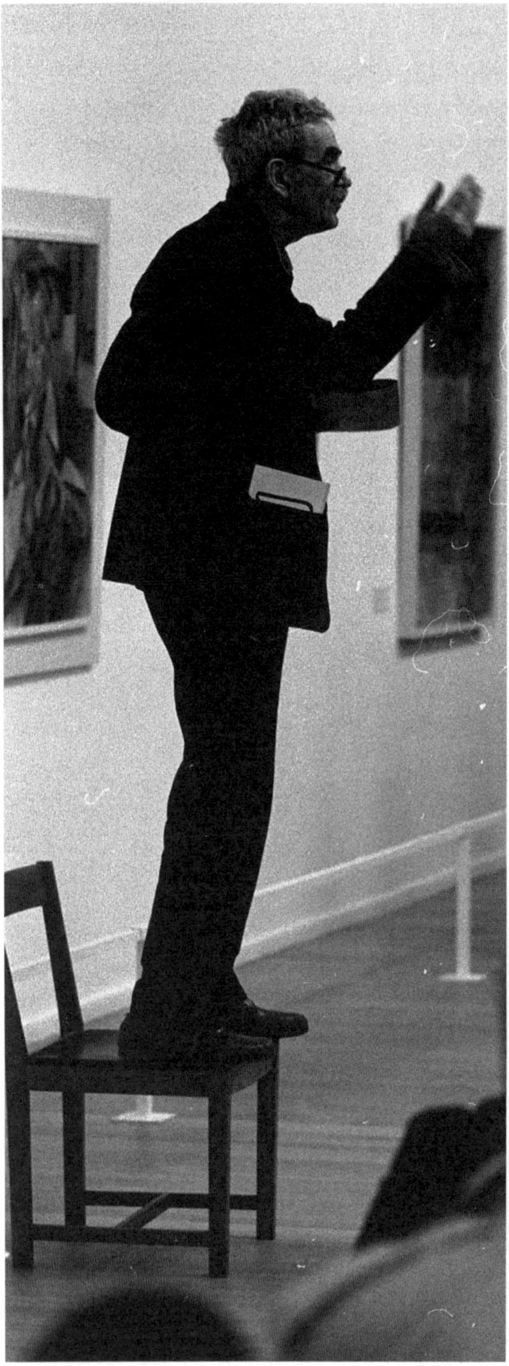

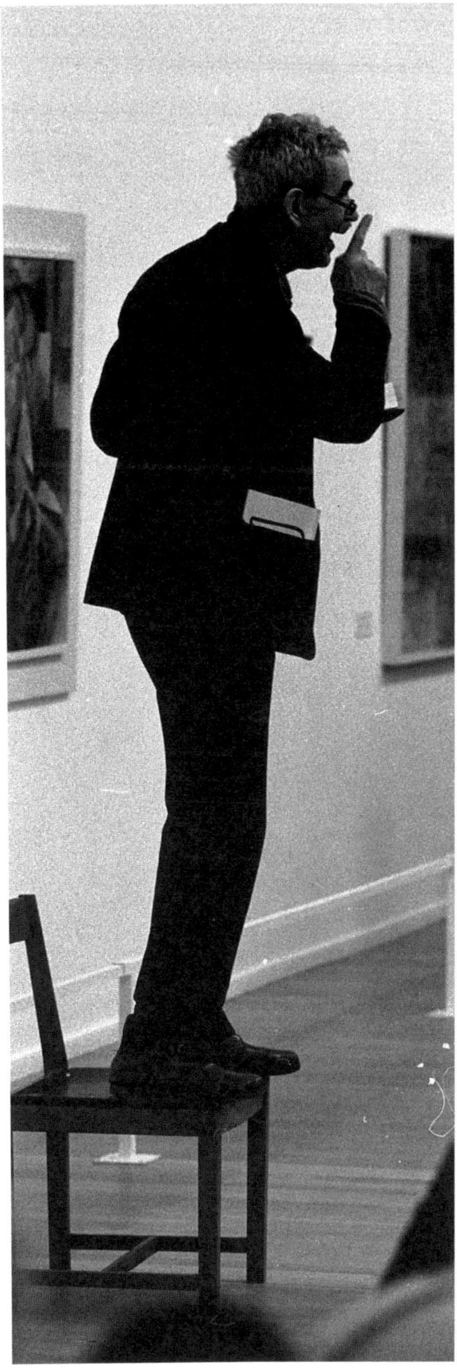

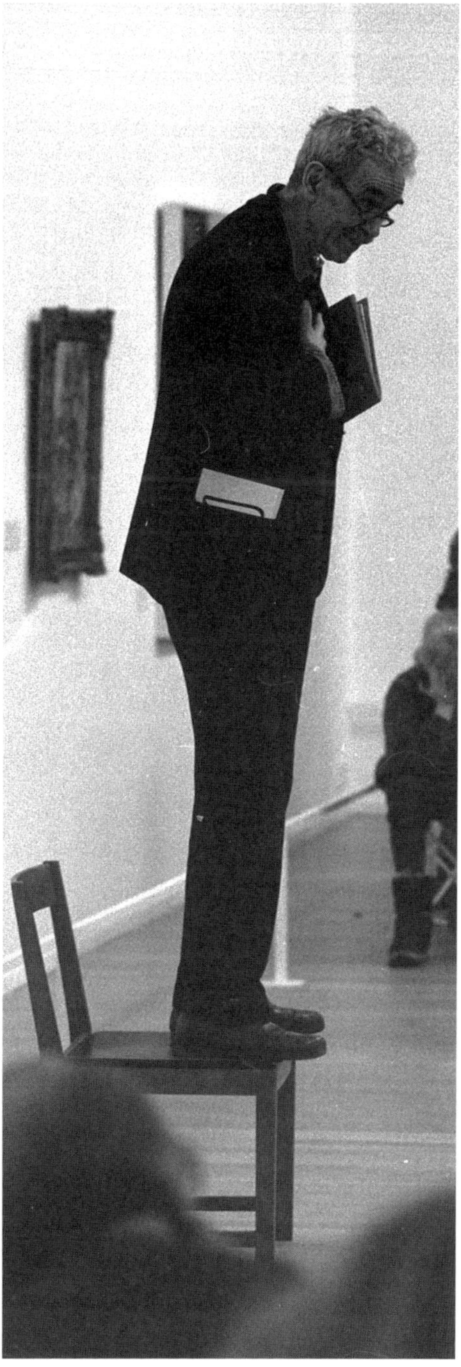

Kahnweiler. Kan ni se honom? Det är i alla fall Kahnweiler. Breton säger att det inte är verkligheten vi ser framför våra ögon. Målarens uppgift är att finna en bild som vi redan har inom oss. Det betyder att har man sett en karl förut så hittar man så småningom en mittbena däruppe. Gör ni det? Joodå! Och det är väl roligt att det är litet svårt. Varför ska korsord vara så lätta? Det har jag aldrig förstått. Men det här gör oss förskräckta. Sådana målningar här på Moderna går många förbi. Vi tänker: "Det där klarar jag inte!" Och så går vi förbi. Det beror på att vår nyfikenhet har gått förlorad. Vi har blivit bannade för att vi har sagt fel saker. Sen vågar vi inte. I stället borde det vara: "Den här förstår jag mig inte på, vad spännande!" Och så går man efter en stol och en semla och sätter sig och tänker och tittar. Till slut så växer det fram nånting, va! Om man inte ger upp. Varför ger vi upp? Varför ger vi upp?

Läs vad Picasso själv säger om livet, om konsten och sina egna strävanden. Picasso säger så här: "Det är inte vad en konstnär gör som betyder någonting, men vad han är. Vad som tilltvingar oss sitt intresse är Cézannes oro. Det är det som Cézanne lär oss. van Goghs kval, det är det som är människans drama, resten är bedrägeri."

Siri Derkert och Valle Rosenberg

SIRI

Mina minnesbilder av Siri Derkert härrör sig från hennes arbete med Östermalms tunnelbanestation. Inom mig ser jag henne stående på en byggnadsställning i overall och basker med ett tryckluftsverktyg i händerna.

Det är ett inslag i ett TV-program.

Hon ser granskande och nyfiket rakt in i kameran.

Det kommer för mig att hon är den moderna tidens Jeanne d'Arc. Från en diskussion 1947 på Fogelstad om kvinnans uppgifter i samhället rapporterar Siri:

> "Nej, ändra redan den lilla flickans inställning till det hon möter" etc. etc. Göta Rosén framstående debattkvinna, blev upprörd över min "misstro mot kvinnorna". Hon förstod inte alls vad jag menade. Vid närmare utredning visade det sig att det var hon som misstrodde dem. Hon uttryckte det så "att kvinnorna kan, men vill inte". Jag uttrycker det så "att de inte kan under nuvarande förhållanden och med sin nuvarande uppfostran som förlamar deras vilja i sådana riktningar som kan förändra samhälle eller kultur". (Söderberg.)

Det är 1943 som Siri börjar på höstkursen vid Fogelstad Kvinnliga Medborgarskola. Hon tycker att hon behöver skärpa sin medvetenhet och skaffa sig teoretiska kunskaper om de sociala villkoren.

Under resten av sitt liv är hon den ständigt debatterande suffragetten där kvinnosaken är hennes stora lidelse.

Carlo berättar att hon älskar att komma in i ett rum och säga något provocerande. Karin Westman-Berg berättar om sina upplevelser av Siris provokativa sätt som också blir sårande:

> Rätt som det var, så sa hon till mig: ”Vad flabbar du åt?” Det var just ingenting att skratta åt men jag gjorde det tydligen ändå. Vet att jag gör det ibland utan större orsak. ”Det är bara en dum vana. Du vill ställa dig in förstås. Fullständigt meningslöst flin. Lägg bort det där!”
>
> [– – –]
>
> När vi drack kaffe efteråt kom hon att sitta bredvid fru Maja Göthe, en ganska konservativ deltagare, som inte varit med så länge. Hon hade gråa lockar som var lätt blåtonade, eleganta örhängen etc. och uttryckte ogenerat sina åsikter i kvinnofrågan, utifrån sitt tämligen skyddade livs erfarenheter. ”Du kan väl inte sitta här och snacka skit bara utifrån dina egna begränsade erfarenheter”, sa Siri argt. (Söderberg.)

Under en mycket lång period umgås Carlo och Kerstin med Peter Weiss och Gunilla Palmstierna-Weiss. Ofta finns också Siri med.

> Mot mig var hon väldigt tuff. Och jag hade ju då mycket långt hår. Då sa hon – hon kallade mig aldrig Gunilla, hon kallade mig alltid för Palmstierna:
>
> – Palmstierna, klipp av dig håret! Du är inte emanciperad!
>
> Och då sa jag:
>
> – Faan, du klippte inte av dig din fläta förrän du fyllde åttio, så jag har nog tid på mig.
>
> Och när man hade ett svar, då tystnade hon.

De som klarar av att sätta emot provokationen eller som visar sig auktoritära blir hon mycket vänlig mot.

Det gäller Peter Weiss som helt enkelt lyfter ut henne och talar om för henne att han portförbjuder henne.

*

Siri Derkert föds den 30 augusti 1888 i en stabilt borgerlig familj och därmed en stark fadersauktoritet. Där finns köksa och hembiträde. Det är ett hem som den samtida Strindberg beskrev med sådan ironi: mörka tapeter, sammetsdraperier och palmväxter som slingrade och klängde från golv till tak.

Siris far är en tämligen förmögen grosshandlare i Norrköping. Carlo skriver att morfadern är en blid och skötsam man. De pengar han tjänar ihop skall räcka till stor våning, hembiträden, hyra till sommarhus i skärgården och musiklärare till barnen. Alla ska spela ett instrument.

När Siri är åtta år tar familjen sig namnet Derkert.

Det var en skolfröken som tyckte att det var för många som hette Johansson i klassen. Siris far Edvard Johansson tog sig då namnet Derkert. Det kom från mammans sida. Mamma Valborgs morfar var sjökapten i Västervik och en av hans systrar gifte sig med en styrman som hette Derk Didrik i förnamn. På så sätt uppstod namnet Derkert.

Mormodern är skräddardotter och har velat bli modist innan hon som 20-åring gifter sig. I motsats till den stillsamme Edvard är hon en bestämd och temperamentsfull kvinna, som bestämmer över det som rör sig inom hemmet. Hon är den som för ett strängt borgerligt regemente. Hon är den som regerar över hembiträden och döttrar.

Alla flickorna skall hjälpa till i hushållet utom Siri. Hon är nummer fyra i syskonskaran på sju barn – tre systrar och tre bröder.

Hon är fysiskt klen.

Hennes uppgift är att stoppa familjens strumpor. Det är en evig lycka, tycker hon, för under alla garnerna kunde hon gömma böckerna hon smygläste.

Musikteater, sång, musik var fint i den Derkertska familjen. Men inte litteratur. Det var lika med franska romaner. Det ogillades.

Familjen flyttar till Stockholm och Siri placeras ”som sig bör” i privatskola, Whitlockska samskolan.

*

Evert Taube, samtida med Siri, skriver om vilka uppfostringsideal som gäller för honom. Han växer upp i en kärleksfullt skildrad familj på Vinga i Göteborgs inlopp. Det gäller att hinna springa och gömma sig i den för vuxna ogenomträngliga strandskogen när han skall få stryk. Sedan sitter han kvar där tills alla ängsligt letar efter honom. När han hör ångesten i alla skrikande och hojtande röster och alla är övertygade om att han har drunknat, springer han som en vind till sin mamma.

Den karl som då vågar komma med rottingen är det synd om.

> Karlar måste komma i flock, komma i divisioner, med eld och svärd, med giftgaser, med brandbomber, vanliga bomber och atombomber m.m. för att slita barnet från modern. Och för att fördärva tillvaron i övrigt. (När alla vattenfall slutat att sjunga har vi fått mannens samhälle fullbelyst!)
>
> Min fader kom emellertid år 1897 på idén att barn inte skulle misshandlas kroppsligen och slutade självmant med att hämnas på oss det stryk han kanske fått av tullförvaltarn. Vad vet jag – kroppslig misshandel blev förbjuden på Vinga, även i skolan, genom en "tillsägelse" av min far. Kultur, d.v.s. sång, dans, poesi, handmålning och utklädsel – "tableaux vivants" – tog genast fart! En första klassens fyrmästare var på den tiden i fråga om maktutövning "betydligt mäktigare än våra tiders statsråd", polischefer etc, etc. (Taube.)

Citatet ovan visar på vilka uppfostringsnormer som gäller i samhället, men också att det finns ett modernt tänkande om barnuppfostran. Samtidigt framkommer en insikt hos Evert Taube om hur föräldrar tar ut sin egen uppfostran på sina egna barn. Det är långt innan Alice Miller formulerat resultaten från sin forskning.

Hon menar att föräldrar redan från början i både ord och handling visar att barnet måste underkasta sig föräldrarnas vilja. Man kan inte börja tidigt nog med att som förälder bekämpa barnens halsstarrighet, egensinne, trots och häftiga känslor.

Det är föräldrars plikt och huvuduppgift att driva ut det medfödda egensinnet och elakheten.

Det omyndiga barnet tar inte emot resonemang. Uppfostran skall ske på en mekanisk väg. När föräldrarna med riset och allvarliga bannor fördrivit egensinnet och elakheten under de tre första åren, så belönas föräldrarna. Belöningen: lydiga, fogliga och snälla barn, som sedan är mottagliga för en god uppfostran.

Sedan den huvudsakliga uppfostran är gjord före tre års ålder, kommer de aldrig att minnas att de en gång haft en egen vilja. Den svarta pedagogiken är förhärskande och har trots all ny kunskap om barn och barns utveckling bitit sig kvar.

> Om det framför allt går ut på att uppfostra barn så att de inte märker vad man tillfogar dem, vad man tar ifrån dem, vad de förlorar, vilka de kunde ha varit och vilka de över huvud är, och om denna uppfostran sätts in tidigt nog, så kommer den vuxna senare att oaktat sin intelligens uppleva andras vilja som sin egen. Hur kan man veta att hans egen vilja har blivit knäckt, att han aldrig har fått uppleva den? Och ändå kan han bli sjuk av det. Ett barn som har upplevt svält, flykt, bombangrepp men som därvid har känt att föräldrarna tagit det på allvar som en särskild person och respekterat det, ett sådant barn blir inte sjukt på grund av dessa verkliga trauman. (Miller.)

En blick från föräldrarna och barnet håller fingrarna borta från kakfatet, när det är fest och utomstående kan se hur lyckad eller misslyckad uppfostran blivit.

Hur är det i det derkertska hemmet jämfört med det taubeska? Vilken inställning har morfadern Edvard till fadersauktoriteten? Det är mormodern som tydligt talar om vad som gäller. Det rättar sig alla efter.

Hur är den borgerliga uppfostran? Samtidigt som den skapar en självmedveten Siri, ser den också till att hon underordnar sig de borgerliga uppförandereglerna. Att hon inte gör något så att familjens namn smutsas.

Namnet Derkert.

Och att föräldrarna måste skämmas.

Pojkarna fick leka de vildaste lekar, uppmuntrades att klättra i träd, att klara av att laga sina cyklar själva.

Flickornas intresse för teknik förnekades på olika sätt. De fick ständigt höra hur de skulle vara rädda om sina kläder så de inte blev smutsiga. Sitt hår skulle de akta. De skulle vara snälla och stillsamma.

För att anknyta till Siri Derkerts senare så centrala och viktiga fågelsymbolik, så kunde hennes barndomshem liknas vid en trång bur. I den sitter fåglarna, lika med flickorna. De slår sina vingar mot burens galler, när det vill flyga.

Det är fadern och modern som håller strängt på de rådande konventionerna. Fågelburen är det patriarkala samhällets skrivna och oskrivna lagar.

De regler som gäller i grosshandlarhemmet är de som bestäms utifrån borgerliga värderingar. Hemmet är liberalt nog att inte tillämpa aga. Med lydnaden är det noga. Med vem som bestämmer är det noga. Om man är lydig kan det tänkas att man kan få önskemål tillfredsställda. Ändå finns det mycket man kan göra, bara inte föräldrarna får veta.

*

1905 upplöses unionen mellan Sverige och Norge. Sverige hade mobiliserat trupper om förhandlingarna skulle misslyckas.

Till kommunalvalen förändrades röstskalan så att maximiantalet röster en röstberättigad hade rätt att använda minskades från 5 000 till 40. Men det är ännu elva år kvar till dess gifta kvinnor blir myndiga. Allmän rösträtt införs 1921. Då får man rösta från 23 års ålder.

Storstrejken 1909 är en kraftmätning mellan arbetare och kapitalister. Då införs också allmän rösträtt för män.

*

I Whitlockska samskolan visar Siri sitt intresse för teckning.

Med tanke på hennes hälsa anser föräldrarna att konstnärsyrket kanske kunde passa henne. Det kan ju inte vara så fysiskt ansträngande. Det är därför hon lyckas utverka att få sluta sina gymnasiestudier. Hon börjar i stället 1904, sexton år gammal, vid Caleb Althins målarskola. När hon kommer hem efter sin första dag på skolan får hon i present, en konstbok om Rembrandt av sin far med kommentaren: Så här bra kommer du aldrig att kunna måla!

Målarskolan står för en föråldrad och traditionell stil. Det gör att det blir ett chockartat möte när Siri konfronteras med det nya expressionistiska formspråket.

Mellan åren 1911 och 1913 följer hon undervisningen vid Konstakademin. De kvinnliga eleverna läser Elin Wägner som 1908 gör genombrott med ”Norrtullsligan” och två år senare ger ut ”Pennskaftet”. Ett nytt kvinnoideal håller på att växa fram, de första försöken till en kvinnlig emancipation.

Kampen för kvinnlig rösträtt är en symbolfråga för de unga kvinnliga konstnärselever som Siri Derkert tillhör och som får kämpa för sin självständighet. Det är lätt att förstå hur de identifierar sig med den unga radikala journalisten i ”Pennskaftet”:

> För tredje gången försökte kamrern att hjälpa upp saken.
> – Vilket vill Pennskaftet helst ha, sade han, rösträtt eller en ny hatt?
> – Jag vill inte ha någondera delen, sade hon. För jag vill förtjäna både rösträtt och hatt själv.
> – Jojo, man är väl en modern kvinna, för tusan, sade skåningen, men hur det är, så måste ni allt bekväma er till att ta emot den där rösträtten i alla fall som en present. Jag skall inte neka er den, ehuru jag tycker det är förbaskat oestetiskt och missklädsamt att rösta, min tro är den hoppfulla, att kvinnorna inte kommer att märka, att de fått rösträtt. Det enda skulle vara om kleresiet upplyste dem om det, för att taga deras röster i reaktionens tjänst. Och låt dem då kompromettera sig tillsammans, det kan ju passa!
> – Nej, det är tvärtom, sade redaktörn, det är socialdemokraterna som kommer att vinna. Tänk vilken ökning den valboskap, som går i dess fållor, kommer att få! Deras kvinnor kommer förstås att följa sina män, bättre vett har de inte. Vad bryr de sig om att landet går under? Nej, giv oss kvinnor av Kristina Gyllenstiernas typ! De skall gärna få rösträtt, när de stiger fram och begär det. Men engelska suffragetter och franska petrolöser och ryska anarkister behöver vi inte!
> – När jag hör er tala, sade Pennskaftet och betraktade eftersinnande hans blåröda ansikte, då förstår jag så väl, vad som menas med obrottslig tystnad. (Wägner.)

Långt senare kommer dessa tidiga studier av Wägners böcker att utvecklas hos Siri till en medveten feministisk hållning, då hon deltar i kurser vid Fogelstad Kvinnliga Medborgarskola.

På Akademin finns en manlig och en kvinnlig ateljé.

Kvinnorna samlas i Anna Petrus ateljé på Kungsklippan för att diskutera och sätta ihop en protestskrivelse. De vill kunna välja lärare själva. De vill få bort penisfodralen på de manliga modellerna. De vill få gratis duk och färg om de blir utan pengar. Det har tidigare funnits en sådan bestämmelse.

Det är Siri som skall överlämna protesten.

När hon knackat på, öppnat dörren och klivit fram till skrivbordet, där direktör Lundberg satt i sin skrivbordsstol, greps hon av situationens allvar. Hon var ovan att prata med överheten. Det hade ju hennes far alltid gjort. Själv hade hon inte tänkt på hur hon skulle formulera sig.

Där stod hon så diffust stammande med sin anhållan att han blev arg och röt åt henne; kunde hon inte tala rent. Hon tyckte att det var en skammens dag, ett fiasko. Kanske var det i den stunden rädslan för den auktoritäre mannen föddes.

Det är olika utgångspunkter för ”målarpojkarna” och de borgerliga flickorna. Kvinnorna har ju bara ”målandet som en förströelse innan de gifter sig”. Det är den förhärskande uppfattningen om de kvinnliga konstnärseleverna som går på Akademin. De i sin tur vägrar att vara ”passupper” åt pojkarna.

Att koka kaffe åt dem.

Så kommer flickorna att betrakta de manliga konstnärseleverna som lierade med det borgerliga samhällets uppfattning om kvinnliga konstnärer. För att klara sin självkänsla ignoreras de manliga kamraterna.

Utanför Berns salonger låtsas det kvinnliga kamratgänget leva upp till fördomarna om sin perversitet och frigjordhet. De dansar cancan. ”När karlarna blir för närgångna börjar de peta sig i näsan för att inte bli antastade”, berättar Carlo.

Då Siri kommer bort från den patriarkaliska fadern och den bestämda modern, måste hon leva ut det förtryck hon känner. Hon är för bunden till familjen för att ta ut det mot fadern eller modern.

I stället vänder hon och hennes kamrater det mot främmande män ute på gatan. Så behöver det inte få några konsekvenser för henne i form av en konfrontation med föräldrarna. Den nödvändiga separationen och frigörelsen görs inte. Siri är den väluppfostrade dottern i familjen. Utåt visar hon en helt annan sida.

Den enskilda människan är ingalunda fri i någon absolut bemärkelse, utan är tvärtom på djupet bunden till de villkor de andra ställer. Hon kan inte ens i tanken i längden upprätthålla en mening med världen utan de andras medverkan. Den mänskliga intelligensen åstadkommer att hon är både fri och bunden samtidigt. (Berg.)

Siri är i vissa fall ytterst fri och tar konfrontationer med män. Speciellt när konfrontationen kan bli generell mot män i allmänhet. I vissa fall är hon starkt bunden.

Hon vågar inte ta en konfrontation när den kolliderar med värderingar sprungna ur sina borgerliga föräldrars uppfostran.

*

Efter att ha varit hos sin syster Irma i Harrogate kommer Siri till Paris i början av november, 1913. När hon anländer, tas hon om hand av väninnorna Ninnan Santesson och Lisa Bergstrand. Snabbt lyckas hon hyra en ateljé i Montparnasse.

Till sin syster skriver hon att det är mer än drastiskt att komma från henne och London och all hennes komfort och ramla ner i Paris artistkvarter. Hon har funnit en förtjusande ateljé på 48, rue Vavin. Det är bara en kort bit till Ninnan Santesson och Lisa Bergstrand. Det är en sympatisk greve Ascanio de Brazza som hyr ut sin lägenhet, medan han är i Italien. Hon lyckas pruta ner hyran till 900 francs för ett halvår. Efter tre dagar fick hon flytta in i två rum och kök fem trappor upp. Det är fullt möblerat men inget badrum. Inte heller något elektriskt ljus. Portvakten är bussig, tycker hon, fast han lämnar inte ut någon portnyckel. Kommer hon hem efter tio, får hon ringa på. Siri jämför Paris och Stockholm och tycker att det är lika säkert på kvällarna i bägge städerna. Hon säger att hon känner en livsglädje som hon inte tycker sig ha haft tidigare. Det är en våldsam skillnad till hur hon kände i London. Bara en gång tidigare har hon varit så nere som då. Det var sista gången hon kuggades i Akademin. Nu ska arbetsglädjen komma. Nu vill hon bara arbeta och glömma. Bara inte kriget kommer därhemma kan hon inte låta bli att ängslas över.

Efter någon vecka har Siri invigningsfest i sin ateljé. Tango och one-step till sena natten. Siri är hela tiden inställd på att ha roligt. Hon får brev från greven som är i Rom, där hon får veta att det ska vara tyst efter klockan tio på kvällarna. Grannar klagar över pianospel och dans som varar ända till midnatt. I början av februari flyttar hon från sin fina ateljé. Avskedsfesten blir stämningsfull och rolig och före klockan tio beger sig hela sällskapet till Rotonde, så att inga grannar ska kunna klaga.

Tillsammans med sina väninnor reser Siri sedan till Alger. De stannar där över en månad och Siri tycker att hennes konstnärskap utvecklas.

I brev hem beskriver hon hur de vandrar runt i arabkvarterens oändliga trappor omgivna av skära och blå hus. På natten är det spännande att besöka kvarter med glädjehus och kika in på bordeller med ”vidrig magdans och hemsk musik”. De tre väninnorna måste göra ett exotiskt intryck i sina skräddarsydda promenaddräkter.

Det är lätt att få modeller att teckna av. De har köer av barn som vill tjäna 50 centimes i timmen. Ivrigast är Siri både när det gäller att teckna och måla och att uppleva och diskutera.

Ninnan rapporterar:

> Vi ska börja med en blind arab, som är rent underbart grann. Siri gnor värst, hon är väldigt duktig och jag tycker mycket om det hon gör. Egentligen går det mycket bra ihop med oss tre, fast Siri är rasande egoistisk och ej gör ett vitten för hushållet. Lisa är den igenhållande mycket mer än jag. Siri rusar iväg av bara katten och så håller hon igen i struntsaker... Det är otäckt med Staafs fall och kungens borggårdstal är oförlåtligt. Vi har haft politiska gräl. Siri säger att det finns bussiga människor bland högern också, vilket Lisa ej kan förstå. (Söderberg.)

Är det sin egen borgerliga familj Siri tar i försvar? Senare i livet visar hon inte alls samma tolerans gentemot borgerligt influerade människor.

På båten tillbaka till Europa blir Siri bestulen på nästan alla målningar och anteckningsblock.

I Paris väntar Siris föräldrar, som är på turistbesök. Under 14 dagar guidar hon sina föräldrar runt bland sevärdheter, kungagravar, triumfbåge och Eiffeltorn. Med föräldrarna inpå sig är hon åter den borgerliga familjeflickan. När de har återvänt till Sverige flyttar Siri in i Ninnans och Lisas ateljé. Kafékvällar, fester och maskerader kan hon inte avstå från. Det har blivit ett sätt att leva.

VALLE

På bilder av Valdemar Rosenberg kan man se att Carlo är mycket lik sin far, lång och gänglig.

Valle Rosenberg föds i Borgå den 15 november 1891. Han dör i malaria och tuberkulos i hemstaden 1919, efter en flyktartad resa genom ett krigshärjat Europa. Han blir 28 år.

> I dag är Valle Rosenberg så gott som bortglömd, förpassad till marginalen, notapparaten eller museernas mest undangömda samlingar – och ändå har såväl hans konst som hans lite gåtfulla person en gång beskrivits i nästan panegyriska formuleringar inom ramen för vilka uppfattningen om honom som konstnärlig banbrytare och pionjär utgör något av den minsta gemensamma nämnaren; det mesta bygger dock på tämligen lös grund och varken de estetiska eller biografiska utgångspunkterna har någonsin redovisats. Valle Rosenberg är geniet som aldrig fick förverkliga sig, heter det kort och gott – Valle Rosenberg är dandyn som dog likt ett irrbloss, bohemen som gick i landsflykt, konstnären som försvann. (Sandqvist.)

Han är näst äldst av fem barn och hans pappa snickrar likkistor. Som 14-åring skrivs han in i Centralskolan för konstflit. Åren 1910–1911 lär han sig oljemåleriets teknik vid Konstföreningens ritskola (motsvarigheten till Konstakademin).

Han börjar göra sig känd i Helsingfors som bohem, men förbannar sin fattigdom. Han är tvungen att ha samma kostym i åratal. Men han är alltid lika elegant och välpressad. Han lär sig franska och sitter ofta på Övre Brondins Café vid Södra Esplanaden.

Han tar intryck av futuristerna i Petersburg; han har cinnober i näsborrarna och grönt under ögonen. När han på sommaren besöker sin hemstad, skriver han i brev hur han föraktar den borgerliga småstadsatmosfären. I karikatyrer skildrar han dräpande det självgoda och inkrökta borgerskapet i Borgå.

Valle är den första finländska konstnär som kommer fram till ett kraftfullt, intensivt och lidelsefullt formspråk. Han kombinerar den uttrycksfulla formbehandlingen med den mörka glödande färgskalan.

Som barn målar, skulle Carlo säga.

1909 har Ateneum en stor utställning av Edvard Munch. Valle besöker utställningen och tar starka intryck. Enligt samtida bedömare påverkar Valle Rosenberg allt och alla, till och med kollegornas sätt att klä sig. Alla går omkring som han i damasker och promenadkäpp, hatten på svaj och en cigarrett i mungipan. Gärna med en ”flamma” under armen.

I november 1913 får han 800 mark i resestipendium och ett tilläggspris på lika mycket, vilket gör att han kan fira julen i Paris. När han och Siri träffas första gången på rue de la Gaieté är han en välkänd bohem i konstnärskretsarna som regelbundet träffas och umgås på La Rotonde.

Enligt Isaac Grünewald befolkas La Rotonde av hela skalan av olika konstnärstyper. Det är Rembrandtförnekande Picassotillbedjare förklädda till bodbiträden, skulptörer utstyrda till torpare i träskor, engelska och amerikanska målargirls utan hämningar eller till bristningsgränsen fyllda av freudianska komplex och akademielever kostymerade som cowboys. Ryssar som alla är storfurstar.

Även i den miljön gör Valle ett avvikande intryck. Det florerar många historier runt ”den mystiske finnen”. I Helsingfors kallas han ”den hungrande indiern”. I Paris varnas Siri för ”La Morgue” som han kallas efter det bårhus som finns på Notre Dame-ön, beryktat från franska revolutionen. Han kallas också ”Gulingen” för att han sminkar sitt ansikte ockragult i Paris med cinnoberrött och grönt på samma sätt som han gjorde i Helsingfors.

I ett brev hem till sin mamma rapporterar Ninnan Santesson om den nye konstnären i gänget:

> Den långe svarte finnen som jag alltid gått och beundrat har av flax blivit i ropet som Finlands bästa och modernaste målare. Han hade målat en tavla till en utställning, och när den var färdig men ej torr kom den att trilla ner från staffliet å blev alldeles tillsåsad. Karln var för lat för att måla om den och skickar på skoj in den. Den blev ej bara antagen utan kom så i ropet för sin djärva modernism att Rosenberg, som ingen förut känt till, blev tilldelad det största stipendium som utdelats för konst i Finland. (Söderberg.)

Till skillnad från Siri är Valle helgjutet sig själv i konst och liv. Han har inte klätt ut sig och på det sättet blivit betraktad som bohem. Andra i konstnärskretsen kring La Rotonde är utstyrda och kostymerade. Valle är den han är för han har inget alternativ. Han låtsas inte utan han är. Det är då han blir underlig i andras ögon.

Av det lilla som finns dokumenterat om Valles barndom och uppväxt, verkar han på ett helt annat sätt ha frigjort sig från sin familj jämfört med Siri. Han agerar självständigt och väcker berättigat uppseende genom klädsel och sminkning. Troligen svälter han och det gör hans stora svarta ögon febrigt lysande. Det liv han lever bränner ut honom och han klagar över att han ofta är sjuk. För Siri berättar han att ”han ligger på de grövsta lakan som man har vävt sen Kristi födelse”.

Det är den mannen som Siri berättar om för Sara Lidman i början på 1970-talet. Siri är över 80 år. Det är i tunnelbanan från Mariatorget till Ropsten. Siri håller Sara i handen. Hon berättar viskande om sin ungdoms kärlek:

> Hon är tjugosju år och tusen därtill, och inga livets vedermödor har kunnat utplåna häpnaden över att ”han finns förstår du...” Och, skriver Sara Lidman, när inte ens de blygaste orden förslår börjar hon vissla och låta som en koltrast? (Sandqvist.)

TILLSAMMANS

Ovetande om varandra kommer Valle och Siri till Paris på senhösten 1913. Siri den 7 november och Valle anländer strax före jul med sina stora stipendier. Det kommer att dröja ända till april innan de träffas.

En dag möter Siri den långe, mörke mannen med det egendomligt fascinerande utseendet på gatan. När hon får reda på att det är Valle Rosenberg, skickar Siri en biljett och bjuder in honom till en maskeradbal.

Valle som inte har förstått att det är maskerad får hjälp med förklädnaden av Siri; två skynken som hon har för fönstren, gör dem båda till araber.

Det är vår och försommar i Paris. Siri och Valle blir häftigt förälskade. Han målar hennes porträtt. De besöker museer och utställningar, åker till Jersey och Granville i Bretagne, där de lever på ”sol och havsluft”. De besöker Siris syster Irma i London.

*

Den 28 juni mördas ärkehertigen Frans Ferdinand och hans hustru i Sarajevo. En nationalistisk grupp i Österrike-Ungern tar det som förevändning att förklara krig mot Serbien.

I Ryssland är tsarens och den härskande klassens ställning hotad av växande krav på demokrati och socialism. Där söker främst militärledningen stabilisera den inrikespolitiska situationen genom att mobilisera och ställa sig på serbernas sida.

Tyskland med sin kapprustning ger dess militärledning en så stark ställning att politikerna ger sig för militärernas krav på handling.

I början av augusti förklarar Tyskland krig mot Ryssland och Frankrike och inleder anfallet på västfronten genom att marschera genom det neutrala Belgien. Detta gör att också England kommer med.

Kriget innebär att Siri och Valle på olika vägar försöker ta sig hem.

Valle som är rysk medborgare försöker ta sig till Finland, men kommer bara till Gotland. Där får han husarrest och är tvungen att anmäla sig hos polisen varje dag.

Siri tar sig med båt via Island och Norge till Sverige. Båten går med släckta lanternor för att inte bli upptäckt av tyska ubåtar. Hon hinner inte fram i tid till Baltiska utställningen i Malmö där Valle har ett par tavlor med. I stället möts de senare i september i Stockholm. Under hösten bor Valle i Stockholm i ett rum vid Brunkebergstorg och försörjer sig på olika ströjobb. Han tecknar affischer och gör ritningar åt silversmeder.

Siri bor hos sina föräldrar. Hon är nu 26 år. Det är otänkbart att de bor tillsammans.

*

På senhösten vandrar Siri och Valle i höstmörkret längs Hamngatan och skriker ut teser om den nya konsten, kubismen. Pär Lagerkvists bok ”Ordkonst och bildkonst” har året innan kommit ut och den är deras inspirationskälla.

Den uppmärksammas som stridsrop och manifest, bygger till stor del på Apollinaires programskrift ”Les peintres cubistes”.

Skönlitteraturen måste närma sig den radikala bildkonsten. I och med kubismen har konsten kommit fram till det sanna uttrycket. På samma sätt bör litteraturen sträva efter att skildra verkligheten.

Hur gör de när de ska fånga människors uppmärksamhet?

Hur reagerar folk på vad de har att säga?

Det går bara att gissa.

Valle är väl insatt i bokens innehåll.

I Paris har han umgåtts både med Apollinaire och Picasso och tagit del av deras idéer om kubismen som det klara tänkandets konst. Den 24-årige, bohemiske och gänglige Valle och den spensliga, välklädda Siri väljer ut de mest övertygande avsnitten.

Lägg märke till den moderniserade stavningen.

Kanske fastnar de för något av följande citat:

> Det har hänt att man kallat kubismen för ”ingenjörskonst” – tydligen på grund av det jeometriska utseende ofta såväl studier som slutjiltiga värk förete. Sannerligen ett slagord som tränger till sakens kärna! Ty kubismen är det klara tänkandets, den säkra beräkningens konst som med stöd av kända fakta konstruerar fram ett resultat. Dessa resultat få tydligen samma faktiskhet, samma konkreta värde som den grund på vilken de vila. Därför är kubismens skönhetsart just ägnad att tillfredställa oss, vår tid. Vi misstro det obestämda, abstrakta – vi älska realiteter t. o. m. i vår inbillnings värd.
>
> [– – –]
>
> En inträssant iakttagelse finns att jöra: i diktvärken blandas det fantastiskt ovärkliga med den mäst minutiöst skildrade värklighet – alldeles som i bildkonsten! Och med alldeles samma egendomliga, storartade värkan. Man känner sej ibland skåda skulpterad i ord en av dessa väldiga assyriska portalfigurer, lejon och tjur, människa och örn på en gång och sammansatta – till att bilda en vidunderligt mäktig enhet – av ytterst naturalistiska moment å ena sidan, ytterst stiliserade, ja, rent ornamentala å den andra.
>
> [– – –]
>
> Kubisten vill vad ekspressionismen inte vill; ställa åskådaren i jupt begrundande och tvinga till allvarlig reflektion som med upptäckariver intränger i konstens värd; han avstår från varje försök att behaga, föredrar då hällre att värka osympatisk och obegriplig – och förklarar helt frankt det publiken ej har rätt att utan vidare lägga beslag på konstnärligt resultat, utan

att känna något av den möda dess erövrande fordrat. Han är själv en det tunga arbetets, den trägna forskningens man.

Jag försöker framkalla bilden av de två konstnärerna i vintermörkret på Hamngatan och samtidigt tänka på dagens jäktade människor. Då är det svårt att tänka sig vilka det är som stannar och lyssnar till budskapet om den rena konsten som de framför.

Men 1914 är en annan tid.

I dag skulle ingen orka stanna tillräckligt länge för att kunna förstå budskapet, men då finns en annan inställning, en annan beredskap att lyssna.

Säkert uppfattades de båda som ett så exotiskt inslag i gatubilden att människor stannade till. Idag krävs mer braskande underhållning; spektakulär gatuteater, afrikanska bongotrummor eller chilenska flöjter med högtalaranläggning.

*

Vid jultiden får Valle låna en ateljé vid Värtan och målar där flera tavlor. Siris föräldrar har svårt för att acceptera ”finnen”. Siris syster Irma övertalar dem dock via brev att bjuda hem honom på julafton.

Det blir totalt misslyckat. Valle kommer med julklappar som innehåller böcker av Gauguin och van Gogh. Det är milt sagt inga konstnärer som Siris föräldrar uppskattar.

Under mellandagarna blir Siri plötsligt illamående och går till en läkare utan att föräldrarna får veta det. Av läkaren får hon veta att hon är med barn i tredje månaden. Situationen för de båda konstnärerna är förändrad.

Möjligheterna att mötas och prata är sådana att de tvingas skriva brev till varandra fast de båda befinner sig i Stockholm.

De bor ju på olika håll.

Hela tiden får de göra överenskommelser när de ska träffas nästa gång. Valle sitter ensam sent på kvällen den 26 december. Han skriver på ett brev till sin Siri. Han känner intensivt att han måste komma i kontakt med henne. Han sitter i Hotell Kung Karls matsal på Regeringsgatan. Klockan är litet över halv tio. Han har två tända ljus på bordet så att det är litet av julstämning. Servitrisen kallar honom lilla söta, rara ni. Valle är praktiskt taget ensam. Bara ett par herrar, en tysk herre med sin dam. Valle tycker att det känns oerhört länge sedan de sågs. Det är som om det gått ett helt år sedan förmiddagen. Han har ont i huvudet. Han känner sig som ett styggt barn som har burit sig illa åt.

De måste väl diskutera om Siri ska tala om att hon är med barn?

Att Valle är far till barnet!

Hur resonerar de? Vilka idéer diskuterar de?

Att gifta sig utan föräldrarnas tillstånd? Att åka hem till Valles föräldrar? Ålands hav är krigsområde. Det går inte att komma till Finland. Det är inget alternativ för Valle att diskutera. Att föda ett "oäkta" barn i Stockholm är omöjligt för Siri. I ett avseende är hon fast övertygad; föräldrarna ska hållas utanför.

Hon tycker sig veta hur de kommer att reagera. Hon varken får eller kan smutsa ner namnet Derkert. Hellre ger hon sig ut i första världskrigets Europa än anförtror sina problem till föräldrarna.

Hur reagerar Valle?

Har han förstått att han riskerar att inte bli accepterad? Den risken vågar han inte ta. Han älskar ju Siri. Den styrka med vilken Siri håller föräldrarna ovetande blir självdestruktiv och räcker till att övertyga Valle. Han känner sig som ett styggt barn, men förstår inte riktigt varför, som han skriver i brevet ovan. Han ger Siri rätt i att de inte ska konfrontera hennes föräldrar. De ska inte få veta.

Därför ger de sig i väg till det de tror är en frihet i Italien. Det är svårt att förstå hur de kan tro att det leder till någon varaktig frihet; att det mest förståndiga är att gömma sig för sin egen familj. Men det kommer att upprepa sig. Ett hemlighållande som kräver avstånd. En tystnad som föder ny tystnad.

Siri och Valle beslutar resa i januari. Fortfarande är inte Italien med i kriget. Där ska de hitta en fristad. Siri lånar pengar av farbror Gustav och Valle lyckas sälja två målningar till Siris bror Jean.

De måste åka olika vägar men sammanstrålar i Turin för att fortsätta ner till Pellegrino på Sicilien. Ortsbefolkningen i de små byarna betraktar dem som rika "inglese" som kan betala för sig. I en fiskarby får de hyra rum tillräckligt billigt.

Där stannar de under våren.

Gör utflykter i omgivningen. Målar.

Där målar Siri sitt självporträtt "Med Carlo i magen" och "Stilleben med thekanna". I början på juni bestämmer de sig för att åka till Neapel, men de varnas. Misstänksamheten är stor mot utlänningar. De åker i alla fall och blir tagna av polisen, som tror att de är österrikare och spioner. Hela gatan fylls av nyfikna människor och det tar lång tid att bevisa att de är från Sverige och Ryssland och inte alls utsända spioner från Österrike.

Från Neapel till Stockholm

Sara Lidman ställer i sin bok ”Din tjänare hör” frågan om varifrån barnen kommer. Att de sitter på trädgrenar och väntar på lämpligt folk att överfalla. Visst kan små barn vara grymma och elaka, men jämfört med de ofödda är de änglar. Det är inte föräldrar som skaffar sig barn. Det är barnen som väljer ut föräldrar åt sig.

Om den tid och den trakt, som Lidman berättar om, verkar de flesta barns krafter enbart räcka till att få ihop ett föräldrapar. Knapp var barnet fött och fått insupa tillvarons hårda villkor förrän det ångrade sig ”och dränkte sig så på torra halmen”.

> Många levde fram till avvänjningen, då var deras innehav av livslust också slut.
>
> Några vände om efter ett par veckor i skolan, efter att ha bevittnat eller utstått en stor misshandel. Att hungerns och köldens eldar inte var det värsta utan överhetens käpp och hand och ansikte.
>
> Nästa gallring ägde rum vid konfirmationen. När den egna kroppen började väsnas och ständigt skämma ut halvkönlingen på det mest ohjälpliga sätt. Och när prästen samtidigt fick en att fatta att helvetet var lika verkligt som hunger och köld och käppar utan tal. Då kallade halvkönlingen på lungsoten, att den måtte komma galopperande och rida allt in i morgonrodnaden och låta sväva där i evig oskuld. Särskilt flickorna kallade på den hästen.
>
> Men de som överlevde konfirmationen! De hade något att komma med i fråga om livslust. De hade en livshunger så våldsam att snö, köld, mörker och fettbrist inte förslogo som motståndare. (Lidman.)

Sett ur Sara Lidmans perspektiv, undrar jag varför Carlo gör det så besvärligt för sig. Har han inte sett hur svårt Siri och Valle har att klara sig på sitt måleri?

Förstår han att konsten är allt för de föräldrar han väljer?

Har han inte sett att de skurit av banden till sina egna familjer?

Tror han kanske att det inte betyder någonting?

Vet han vilka prövningar han kommer att utsättas för?

Kanske ser han just prövningarna som en möjlighet att växa som människa? Eller gör han ett misstag när han sitter i trädet och väntar på att ”överfalla lämpligt folk”? Han blir kanske lurad själv därför att han tror sig ha hittat ett särskilt barnvänligt par som kommer att ta hand om honom. Är det för att han sett hur mycket de älskar varandra?

Väljer han Siri och Valle för att de i sina familjer fått övning i att ta hand om sina yngre syskon? Inte heller ångrar han sig och vänder tillbaka som många av de barn Sara Lidman beskriver. Kanske är det den starka livshungern, livsbegärelsen som gör att han orkar ta sig igenom sina symboliska snöstormar, sitt vintermörker och sin brist på näring.

Men ängslig för sina lungor får han vara genom hela livet.

Valle dör i TBC. Liv också.

Både Siri och Valle tillhör avantgardet inom konsten och räknar sig som radikala, moderna konstnärer. De utvecklar sig till betydande kubistiska målare och är som sådana nyfikna utforskare av verkligheten. De vill allvarligt reflektera över tillvaron.

De har inte tillgång till dagens spädbarnsforskning, men de har som konstnärer lärt sig att se och betrakta.

Ser de också sitt barn och dess behov?

*

Häromdagen besökte mig en femdagars flicka och hennes föräldrar. Det starka solljuset där vi sitter gör det svårt för babyn att öppna ögonen. Då och då gör hon det och jag ser hennes granskande blick från den trygga platsen i mammans famn. Vi vuxna pratar om det ofödda och nyfödda barnets medvetenhet, vad det upplever och ser.

Jag nämner kvinnor som sjunger för sitt foster och alla i rummet nickar och vet att barn minns sånger de hört i fosterstadiet. Pappan håller flickan framför sig och räcker ut tungan.

Han vill visa vad han upptäckt om sitt barn. Efter ett ögonblick öppnar den lilla munnen och visar sin tunga. Hon härmar sin pappa och visar att viljan till kommunikation finns. När babyn en stund senare börjar skrika vet föräldrarna att hon behöver di och hon får det genast. Sedan byter pappan på flickan med en självklarhet som säger att så här har vi gjort arbetsfördelningen.

*

Daniel Stern beskriver hur föräldrar kontinuerligt för en inre dagbok över barnets känslor och reaktioner. Det blir till ett slags uppslagsverk som de rådfrågar för att förstå barnets handlingar. Bemötandet av barnet hjälper också till att forma hur barnet uppfattar sig själv.

> Även familjeklimatet i stort bidrar till att forma de personliga upplevelserna. De flesta av oss föds in i en familj, och varje familj har utvecklat sina egna regler för att tolka personliga erfarenheter. I somliga familjer är det fult att visa ilska, i andra är det tillåtet att bli arg, ja, rentav något som ibland bör uppmuntras; i andra åter tillåts inte vrede att existera, erkänns inte som en verklig känsla. Det här är regler som det lilla barnet efter hand blir varse, när hennes upplevelser bara tolkas på vissa sätt men inte på andra. På så vis får varje spädbarns inre liv sin speciella prägel. (Stern.)

Efter mycket sökande finner Siri och Valle en billig bostad hos en caféidkerska i Neapel. Den 13 juli 1915 är det dags för Siri att föda. Men Valle är så ängslig att han inte vågar gå till borgmästaren förrän dagen därpå och anmäla att Carl Valdemar har fötts.

Därför står det i alla papper den 14:e, talar Carlo om för mig.

> Registret i Neapels rådhus meddelar: Inför mig Arcangelo Botta, vice-borgmästare, har inställt sig Gustaf Valdemar Rosenberg, 24 år gammal, egendomsägare, boende i Borgå (Ryssland), vilken har för mig anmält, att kl. 2.40 e.m. den 14 dennes (juli) i huset vid Vittorio Emanuele no 633, av hans med honom sammanboende hustru Karis Siri Derkert, rentier, fötts

ett gossebarn, vilket han för mig framvisar och vars namn är Carl Valdemar. Två vittnen närvara. (Söderberg.)

Bakom kortfattade anteckningar finns hela den utsatthet som Siri befinner sig i: ”Svåra scener – födsloverkar: ’Jag kan inte mer’. Den tjocka rödbrusiga caféidkerskan kommer in. Varför ropar hon cane, cane (hund, hund) hela tiden?”

Är hennes ”cane, cane” ett uttryck för kvinnlig solidaritet med barnaföderskan? Det finns inga släktingar som kommer för att se det nyfödda barnet. De får inte ens veta att Carlo finns. Inte ens Siris syster Irma i Harrogate vet om det nyfödda barnet.

Långt senare ska hon få veta. Siri vill ha råd av henne och undrar om hon tror att föräldrarna skulle gå med på giftermål. Irma avråder Siri från att ta upp den frågan. Det skulle bara leda till tråkigheter.

Ingen i Siris och Valles vänkrets ger dem rådet att ta konfrontationen med Siris föräldrar.

Ingen talar om för dem att föräldrarna kanske skulle förstå.

Därför väljer de att isolera sig långt borta från föräldrar och syskon och tror att de kan lösa problemen själva.

Den nya konsten med sitt uppror mot förlegade konstnärliga lösningar och estetisk slentrian föds och växer fram i en tid präglad av omgivande konventionalism, allmänborgerlig traditionalism och viktoriansk eller oscariansk kvinnosyn, som drabbar även det konstnärliga och litterära avantgardet inom vilket de manliga konstnärerna, som helt dominerar scenen, odlar och umgås med uppfattningen om att en ”kvinna aldrig någonsin åstadkommit ett konstverk av bestående värde”. (Sandqvist.)

Är Valle ett undantag från den uppfattningen?

Gäller Siris och Valles konstnärliga kamratskap också hur de delar på uppgiften att ta hand om Carlo? I sitt feministiska bagage har Siri med sig läsningen av Elin Wägners ”Norrtullsligan” och ”Pennskaftet” tillsammans med sina akademikamrater. Gör den kunskapen att Siri kan hävda deras jämlika ansvar för barnet? Blir hennes egen kamp för att kunna ta plats som konstnär det allt överskuggande?

Senare ska hon kritiseras av sina väninnor för att hon själviskt går upp i konsten och inte försörjer sig och barnen. Hon skriver också själv att det är svårt att enbart leva på potatisplättar.

Siri och Valle åker med den nyfödde Carlo härs och tvärs i landet och kommer i oktober till Florens där de stannar över vintern vid via dei Bardi. Valle har idéer om att starta en antikaffär. Han tillbringar timmar i antikaffärer och bokshopar. På grund av kriget behöver många av patricierfamiljerna göra sig av med sina värdefulla föremål. När det ges möjlighet att göra bra affärer har Valle inga pengar att köpa för.

Vintern blir kall. Det finns bara en primitiv eldstad där de bor. Det kalla golvet kan Carlo inte vara på. Siris rörelsefrihet är begränsad på grund av honom. Hon köldskadar sina händer.

*

Hur är Carlos första månader? Juli, augusti, september – den tid då Daniel Stern menar att känslan av ett uppvaknande Själv utvecklas. Carlo är i sin första värld, känslornas värld.

En upplevelse väcker en inre känsla.

När Valle kallar honom "Plutten" vet inte Carlo att det är ett ord som syftar på honom. Han urskiljer inte om ordet kommer som ljud eller som beröring eller ljusfenomen, men han känner hur det flödar över honom, mjukt och rogivande eller kraftfullt, uppmuntrande. Upplevelserna översätts hela tiden till känslor.

Stern jämför den nyföddes intuitiva förmåga att vandra mellan sinnena med poesins sätt att beskriva verkligheten.

Så blir en smekning ett hav av känslor.

För Carlo betyder det att järnvägsresornas kvalmiga kupéer känns som ett mjukt omslutande täcke eller en ångande instängdhet. Det iskalla tegelgolvet på via dei Bardi blir till en isande blå ton som gör ont och den sprider sin olust i kroppen.

Vilka känslor ger Siri?

Hur mycket är hon och Valle präglade av tidens sätt att se på barn? Har de lyckats frigöra sig från den traditionella synen på barnuppfostran? Är de så moderna som Evert Taube påstår att hans pappa är?

Är det enbart ett ekonomiskt problem om de överlåter passningen av Carlo på en barnflicka?

Vad bär Siri med sig från sitt föräldrahem?

På vad sätt tar Valle del i skötseln av Carlo?

Else-Britt Kjellqvist beskriver hur det späda barnet söker sin mammas blick och att det inte är bröstet som är viktigast i den nyföddes värld.

Viktigare är blicken.

Det finns ersättning för bröstet, men inte för det uteblivna mötet med mammans ögon. Om detta ursprungliga kärleksmöte inte blir av kommer individen att söka det resten av sitt liv.

Kjellqvist liknar det vid Narcissus sökande i sin egen spegelbild efter sin moders, vattennymfen Liriopes blick:

> Ögonen är själens spegel. Dessa avslöjar om där finns någon själ att spegla sig i eller om det är tomt. Ingen är hemma. Spegeln kan också grumlas av ångest, ängslan, avund, hat, avsky, sorg… Den moder som en gång ammade sitt barn eller höll det i famnen var kanske deprimerad, knarkpåverkad, upptagen av egna tankar, full av bekymmer eller tvivel på sin förmåga som mor. Hon hade själv kanske aldrig blivit speglad av sin mor. I ett ögonpar står allt på spel och en del människor försöker undgå denna bävan genom att undvika andra människors blick. De ser förbi och bortom. Medan andra hela tiden ängsligt söker bekräftelse i andras ögon, ett sökande som riskerar att aldrig upphöra. Desperat irrar ens blick vidare men man vet varken vad man letar efter eller finner det man söker. Det gapar ett tomrum inom en men för att lära känna dess existens måste man stanna upp och vara i en tomhet, som är nästintill outhärdlig. Dessutom hindrar det omedvetna hoppet om den ursprungliga moderskärleken en att finna kärleken någon annanstans.

Enligt Jung bär barnet med sig urbilder av företeelser, miljöer och gestalter som han kallar arketyper. ”Modern” är en sådan arketyp i det kollektivt omedvetna. Alla bär vi omedvetet med oss en idealbild av de moderliga handlingarna. Han påstår att i och med att barnet lär känna sin mamma skapas i det personligt omedvetna komplexet Modern. Omedvetet jämför barnet arketypen Modern med komplexet Modern.

Det är som om barnet tar sin idealbild av hur en mor ska vara och jämför den med den egna mamman. Om den jämförelsen leder till avgörande skillnader, kommer det att ställa till problem för barnet.

Hur väl stämmer arketypen Modern med Carlos moderskomplex?

Genom Carlos hungergråt lämnar Siri sitt tecknande och tar upp honom. Hon lägger honom tillrätta och knäpper upp blusen medan hon pratar tröstande med honom. Vad säger hon? Ord som mammor brukar säga när de ska trösta?

– Jag hör att du är hungrig, Plutten! Snart ska du få. Jag ska skynda mig, Carlo lille!

Om det är så, är det som att komma in i ett ljuvligt land av mjölk och honung. Långt borta är nu det kaotiska oväder som bara för ett ögonblick sedan rasade och trasade sönder alla upplevelser av lugn och harmoni för bebisen. Enligt Asle Høgmo sker alltid den allmänmänskliga socialiseringen rum i ett samhälleligt och kulturellt sammanhang. Vad som kommer först är mera en fråga om vilken den vetenskapsteoretiska utgångspunkten är.

Att göra en uppdelning i primär och sekundär socialisering kan bli missvisande. Inte minst med tanke på vad Carlos psykoanalytiker uppmanade honom; att ta den femårige Carlo i handen och låta honom växa upp.

Det är egentligen frågan om processer som löper parallellt genom livet. Starten på hans både objektiva och subjektiva identitet knyts till en unik symbol, hans namn Carl Valdemar Derkert. Det kommer senare att bli än mer unikt, då han kommer till Sverige som Carlo.

Den objektiva identiteten i form av familj och omgivande samhälle är något som han får. Den subjektiva identiteten är det som Carlo själv bygger upp genom sin upplevelse av sin plats i världen.

Vi kunne si at vår objektive identitet bli bygd opp utenfra og in. Vår subjektive identitet blir bygd opp innenfra og ut. Dette är to sider ved vår tilværelse som omverden, og vi bygger opp i ett vekselspill som egentlig varer hele livet. Å få og utvikle en tilhørighet manifesterer seg gjennom to prosesser:

- å tre inn i og bli en del av
- å tre ut av og bli noe forskjellig fra. (Høgmo.)

Det annorlunda för den nyfödde Carlo är att han har ”valt” föräldrar som har fria yrken och som själva disponerar över sin tid. Som konstnärer har de tränade ögon att se och lägga märke till vad som sker.

Küllike Montgomery skriver i boken om Liv Derkert att Siri verkar ha pedagogiska talanger utöver det vanliga. Då handlar det om hur hon ömsint och respektfullt vårdar Livs konstnärliga självkänsla som en skör och värdefull planta.

Så kan jag tänka mig att också Carlo hjälps att bygga sin subjektiva identitet. Han börjar sitt arbete med att skilja ut sig, men får han samma hjälp till en tillhörighet i familjen, i det omgivande samhället?

Både Siri och Valle var själva utan sina familjer.

De väljer att stå utanför. På det sättet blir också Carlo utanför.

Valle och Siri är två konstnärer som är, på ett sätt, utanför samhället. När de för myndigheterna ska anmäla att Carlo fötts betecknar de inte sig själva som konstnärer.

Antingen beror det på att de tror att det inte accepteras som socialt gångbart att vara konstnär, eller också vet de att de blir utvisade om de talar om sina verkliga yrken. I alla händelser vet de att de som konstnärer är utanför den samhälleliga tillhörigheten; konstnärer som har ont om pengar.

Genom den situation de har försatt sig i är de också utanför sina egna familjer. De måste ljuga om sin verklighet inför föräldrar och syskon, Siri mera än Valle, men Valle för att skydda Siri och ha en chans att ha henne kvar.

*

Carlos första stora påfrestning inträffar när han är tio månader.

Han överges.

Efter den kalla vintern i Florens är Siris och Valles pengar slut. De bestämmer sig för att resa hem och skaffa pengar. De ordnar en inackordering åt Carlo i Florens. Tiden är sådan att hans föräldrar inte har en tanke på hur Carlo ska klara separationen. De ser bara till att han blir omhändertagen så länge de själva är tvungna att vara borta.

De föräldrar som Carlo djärvt ”kastat sig ner på” är långt ifrån de trygga föräldrar som John Bowlby beskriver som ”the secure base”, den trygga basen. Han menar att bägge föräldrarna behövs för att de ska utgöra en trygg bas från vilken barnet kan ge sig ut i världen. Barnet behöver veta att det kan återvända och då bli både fysiskt och psykiskt omhändertaget.

Uppmuntrat om det blivit besviket. Tröstat om det blivit skrämt.

En del barn har en trygg relation till mamman men inte till pappan. Andra har det till pappan men inte till mamman. Några barn får ha en trygg relation till både mamman och pappan och det finns de som inte har någon trygg relation varken till mamman eller pappan.

> Barn med en trygg relation till båda föräldrarna kände sig säkrast och mest kompetenta; barn som inte hade en trygg relation till någon av föräldrarna var mest osäkra och minst kompetenta; och de med en trygg relation till en av föräldrarna hamnade mitt emellan. (Bowlby.)

För Carlo är det säkert så att han från början har en trygg relation till både Valle och Siri. Och är det så, gäller också Alice Millers ord att barn klarar många påfrestningar under förutsättning att föräldrarna har tagit barnet på allvar och respekterat det. Men utsätts barnet för en påfrestning, en störning kan det ta flera år att läka. Bowlby liknar förhållandet vid en militärbas där en officer ska leda en expedition.

Barnet vet att det är ett farligt uppdrag. Om han kan lita på sin bas och känner dess stöd, då vågar han föra expeditionen vidare. Då vågar han också ta risker.

*

Det är i maj som Carlo lämnas. Han ska ut på sin första ”expedition” och han måste våga mycket för sin trygga bas, Valle och Siri.

De kommer att vara långt borta.

Siri kommer han att helt glömma. Kvar kommer bara att vara Valles idealbilder av Siri. Hans längtansbilder.

Den för Siris föräldrar otillåtna familjen splittras och kommer aldrig mer att träffas. Siri kan åka genom Tyskland, men Valle som är rysk medborgare åker över Paris. Valle blir stannande där. Han kan inte ta sig vidare.

Siri blir kvar i Stockholm. Hon får inte något nytt utresevisum.

Valle är en flitig brevskrivare och berättar om konstlivet i Paris. Under de ensamma nätterna längtar han efter Siri och Carlo. Han skriver svartsjuka brev och han berättar om hur han blir genomvåt av svett på nätterna. Det hårda och fattiga livet har gjort att hans TBC utvecklas. Han återvänder till

Florens i augusti och tar hand om "Plutten", hyr en lägenhet vid havet där också barnflickan Michelina inkvarteras.

Breven innehåller nu långa beskrivningar om hur Carlo utvecklas och han förebrår Siri för att hon skriver så sällan. Valle är så upptagen av sin egen saknad efter Siri att han inte förmår se Carlos sorg, att ha mistat sin mamma. Eller ser Valle den utan att skriva om den i breven till Siri.

I breven skriver han i stället om sin egen ångest att hon inte hör av sig. Han vill att hon ska skriva så att han förstår att hon inte är död. Han blir tokig och nervös. Tror att hon inte vill bry sig om honom längre. Han blir ängslig över allt möjligt. Tycker att hon inte känns som hans längre, hans riktiga Siri. Som det bara finns ett enda exemplar av. Som ingen annan vet om. Han sörjer så gränslöst. Hans själ blir så ensam i ateljén att han inte står ut. Då måste han ut och gå med den på gatorna.

Han skriver också och friar.

Siri tar upp frieriet med sina föräldrar och de hotar med total brytning. Allt ekonomiskt stöd skulle upphöra och Siri fogar sig. Hon använder sig inte av sitt viktigaste argument; att hon redan har en son i Italien.

Hon törs inte.

Systern Irma tröstar Siri och hon är den första som får veta om Carlos existens.

*

Som alla föräldrar vill också Valle höra det första ordet som Carlo säger. Han upprepar hela tiden Carlos namn. Han vill lära honom hans namn.

Det blir en del i identitetsutvecklingen.

> Imitationsbegreppet har kommit till mycket användning inom den vokala gestens område. Där tycks vi verkligen ha en tendens hos vissa organismer att reproducera ljud. Människor och de talande fåglarna utgör illustrerande exempel. (Mead.)

Enligt Mead så är det inte enbart barnet som lockas till respons, utan också föräldern/vårdaren lockas till respons på sin egen stimulus. Så kan en åskådare uppleva den ideliga upprepningen hos föräldrarna som ett evinnerligt tjat, just därför att ingen respons kommer från barnet, utan responsen kommer hela tiden från föräldern som samtidigt upplever det som ett stimuli:

– Säg Carlo! Säg pappa! Säg Carlo! Säg pappa! Säg Carlo!

Till slut belönas Valle och Carlo kallar sig själv ”Keke”. Valle rapporterar detta till Siri. Det som är hans möjlighet att ha kvar Siri är att påminna henne om deras gemensamma barn.

Genom sitt namn får Carlo sin alldeles speciella identitet. Så kan man som Lars-Erik Berg påstår, säga att det är nu som vi kan se barnets ”steg från omedvetandets mörker till medvetandets ljus”. Det som sker är en identitetsrevolution men också en emotionell revolution. Situationen som den beskrivs är ett människoblivande. I fortsättningen kallas Carlo omväxlande ”Keke” och ”Plutten”.

Vintern 1917 blir kall. Världskriget fortsätter. Valle flyttar med Carlo till Pisa. Långsamt läker Carlos kristillstånd ut. Han kan knyta an till sin pappa och den barnflicka Valle skaffat.

Alltmer blir Carlo en liten italiensk pojke.

Han är fullt upptagen av att utveckla sitt berättande Själv. Det Själv som han under resten av sitt liv använder för att berätta sin egen historia.

> Konstnärer och författare är skamlösa och måste så vara då de i sina skapande verksamheter blottlägger sina inre världar. Detta skamlösa blottande väcker skamkänslor såväl inför sig själv som inför ens omgivning, vilket Lagerkvist tydligt uttrycker på liknande vis som Dostojevskij i sina ”Anteckningar från ett källarhål.”: ”... bör jag inte här sluta mina ’Anteckningar’? Det förefaller mig som om jag gjort ett misstag när jag började skriva dem. Åtminstone skämdes jag hela tiden medan jag skrev denna berättelse.” (Kjellqvist.)

Ett språk utvecklas bäst i ett nära förhållande mellan barn och vuxen. En del vuxna har en enastående förmåga att skapa ett samtalsrum runt sig själva och den de talar med.

Mitt i ett jäktigt arbete kan de sprida lugn och ro omkring sig.

De har den närvaro och koncentrationsförmåga som behövs i den känsliga situation där ett barn ska anstränga sig att formulera ett budskap.

> Valle är igen – enligt Siri – en klok och ömsint människa som också förmår visa en moders ömhet i förhållandet till Carlo, en uppfattning som breven vältaligt stöder inte bara i kraft av det utrymme som ägnas 'Plutten' och hans utveckling utan även i kraft av det språkbruk som Valle tillämpar ifråga om pojken, ett språkbruk som i detalj kontrasterar mot fördomen om mannen som oförmögen till verklig kärlek till ett barn. (Sandqvist.)

Gång på gång kommer Carlo att återkomma till denna period. Han säger inte att han haft kärlekslösa föräldrar. Han säger att han gång på gång lämnats, övergivits. I olika variationer kommer han att tala om sig själv som "invandrarbarnet". Han tycker sig inte ha ett fullödigt språk. Han tycker sig behandlats fruktansvärt illa av sina föräldrar. Samtidigt vill han förstå och ursäkta deras situation.

*

Lars H. Gustafsson berättar om en man i sin egen ålder som tre år gammal kommer till Sverige som krigsbarn från Finland. Han placeras i Småland hos en svensktalande familj. De finska ord han kan glömmer han snabbt och lär sig svenska i stället. Efter tre år i Sverige återvänder han sex år gammal till sina föräldrar i Finland.

Det är ett svårt uppbrott. På nytt lär sig pojken finska. Under flera år bär han på saknad efter sin svenska mamma.

När han slutat skolan blir hans längtan till Sverige så stor att han återvänder dit. Men ingenting är som det var och han reser tillbaka till Finland. I vuxen ålder går han under några år i terapi för att bearbeta sina tidiga barndomsupplevelser. Han märker att han inte har några minnen från sin svenska period.

Det är först när han tänker och talar om det på svenska som minnena kommer tillbaka.

> Ett äkta språk har sina rötter i känslans jordmån. En bearbetning av tidiga, känslomässigt djupgående upplevelser sker därför bäst på det språk som

> användes när erfarenheten gjordes. Det förhållandet är i själva verket ett av de starkaste argumenten för att flyktingbarn ska få behålla och utveckla sitt modersmål. (Gustafsson.)

Vi sitter en kväll några vänner och pratar om berättande och om olika språk. Carlo säger att han inte minns något av den italienska han en gång kunde. Då erbjuder sig Åke Högberg att med hypnos locka fram hans italienska igen. Carlo är intresserad, men jag tror samtidigt att det är ett artigt intresse.

Han vet att det också kommer att innebära att traumatiska upplevelser från tiden i Italien manas fram. Han vet att han blir nostalgisk och sentimental. Han vill inte ta upp tid med det. Han vill i stället hålla fast vid sin psykoanalytikers råd om den femårige pojken i honom. Han återkommer ofta till det och det blir nästan som ett mantra för honom.

Vem väljer frivilligt att närma sig det oerhört traumatiska?

Carlo vill inte ens fara ut i Stockholms skärgård för att hälsa på vänner och släktingar. Det påminner honom för mycket om hans barndoms somrar. Han säger att han trivs på asfalten.

I sin barndoms miljöer vet han att han då inte kan låta bli att gråta.

*

Att breven från Siri kommer allt mera sällan har en förklaring. Siri har åter blivit med barn. Pappa är Bertil Lybeck. För att hemlighålla sitt havandeskap reser hon på nyåret 1918 till Köpenhamn ”av hälsoskäl”. Där föder hon dottern Liv den 2 april.

Lybecks familj får heller inget veta. Liv inackorderas i hemlighet hos fröken Astrid Estrup. Valle är helt ovetande eller anar han hur det står till? Han skriver att om de av någon anledning skulle gå skilda vägar så tänker han ta hand om ”Keke”.

Bertil Lybeck vet inte om att Carlo finns.

Siri bär på hemligheter som gör att hon senare i livet inte vill prata om de här åren 1917–1921. Men hon uppehåller sig gärna vid den ”lyckliga” tiden i Italien och menar 1915, tiden med Valle och Carlo.

När Carlo är fyra år inträffar hans andra stora påfrestning; Valles ryska medborgarskap gör att han utvisas ur Italien. I oktober är han i Wien och hans TBC förorsakar feberanfall. I ett brev till Siri ber han henne möta sig vid Centralen när han kommer till Stockholm. Han talar i brevet om att han har lämnat Carlo hos familjen Gabriellini.

Han är så dödens trött. Han har varit där ett dygn. Det är ett smutsigt hotell fullt med vägglöss. Ytterligare en natt måste han stanna. Han har inte de nödvändiga nio kronorna. Febern och hungern har tagit hårt på honom. Han måste skriva och berätta. Han skriver att han är rädd att det bara är ett par månader innan hungern också kommer till Italien. I så fall måste Plutten få möjlighet att komma till ett lyckligare land. Siri måste se till att hämta Carlo. När Siri och Valle träffas i Stockholm kan de prata vidare om det. Valle kommer att passera där på sin väg till Finland. För säkerhets skull talar han i brevet om var Carlo bor. Valle är skyldig Signora Guglieilma Gabriellini, Bagni di san Guiliana, 300. Han har inga framtidsplaner. Allt måste han lämna i pant när han reste från Pisa. Det är målningar, antikviteter och böcker.

Hur reagerar Carlo på de separationer som han utsätts för? Kan han förstå vad som händer? Hur klarar han att bli övergiven? Hur klarar han alla nya och främmande människor, som han måste kunna anförtro sig åt?

Tavistockkliniken i London har forskat om hur barn reagerar på att mödrar och fäder försvinner. I en film som Joyce Robertson gjort, visar hon hur en tvåårig pojke, John, går in i en depression på grund av skilsmässan från mamman. Mamman är tillfälligt inlagd på sjukhus. Bowlby skriver att det inte kan råda några tvivel om att små barns förlust av mammans omvårdnad kan få allvarliga och långtgående verkningar för hela deras liv. En del barn tycks dock klara ”moderslöshet” utan att reagera negativt.

Ett återkommande beteende hos barn är att de gråter uppgivet, drar sig undan. De slutar att leka eller också leker de mycket förstrött. Så småningom blir de omväxlande apatiska och irritabla. Om modern ersätts med en god vårdnadshavare klingar depressionen långsamt ut, men rester av den kan finnas kvar i åratal.

Alla som forskat på området är ense om att det första levnadsåret har en avgörande betydelse. Det finns dock olika uppfattningar om vid vilken ålder det är svårast att mista mamman. En enhällig uppfattning är att det betyder oerhört mycket om det inträffar under andra hälften av det första levnadsåret. En del forskare anser dock att det i stället ska gälla den tredje till sjätte månaden.

Carlo är tio månader när både Siri och Valle överger honom.

Vilken är då den tidsgräns där en adoption gör att det kan bli en jämförelsevis lyckad utveckling?

> ...många småbarn som blivit adopterade mellan 6 och 9 månaders ålder visar med stor säkerhet, att verkningarna av den tidiga skadan åtminstone hos många barn kan minskas betydligt, förutsatt att de i tid får god modersvård. Det som Goldfarbs arbete utan tvivel visar är, att en sådan vård är nästan värdelös, om den kommer så sent som efter 2 1/2-årsåldern. I verkligheten ligger denna övre åldersgräns för flertalet barn sannolikt nedanför 12-månadersgränsen. Men sannolikheten att det finns en riksgräns [kanske skall det vara ”riskgräns”? Min anmärkning!] bör inte invagga oss i falsk trygghet: om en del av den skada som vållats genom modersförlust de första månaderna möjligen kan gottgöras, ursäktar detta inte att man över huvud låter den uppkomma. (Bowlby.)

Valle blir utvisad i september, 1919. Carlo har under sommaren fyllt fyra år. Han känner redan familjen som tar hand om honom. På fotografier från den här tiden är Carlo ljushårig. Gör hans ljusa hår honom än mer älskad av sin italienska fosterfamilj?

Vilka starka upplevelser finns som gör att han många år senare ännu känner den fyraårige Carlos förtvivlan? Hur påverkas dessa tidiga upplevelser av att vara lämnad hans vuxna liv? Är det sina egna känslor och upplevelser han som vuxen känner igen hos barn? Är det därför han ägnar ett helt liv åt att prata med barn om konst?

*

När Valle kommer till Stockholm, kommer inte Siri till Centralen.

Siri är återigen med barn.

Det är november och hon är i fjärde månaden. Kanske är det därför hon inte vill träffa Valle. Kanske är hon ängslig att Valle ska förstå hur hon svikit honom. Hon vägrar att möta honom. Hon vill tydligen undvika att Valle ska få reda på hur det är. I stället skickar hon Ninnan Santessons man, Bertel-Nordström. Han hjälper Valle vidare till Finland.

Valle vet inte att Siri har ett barn med Bertil Lybeck. Liv finns hos fröken Estrup i Danmark. Bertil Lybeck vet inte att Carlo finns. Siris föräldrar är helt ovetande om att de har en dotter som håller på att bli trebarnsmamma.

Framme i Finland tas Valle in på sanatorium där han dör den 18 december i galopperande lungsot och utan att ha fått träffa Siri.

*

På nyåret reser Siri på nytt till Köpenhamn ”av hälsoskäl”. Där föder hon den 24 mars 1920 det andra barnet som Bertil Lybeck är far till. Den nyfödda Sara inackorderas på samma bondgård som Liv, hos fröken Astrid Estrup. Lybeck är i Paris och tycker att Siri ska komma dit ensam så att de kan gifta sig borgerligt under diskreta former, så att det inte blir något prat.

Han vill inte berätta för sina föräldrar att han är far till två barn. När Siri på hösten kommer till Paris har hon båda flickorna med sig. Fröken Estrup är med som barnskötare. Hela denna tid arbetar Siri med att teckna modellkläder och göra uppköp av nya modeller i Paris för Birgittaskolan.

Nu vill inte Bertil Lybeck längre gifta sig. Han har funnit en ny kvinna.

Efter sex veckor återvänder fröken Estrup till Danmark med den tio månader gamla Sara. Liv och Siri är kvar i Paris.

> Och att Siri när hon förstått att Lybeck valt att leva med Lena Börjesson blir desperat, beslutar att slåss för barnens juridiska rätt och tvingar Lybeck att gå med på ett proformaäktenskap. Den 1 juli 1921 skriver Siri till Irma: ”Giftermålet blir om lördag den 9e, kl halv 11. Sonja och en fransyska blir vittnen. Jag har skött om allting nästan ensam, då jag vill se 'karlen' så litet som möjligt. Så ska väl passet ändras, så det drar väl ändå ut några dagar innan vi kommer iväg till Italien.” Sonja blir chockerad när efter vigselakten hos mairen i 18e arrondissementet Siri och Bertil efter en kort lunch vandrar åt olika håll. (Söderberg.)

*

Framför mig på bordet ligger två svartvita fotografier. Båda är från augusti 1921.

På det ena syns fyra personer i förgrunden, två pojkar och två kvinnor. I bakgrunden ett hus med fönsterluckor och i gatuplanet affärer med neddragna jalusier. På väggen ovanför fönstren står det ”BANCA ITALIANA”.

Fotografen har ryggen mot solen. Det verkar vara skarpt solsken, slagskuggorna från personerna faller rakt bakom dem. Det är en öppen plats, kanske ett stenlagt torg. De båda kvinnorna har bredbrättade hattar. Den vänstra kvinnans hatt skuggar halva ansiktet. Det är Siris syster Sonja.

Pojken framför henne har ljusa kortbyxor och en långärmad skjorta. Hans svartlockiga hår skymmer kvinnans ansikte. Hon håller sin högra hand på pojkens axel. Han kan vara tolv, tretton år och han ser rakt in i kameran med rynkade ögonbryn.

Jag vet inte vem han är.

Kanske är han en son till familjen Gabriellini.

Den andre pojken, den mindre, är Carlo. Under mössan syns hans ljusa lugg. Också han ser in i kameran. I sin högra hand håller han något som ser ut som ett hoprullat papper. Också han har kortbyxor. Han håller sin högra hand i Siris.

Hon har en kortärmad mörk klänning. Tyget glänser. I midjan har hon knutit en snodd. Hennes högklackade skor gör att hon ser lång ut. Hon har en ljus platt handväska. Hattens brätte är uppvikt. Hon ser snett ner i marken framför fotografen.

På den andra bilden finns Carlo och Siri.

Carlo i förgrunden håller en boll och ett papper i famnen. Det verkar som om han just öppnat ett paket där bollen funnits. Han ser frågande mot någon eller något som finns bredvid fotografen. Här är han barhuvad.

Siri står vänd i profil bakom honom och ser in i kameran. Hon bär vit blus och randigt förkläde. I handen håller hon något som skulle kunna vara färgtuber. Bakom dem ett slättlandskap och längst bort en antydan om berg.

När Carlo hämtas bråkar fosterföräldrarna, det hela får karaktären av barnarov, och en olycksbådande gumma förföljer dem till järnvägsstationen. Carlo skriker då det kommer främmande människor, som talar ett obegripligt språk, och tar honom. Siri tvingas för att klara kontraktsbråket med Birgittaskolan att resa snabbt tillbaka, men lämnar Sonja och Carlo i Marina di Pisa. Den 28 augusti skriver Sonja till (sin syster) Elsa: "Siri reste i förrgår. Carlo blir rasande när jag inte förstår honom. Han säger att varken Siri eller jag kan tala italienska." Senare på hösten rapporterar Sonja: "Jag är inte Carlos slav som du tror. Siri kommer äntligen ner nu i december. Jag var hos kommissarien i söndags, han lovade papper. Har inte hört av gumman, hon förstår nu att allt hopp är ute." (Söderberg.)

Den olycksbådande gumman är mamma Gabriellini, som haft hand om Carlo de senaste två åren. Carlo har under sommaren fyllt sex år. Hos sin fosterfamilj har han påbörjat den andra socialiseringen; att träda in i, få tillhöra, som Høgmo skriver.

Han är korgosse. Han har börjat skolan.

Daniel Stern anser att det lilla barnet runt treårsåldern tar ytterligare ett stort steg i sin utveckling då det med egna ord skapar sammanhängande berättelser. I och med att det berättande Självet utvecklas kan barnet nu egenhändigt väva samman sin självbiografi. Det innebär inte bara att ha ord för saker och ting, utan det handlar om att tolka de mänskliga aktiviteterna och skapa en intrig, en berättelse.

Lars H. Gustafsson menar att Stern i för stor grad tar fasta på det talade ordet. Det är bara kulmen på en lång språklig utveckling som börjar redan i mammans mage med de språkliga uttryck som fostret har, rörelsen. Och det får svar; kanske mamman skrattar till eller lägger handen på magen för att fånga nästa spark.

Ändå är det till slut erövringen av det talade ordet som är det viktigaste i utvecklingen av det verbala Självets landskap.

> En människas språk har alltid något viktigt att säga om hur hon är. Att utveckla ett sådant personligt språk, där orden bildar skönjbart avtryck av vad som rör sig på djupet, är en av våra viktiga livsuppgifter. I varje fall om vi vill behålla och utveckla möjligheten till verklig kontakt med andra irrande själar.
>
> Men orden får inte ta över helt och hållet! Om det verbala språket breder ut sig och krymper utrymmet för andra språk, för beröringen, leken, dansen, rörelsen, musiken och bilden, då torkar språket in och förlorar sin doft. Det är i mötet mellan orden och de övriga språken som budskapen laddas med spänning och bron till den andre får bärkraft och svikt. (Stern.)

Uppfattningen att spädbarn inte känner någon smärta, gjorde att läkare tidigare opererade nyfödda barn utan bedövning. Just när jag skriver detta läser jag att en person dömts för att han omskurit sex pojkar.

Föräldrarna var införstådda med att operationen skedde utan bedövning. Den fysiska smärtan som de förorsakar sina egna barn verkar dessa föräldrar inte bry sig om. Den psykiska smärtan som barn upplever är ännu mindre något som vuxna tar hänsyn till.

Vilken hänsyn Siri tar till hur Carlo kommer att känna och reagera framgår tydligt. Berättelsen om hur Carlo hämtas från sitt fosterhem i St. Guiliano är de vuxnas. Lagliga handlingar som tillåter att sonen förs från Italien finns inte. Siri har inte förberett fosterföräldrarna Gabriellini. Inte heller Carlo. Hur han känner det tar hon ingen hänsyn till. Ingen bryr sig om Carlos smärta.

Det är som om ingen vuxen tänker på det vakuum som Carlo tvingas att leva i; att ha lämnat, men inte få komma till något nytt hem. Inte heller är Siri beredd att ta hand om Carlo, utan engagerar sina systrar att vara ställföreträdande mammor.

Vid begravningshögtiden den 24 januari 1994 på Moderna museet uppehåller sig Gunilla Palmstierna-Weiss vid Carlos tidiga barndom.

Hur hade han haft det om Siri inte hade hämtat hem honom från Italien? Hur hade han klarat sig som ung man i det fascistiska Italien med den känsla för rätt och rättvisa som han hade?

Hade han överhuvud fått något liv? Kanske hade han spärrats in och avrättats på ett tidigt stadium.

Fast Siri sliter Carlo från hans fosterfamilj och därmed förorsakar så mycken smärta, menar Palmstierna-Weiss att Carlo själv, och de som fått förmånen att möta honom, kunde vara tacksamma för att Siri hämtat "hem" honom.

Den spekulationen görs utifrån att vi vet hur Carlos liv gestaltat sig i Sverige. Hur hans liv blivit om han fått stanna i Italien vet vi inget om.

I brevet till Palmstierna-Weiss, 910724, uttrycker Carlo sin känsla när han beskriver hur det gick till:

> Gunilla – jag står vid en vändpunkt i mitt liv. Jag har funnit ett ord som hör samman med Freud – Lacan – Kristeva – och som jag har gjort till mitt: ordet "BEKRÄFTELSE". En situation som jag upplevt, varit i förut och som nu bekräftas: Situationen "övergivenhet" och frågan hur skall Du denna gång klara det. Jag har klarat det förut – men då var jag ett italienskt barn, som 5–6 åring gick i skola i St Nand – och sedan som 7–8 åring blev parkerad hos min mormor på Kammakargatan – då kallades jag den franska pojken.

[– – –]

Ingenstans hann jag slå rot – men långt inne i mig fanns Italien med sol, med Valle, med min fostermamma Gabriellini. Förflyttningarna var snabba och brutala – mina språk försvann och har under årens lopp signalerat ångest, förknippade med vad som hänt, bort i det personligt undermedvetna. Och den oförståndiga Siri som inte satt mig i Franska skolan här – det kunde mormor och morfar haft råd med. Siri som under eller mitt i ett krig med stoppade resmöjligheter – övergav mig.

[– – –]

Och vid krigsslutet Valles död – och Bertil Lybecks svek mot Siri, när han 1919–1920 valde Lena Börjesson som älskarinna. Flickorna hade hon kontakt med – på den jylländska bondgården och med Liv for hon till Paris 1920 för att vinna Lybecks hjärta. Fann familjen ett hus i Paris men förgäves. (Vilket 20-tal det kunde ha blivit för Siri med Svenska baletten och alla dess konstnärer på maison Watteau).

[– – –]

Flickorna som sagt hade hon livgivande kontakt med. Tog dom till Sverige 1921–22. De levde tillsammans – Carlo hamnade utanför hos Valborg och Edvard på Kammakargatan.

[– – –]

Ett provisorium – de kunde betala skola, mat och kläder. Ett provisorium som varade i 20 år.

[– – –]

Återigen en bekräftelse på den ursprungliga katastrofen: Då två blonda kvinnor från Norden med juridikens rätt slet en femåring ur fostermammans armar. Ordet trauma är så utslitet och blivit så meningslöst – men händelsen gav upphov till en mardröm som drabbade mig såväl i sovande som vaket tillstånd upp genom åren: Att jag krossades av ras av stora stenblock. Och jag skrek och värjde mig.

[– – –]

Och så är vi då där mitt i berättelsen om den omöjliga mamman som slutligen och äntligen i Sverige blev min räddning. Den enda människa i landet som visste vem jag var, som brydde sig om mig.

*

Jag vill undersöka och försöka förstå hur han upplevde det just de där augustidagarna, när Siri och hennes syster Sonja kom för att hämta ”hem” Carlo.

Det är mitt berättande Själv jag använder för att låta Carlos berättande Själv säga hur det var:

Då kom där två damer på gatan. Nej, inga gamla tanter – damer, säger jag. Vi såg dom på långt håll. Vi slutade att leka för dom såg så konstiga ut. Bägge två höll i hattarna så här, för det blåste. Ena hatten var gul och den andra hatten var en blomma på.

Aldrig att jag sett sånt förut. Inte dom andra barna heller. Just när dom gick förbi mig tittade den ena tanten på mig. Hon hade blåa ögon och då förstod jag att det måste vara hon.

Det var min utländska mamma som kom där.

Helt plötsligt.

Jag hade aldrig sett henne förut. Det var första gången. Dom var på väg hem till mig.

Jag visste det.

Hon var det vackraste jag sett. Jag stod alldeles förstenad och bara stirrade.

Det pirrade i hela kroppen.

Så snubblade hon för hon hade höga skor som man inte kan gå i.

Den andra tanten fick tag i henne, annars hade hon ramlat rakt i gatan. Alla barna följde efter dom.

Jag också.

Dom prata så konstigt med varann. Det gick inte att förstå. Det var till mig dom skulle.

Min mamma och min utländska mamma var arga på varann. Dom kunde nästan inte prata. Mamma vart ledsen, men jag fick en fin present i ett paket och min utländska mamma kramade mig. Hon fick det för hon hade en sån fin klänning.

Hon luktade gott också.

Så gick dom, fast först sa dom att dom skulle komma tillbaka i morgon.

Jag ville inte gå ut mer och leka.

Det var en Nalle i paketet.

Mamma sa att jag skulle lägga undan den, men det ville jag inte.

På kvällen när jag lagt mig, hörde jag hur mamma och pappa pratade och pratade. Och mamma grät nästan hela tiden. Det var nästan att jag också började gråta, fast jag tyckte att det var så spännande.

Dom pratade om att jag inte förstod.

Att dom inte kunde förklara för mig vad som skulle hända, men det gjorde jag visst det. Jag bestämde mig för att om jag glömde allting annat när jag blev vuxen så skulle jag komma ihåg att barn förstår visst när dom är sex år.

Jag kunde inte sova på hela natten för jag längtade till nästa dag.

Kanske fick jag följa med min utländska mamma. Det ville jag och inte behövde mamma gråta för det. Det var ju bara kul.

Tänk att just jag hade en så vacker mamma.

Nästa dag kom hon. Hon hade en annan klänning på sig. Den var alldeles blå. Jag såg henne på långt håll. Det fortaste jag kunde sprang jag till henne och hon lyfte upp mig och kramade mig. Så frågade hon om jag ville följa med henne och det ville jag.

Jag ville komma på äventyr.

När vi gick vände jag mig om för att se om mamma såg mig, men det gjorde hon inte. Hon ville nog inte att jag skulle följa med min utländska mamma. Fast jag gjorde det i alla fall.

Min mamma kan inte måla, men det kan min utländska mamma. Jag fick en boll av henne. Den lekte jag och den andra tanten med. Hon kunde inte prata. Hon förstod inte vad jag sa till henne. Det gjorde i alla fall min utländska mamma.

Fast hon målade nästan hela dan.

Sen fick jag inte komma hem på kvällen.

Vi åkte tåg.

Och jag somnade. Det var då stenarna ramlade över mig första gången.

Det var jättestenar. Dom kom uppifrån berget

Stenarna bara ramlade ner på mig och jag krossades.

Jag skrek och skrek.

Dom sa att jag inte skulle vara rädd för det var bara en dröm.

Det var det inte alls för det var riktiga stenar.

Tåget krossades också.

Sen blev jag ensam med den andra tanten.

Jag skulle säga Sonja. Det var inget roligt att min utländska mamma hade åkt. Jag ville åka hem igen. Det fanns ingen att leka med. Bara den där Sonja.

Det var en evighet som hon var där. Och hon begrep inte vad jag sa. Det var hemskt. För jag ville hem till min mamma och jag ville leka med barna hemma på gatan.

Då skrek jag åt Sonja. Då skrek jag åt Sonja.

Det kunde hon gott ha.

Ibland när jag satt på en stol så såg jag stenarna komma störtande. Det är säkert. Jag såg dom. Då måste jag skrika för jag vart så rädd. Dom måste vira våta handdukar runt huvet.

Fast jag visste att stenarna skulle komma tillbaka. Och då vart jag ännu mera jag rädd. Skrek och skrek.

Är det så Carlo upplever det?

Han är 6 år och lockas av äventyret. Han lever i nuet. Ingen annan har det så spännande som han. Han har en mamma i ett annat land, men hon har aldrig hört av sig. Han förstår inte att han kommer att sakna mamma Gabriellini. Men hans kropp reagerar och sorgen tar sig våldsamma uttryck.

Från augusti till december bor Sonja och han i Marina di Pisa. De kan inte lämna Italien förrän alla papper är i ordning. Det är nu han återkommande börjar drömma att han reser med tåg genom en trång och djup ravin. Stenar och stenblock rasar ner över honom från båda bergssidorna.

Varje gång vaknar han skrikande.

Han berättar för mig hemma i sitt kök på S:t Paulsgatan att han ser framför sig hur kvinnor kommer springande med våta handdukar, som de tröstande virar runt hans huvud. Samma dröm drabbar honom också som en hallucination vissa dagar. Drömmen förföljer honom ända upp i femtonårsåldern.

*

Carlos dröm berättar om hans sammanstörtande värld. Om hur de vuxna runtom honom sviker och överger honom. Först Siri och sedan flera gånger Valle som låter barnflickor ta hand om honom och till sist också portvaktsfamiljen Gabriellini i Pisa som också de överger honom. Sett ur Carlos perspektiv borde de envist ha försvarat honom. Polisanmält Siri.

Det är inte alls konstigt att den 76-årige Carlo använder ordet ”övergivenhet”. Han får bekräftelse på att han övergivits många gånger.

Och Siri hinner knappt se honom förrän hon överger honom igen.

Else-Britt Kjellqvist skriver om ”skammen att inte ha varit älskad”. Föräldrar älskar sina barn. Den föreställningen är djupt rotad i vår kultur. Speciellt moderns kärlek till det värnlösa barnet. Om barnet överges, om det utsätts för outhärdlig smärta och grymhet måste det förneka det. Barnet måste blunda för förälderns övergrepp.

Finns den upplevelsen hos Carlo? Är det det han bearbetat i sin psykoanalys? Så fort han påstått att det inte finns någon som har gjort honom så illa som Siri, så skyndar han sig att säga att det heller inte finns någon som betytt så mycket.

Han blir aldrig av med minnena, men han bearbetar dem ständigt när han föreläser om hur barn bemöts i sitt bildskapande. Då pratar han inte bara om barn i allmänhet, han pratar också om det lilla barn som är illa hanterat inne i honom.

Men i Siri finns också ett oälskat barn.

Om det i henne finns ett barn som förtryckts och upplevelser som hindrat självrespekten att utvecklas, så kan hon heller inte visa respekt för sin egen integritet, inte heller omsorg om andras. Skammen föder ibland viljan att skapa och den nyskapande konsten är gränsöverskridande. Genom att den är det, kan den också uppfattas som skamlös.

Det är så Siri bearbetar sina upplevelser av den otroliga verkligheten. Den verklighet som sätter spår i en människa. Den hänsynslösa moderligheten som inte bryr sig om barnets verklighet.

I recensioner skrivs om Siris barnbilder att det inte är vanliga barn som är avbildade, utan fula barn.

> Hennes djupt kvinnliga känsla är inte socialt agitatorisk som Käthe Kollwitz utan rent moderlig. Och denna moderlighet har en primitiv styrka, som närmar sig det animala. Den moderspassion, som strömmar över i babyteckningarna, har ett hysteriskt drag och även formen är ofta av nervös häftighet. (Söderberg.)

Eller som Albert Engström tog i när han recenserade utställningen på Liljevalchs där han om Siri och hennes kvinnliga konstnärsvänner skriver:

> Det är en skam för hela kvinnokönet att ställa ut en sådan vidrig talanglöshet. Smutsig i färg, ointelligent, pretentiöst, härmning, aperi, idioti.

Om Siri skriver han:

Jagen bort er konstfluga, lären er laga mat och föra hushållsböcker, då komma vi män med starka, av våren inspirerade känslor, att göra era liv till en fest.

[– – –]

I bliven gifta hela bunten för att i sinom tid föda sunda barn till världen. Behöven i sedan lite konst, skall vi karlar måla starka och välgjorda tavlor åt er för både kök och kammare.

*

Det Gunilla Palmstierna-Weiss spekulerar kring i sitt tal är säkert sant för alla som övervarar begravningshögtiden. Men det är inte till någon hjälp för den sexårige Carlo.

När han upptäcker att han inte får komma tillbaka till sin italienska fostermamma, den som Sonja och Siri kallar "olycksbådande gumma" kommer hans reaktion. Den enda hjälp han får är kvinnor som kommer med våta handdukar och tröstar honom.

Men Siri är inte där.

Hon designar kläder för Birgittaskolan och har inte tid. Hon har ett kontrakt att uppfylla.

Varför hämtar hon Carlo för att omedelbart överge honom?

Siri vill inte påminnas om den här tiden. Det är så mycket hon kämpar med att dölja. Så mycket skam eller skamlöshet, som Else-Britt Kjellkvist uttrycker det.

Så sent som 1943 kommer Siri under en tågresa att prata om konst och konstnärer med en främmande man. Han berättar att han hört talas om en målarinna i Paris på 20-talet. Hon var den mest depraverade och omoraliska kvinna man kunde hitta.

Siri förstår att det är hon själv som åsyftas.

Den kritiken kan Siri avfärda som kommen från ett reaktionärt och insiktslöst håll. Den andra kritiken, den som kommer från hennes vänner, blir besvärligare att komma undan; den att inte räcka till för sina egna barn.

*

Hela skeendet där Carlo praktiskt taget rövas bort från sina fosterföräldrar liknar den situation som Brecht beskriver i den Kaukasiska kritcirkeln:

Det är krig och fursten och furstinnan Abaschwili måste fly med sin lille son Mikael. I tumultet som uppstår glömmer föräldrarna barnet som tas omhand av köksflickan Grusche. I flera år uppfostrar hon det lilla barnet som om det var hennes eget. Så kommer furstinnan tillbaka och kräver att hon ska få tillbaka sitt barn.

Domaren Azdak ritar då upp en cirkel där barnet ställs. Han talar om för de båda kvinnorna att den av dem som har kraften att dra barnet till sig är den rättmätiga modern och får behålla barnet. Grusche, som inte vill skada Mikael, låter furstinnan dra till sig barnet. Men Azdak dömer att barnet ska tilldelas Grusche som visat sig vara den bästa vårdaren.

I Carlos fall finns ingen domare som dömer med hjälp av en kritcirkel. Inte heller ropar mamma Gabriellini på polis. Det är bara Carlo som sörjer inom sig och har hallucinationer och mardrömmar. Han kommer genom hela livet att få "betala" för Siris själviska sätt att vilja ha vårdnaden om honom. Samtidigt ger det honom en kunskap som han kan använda i sitt arbete som "museivisare", konsthistoriker och pedagog.

*

I december är alla papper påskrivna och Siri kommer och hämtar Carlo och Sonja i Marina di Pisa. Strax efter jul är de i Paris. Där blir Carlo övergiven på nytt av Siri när hon inackorderar honom hos sin syster Elsa i Croissy.

Han är nu inte längre "den italienske gossen" utan i all familjekorrespondens kallas han från och med nu "den franske gossen" som Siri har adopterat.

Han fortsätter emellertid att ha kvar sitt från fosterföräldrarna ärvda, italienskklingande namn Carlo Gabriellini.

I Paris blir Carlo kvar i ett och ett halvt år. Under den tiden lär han sig tala franska. Det är först i juni 1923 som Siris pappa åker till Tyskland och Bad Neuheim för att möta Siri och Carlo där. Carlo ska just fylla åtta år när han kommer till Stockholm.

Efter några dagar rapporterar Sonja i brev till Siri:

> Carlo är här och mår finfint. Mamma är mycket förtjust. Det är aldrig någon som undrar över honom. Han är en fransk pojke och så frågar de ej mer. (Söderberg.)

Carlos besvikelse är stor. Han måste bo hos sina morföräldrar och han måste börja på Whitlockska skolan. Skolan tycker han om, men han förstår inte språket. Han tror att lärarna är gudar som kan så mycket. Bara gudar kan ha så mycket kunskap i sina huvuden. Han får inte bo hos sin mamma. Han säger att det är det han längtar till. Men Siri har ingen egen bostad. Hon kan inte ta hand om honom. Hon är 35 år och hennes föräldrar vet fortfarande inte om att hon är gift, att hon är mamma till Carlo och har två döttrar i Danmark.

Under hösten råder Ninnan Santesson Siri att tala med sina föräldrar och menar att hon behöver advokathjälp. Bertil Lybeck vill skiljas, utan att hans föräldrar ska få reda på att han varit gift och har två barn. Siri följer till slut Ninnan Santessons råd, fast hon tror att föräldrarna inte ska stå ut med att få veta. Men hon har fel. Föräldrarna förstår och hjälper henne. Hon får advokathjälp.

Men Carlo får fortsätta att vara den franske gossen. I Danmark försöker Astrid Estrup fördröja att Liv och Sara får komma till Stockholm och Siri. Det visar sig att Sara har en hörselskada från födelsen.

Siri bor omväxlande i vintertomma sommarvillor och hos sina syskon. Hos Gösta på Kungsholmen. Hos Irma vid Djurgårdsbrunnskanalen. På somrarna har hon Carlo, Liv och Sara hos sig ute vid Simpnäs, Ålands hav.

Under skolterminerna är Carlo hos morföräldrarna. Sara börjar på Manillaskolan 1927.

Vid jultiden 1930 får Siri sitt första egna boende, 41 år, om man räknar bort de tomma sommarvillorna. Hon får köpa en liten bagarstuga för 4 000 kronor ute på Lidingö. Den har tillhört Hersbyholms gård och det är föräldrarna som står för pengarna.

Sara Lidman beskriver i sitt tal vid Siri Derkerts begravning, hur de vardagligaste sysslor aldrig någonsin blir triviala. Allt blir laddat med innebörd. Efter hårtvätten kammar Sara ut Siris silkestunna och tilltrasslade hår. När Sara ursäktar sig med att det kommer att göra ont, svarar Siri att det är precis som allt annat.

Varje sekund är smärta – så slit du bara. För mig är hela tillvaron en plåga, att andas är en pina.

En stund senare med ritblock och penna ser hon fullkomligt lycklig ut fast verkligheten skaver henne från alla sidor. Trots att hon längtar efter människor tål hon dem inte. En menlös artighet skär så gällt i hennes öron att hon blir rasande ilsken.

> ”Å alla dessa konventioner... dessa stående talesätt... dessa runda köttbullar som hindrar barnen från att göra uppror... När ska kvinnorna upptäcka att damm är det vackraste som finns... och dessa män när ska dom börja tänka... och varför säger du aldrig som det är...”, hötte hon. (Lidman.)

Ibland har en artighet en viss uppgift. Den kan till och med fungera som en livräddare i en kommunikation. Men inte för Siri. Hon ger inte upp sin egen tankegång så lätt. Det är som om själva existensen står på spel vid varje möte. Hon börjar med en uppriktighet som förvirrar och får besökaren att sätta upp en försvarsmur, dra sig inom sitt skal.

Sedan attackerar hon detta skal tills besökaren vill gå.

I sitt sätt att envist hävda en tanke och med den slå hål på ett schablonresonemang skrämmer Siri iväg människor. Då först kommer en bön om att stanna, bli kvar, inte överge.

Carlo blir aldrig skrämd av henne. Envist håller han fast vid sin mamma och det är lätt att hålla med honom när han påstår att han pratar om sig själv när han pratar om Siri. Inte heller han tål en menlös artighet eller en tanklös dumhet. Vid ett av mina besök hemma hos Carlo, erbjöd jag mig att hjälpa honom med att kasta soppåsen.

> – Ska du ha ihjäl mig? Jag behöver all träning jag kan få och den tänker du ta ifrån mig, sa han ilsket.

Jag måste erkänna att jag överraskades av hans temperamentsutbrott. Samtidigt fick jag lov att erkänna att han hade rätt och att min klumpiga hjälpsamhet inte var till någon nytta för honom.

> Carlo kunde ju ironisera på det mest brutala sätt. Det har du säkert hört, för det är också en sådan där klassiker, när han... det hände ju faktiskt när Reggio Emilia... när dom var här... så var det någon förskollärare som ställde sig upp och sa något dumt om dom här temavalen som dom gör om Vallmoblommorna. Och Carlo ställde sig upp så där. Han kan ju vara fullständigt rabiat. Och så säger han så där elakt: ”Om du tror att vi ska gå ut och leta efter Vallmoblommor så har du missförstått allting. Du kanske kan välja prästkragar i stället.” (Odbratt.)

Liksom Siri upplever Carlo intensivt både lycka och plåga och han ser det som något som måste tillhöra livet. När Carlo visar utställningen ”Familjebilder” på Millesgården använder han ordet ”livsbegärelse”.

> Vad är det i vissa människors livsbegär att dom inte är tillfredsställda. I det finns naturligtvis att man kan kalla det osäkerhet, men det finns också naturligtvis en nyfikenhet.
>
> Det finns en otålighet.
>
> Det finns ett krav på språket lika med livet som är otroligt. Därför att det egentligen bara är gudar som kan komma ifrån konventioner, men dom ville inte det. Och det är det som är hemligheten med Siri.
>
> [– – –]
>
> Att man inte tappar, att man inte resignerar.
>
> När vi går igenom alla dom här portarna som är dom här olika... när man är ung, trotset och allt det där. Om man klarar dom kan dom transformeras i vuxenlivets olika hängivelser och kärlek och allt möjligt. Men om man inte klarar dom så resignerar man.
>
> Den som har livsbegärelse ger inte upp.
>
> Varför skulle dom ge upp?
>
> Jag kan bara svara så här:
>
> När Kerstin var mycket sjuk och jag förstod då att hon skulle gå bort, då förvandlades plötsligt landskapet till – Södersjukhuset – till kulisser. Och då förstod jag plötsligt... när livet... när en huvudskådespelare, när en aktör inte kommer in på scenen, då ser man att det är kulisser.
>
> När aktören kommer in så lever kulisserna, därför att livet är en dialog. Då gör det ingenting om man inte haft det så bra med medspelaren för pjäsen kan ju vara norénsk.
>
> Men det är liv.
>
> Om en Norénskådespelare inte kommer in då har du döden. Och i gra-

ven är det alltid lugnt och tryggt och sånt som människor talar om.

Tänk om det vore lugnt!

Jaa. Lägg dig i graven!

Men allt detta som är att vi har en dialog. Och då är det inte bara detta att vi har goda dialoger. Utan det är häftigt och svårt.

Det är livet. (Ur TV-programmet Bildjournalen, redigerat av Sonja Pleijel.)

Visningen

Vi hade bestämt att träffas klockan två. Då borde trafiken vara som lugnast. Utanför Östermalmstorgs tunnelbanenedgång, tyckte han.

Det kändes privilegierat; att han ville ta sig tid med en alldeles privat visning. Fast han vet ju att jag har börjat skriva om honom.

Fem över två har han inte kommit. Tänker att han måste komma med nästa tåg.

Men han kommer inte då heller. Stig som är hemmastadd i kvarteren undrar om det verkligen var här vi bestämde. Den vanliga träffpunkten brukar vara vid ingången till Saluhallen.

– Jag går och ser om han står där, säger Gunilla som är en handlingskraftig kvinna.

– Skulle inte förvåna mig om det är där han är, säger jag och nickar åt henne.

Jag minns hur det var när han kom till Göteborg. Han hade en förmåga att komma bort. Jag kunde hitta honom på en undanskymd plats i universitetet, där han satt och läste i sina papper. Karin E. på Rädda Barnen berättade att hon fick en regelrätt utskällning för att hon inte stod på plats när tåget kom fram till Malmö, eller om det var Lund.

Efter en stund kommer Gunilla tillbaka och meddelar att han sitter hos Lisa på Torget. Han vill att vi ska komma dit och ta en kopp kaffe.

– Va?

– Ja, restaurangen på torget, förtydligar Gunilla.

Solen värmer skönt. I skivståndet står några kunder och bläddrar i skivhögarna. Ett stånd med blommor finns där också. Borta vid Saluhallen dundrar det hela tiden av parkerande och lämnande varutransporter. Det finns flera lediga bord i restaurangen.

Lunchbrådskan är över nu. En kypare kommer genast fram, men förstår att vi är dem som Carlo väntar på, så han visar oss vägen med sin utsträckta arm.

– Jag har suttit här och väntat, säger han. Jag har med mig en vetelängd från konditoriet vid Mariatorget. Ni behöver bara beställa kaffe. Det blir billigare. Jag har pratat med kyparen så det är inga problem.

Hans varma ögon fångar in Majken. Han reser sig och kramar om henne. Jag ser att de är glada att se varandra igen. När vi beställt vårt kaffe passar jag på att presentera de vänner jag tagit med mig. Stig och Gunilla som bor i Kottla på Lidingö och Kerstin och Göte som har följt med oss från Göteborg.

Ur sin blåa smärtingväska plockar Carlo fram brödpåsen och en kniv och skär flätan i sju delar. Så gjorde han också när vi tillsammans besökte Siris utställning på Gripsholms slott. Jag minns att det blev bitar över. Minns också samtalsstunderna i hans kök.

– Hemma hos dig, säger jag och vänder mig till honom, berättade du att du aldrig besökte Siri här.

– Man får komma ihåg att hon var mycket upptagen av sitt arbete. Hon höll till här i fyra år. Det var en sammanfattning av hennes liv.

– Det skulle bli som en livsfris då? inflikar Göte.

– Just det. Det var hennes livsfris hon höll på med; från -61 till -65. Hon var 73 år då hon påbörjade blästringsarbetet därnere.

– Och du? envisas jag.

– Jag hade ju mitt att hantera och det var inte alltid så enkelt.

– Ibland är det som om livet far iväg med en, säger Gunilla. Så är det väl för oss alla, fast vi lever under olika villkor.

– Jaa, det ska jag komma ihåg att säga nästa gång jag pratar om Siri. Hon kunde sagt det själv också. Hon hade förstås använt ordet ”verkligheten”. Ibland är det som om verkligheten far iväg med en. Så skulle hon ha sagt. Jo, jag var ledsen att jag inte kunde vara...

Här avbryter han sig själv och plockar upp ett par böcker och en mapp ur väskan. Mappen är fullklottrad av anteckningar. Olika typer av pennor har lämnat spår på mappen. Jag ser att det står Östermalmstorg med rödpenna på snedden.

Han lägger den bredvid sig på bordet. Som om den behövdes för att ge honom en extra trygghet. Jag märker att gästerna vid bordet bredvid har upptäckt att det är Carlo Derkert som sitter vid vårt bord. Jag mera känner än ser hur de börjar lyssna till vad vi pratar om vid vårt bord. En familj med barn i tonåren.

– Nu finns det böcker om Siri Derkert. Den här har Rolf Söderberg skrivit. Man fick den om man var medlem i Allmänna konstföreningen. Nu går det bara att få tag på den och dom andra i antikvariat.

– Jag har både Söderbergs och Sandqvists i mitt, säger Stig.

– Ja, ja, du sa att du hade ett antikvariat.

– Skrifter och Tal heter det. Det låg därborta på Karlavägen förut, men nu har han det vid Ropsten, säger jag samtidigt som jag ser på Carlo att nu får det vara färdigt med meningslösa utvikningar.

– Sedan finns det en liten bok om Siri Derkerts kubism, fortsätter Carlo. Den är relativt ny. Jag brukar påstå att Modernismen börjar 1848. Fast den har föregångare: Frans Hals till exempel, Velasquez. Vad som är roligt med... om man är intresserad av modern konst, är att man förstår den gamla mycket bättre...

– Den är mänsklig..., säger mannen högt vid bordet bredvid.

– Va? Jag? säger Carlo förvirrat.

– Ja!

– Ja, men du får inte störa mig nu för jag är verkligen koncentrerad.

Han är uppenbart irriterad, men återvänder snabbt till sitt inslagna spår.

– Den gamla konsten är skenbart så lätt att läsa. Man glömmer bort att också den är ett språk som innehåller underliggande meddelanden. Man tycker sig se vad det är på bilden. Ni vet, det där om Renässansens två principer, att eftersträva likhet och att tillägga skönhet. Det som har blivit så förödande i dagens skolor. Det måste bli likt och vackert. Det blir det inte, säger barnen och slutar att teckna. Akademikonsten i slutet av 1800-talet missuppfattade renässansen och barocken. Dom missade att det fanns ett djupare meddelande. Konsten består av olika språk. Det är jag som påstår det. Då har man nytta av både van Gogh och Matisse. Det är bara att gå upp på Nationalmuseum och titta på Tizian och Rubens. För Tizian det är Matisse. Det är en klar ytmässig sammanfattning av motivet. Inget perspektiviskt sug i djupet. Utan allt är i plan. Det finns två kvinnor som rusar in från vänster i Tizians ”Offer till Venus”. Dom springer, men dom rusar inte. Dom har springrörelserna, men det är som om dom inte sprang. Det är klassicism. Där finns en balans, en självklarhet, ett vara. Även om jag springer så är jag. Jämför dom där figurerna med Rubens: dom rusar in som två lokomotiv. Det är en bunden kraft, som plötsligt får en urladdning. Urladdning. Så är Vera Nilsson och van Gogh. Det är barocken. En bunden kraft, som förlöses i figurerna och vill suga in oss i tavlan. Ibland brukar jag säga att jag är likadan. Barock. Vill få med er in i frågor kring det intressanta i konsten. Då kan man säga att där finns en linje från Rubens över till van Gogh och Vera Nilsson. Och jag då. Vi tuffar på som ånglok och är dramatiska och barocka. Så är det aldrig med klassicismen. Den vill aldrig suga in oss, utan den är. Där gäller balansen, lugnet. Vi kan lugnt ägna oss åt att enbart titta. Tizian, Matisse och Siri. Men aldrig glömma att där finns en underliggande text.

– Vad säger du om ..., hör jag mannen vid bordet bredvid igen

– Ja, men jag talar inte med dej nu, det kan jag inte, ser du. I så fall måste jag be dej gå. För jag kan inte klara det. Jag har förberett mig noga och det tappar jag bort om jag blir avbruten. Det måste du förstå.

– Förlåt.

– Ja, tack. Jag ska förlåta dej. Det här är ingen diskussion förstår du. Jag ska klara en sak på två timmar. Vad var jag nu? Vad är det då för motiv som intresserar Siri? För Vera Nilsson som kommer från en jordbrukarmiljö är det händerna. Barn och händer är det viktiga. Som bilden från kriget där en liten pojke försöker stoppa en tanks. Händer och handling, berättelser. För Siri som är en borgarflicka är det fågeln. Den blir en symbol för hennes egen strävan till frihet. Den finns med sedan hennes ungdom; känslan att vara en burfågel som inte kan slippa ut. När vi sedan går ner i tunnelbanan och ser på Siris bilder kommer ni tydligt att se hur hon har skalat bort rummet, volymen. Där är allt i ett plan. Som om det vore en text på stora papper. Inget rum alls. Det tunga kraftfulla materialet, betongen har hjälpt henne. Det är kalligrafiska tecken. Ett kalligrafiskt språk. Här har hon nått fram till en utpräglad kubism. Människorna hon har med berättar ingenting. Dom är med där som symboler. Som symboler för kvinnosaken, för ett socialt engagemang, för freden, för tankar om ett framtida bättre samhälle. Vill man veta mera om bilderna där nere kan man slå upp namnen i någon uppslagsbok. Rachel Carson till exempel, amerikansk marinbiolog. Skrev boken "Tyst vår" redan 1962 och den blev en extra varning för den okontrollerade användningen växtgifter.

Jag hör hur han berättar om Siris barndom, hela livsberättelsen och hennes utveckling till konstnär. Jag tror mig förstå hans bakomliggande tanke; konsten måste alltid sättas in i ett tidsperspektiv och ett socialt sammanhang. Då blir den förståelig. Då går det att förstå vad konstnären vill med sitt berättande.

Mina vänner följer noga med också i tillfälliga utvikningar med Carlos egna erfarenheter insprängda här och var. Det blir skratt och det märks tydligt hur fin kontakt han lyckas skapa. Även familjen vid bordet bredvid vårt har anammat Carlos krav på ostört berättande.

Under mitt skrivande har jag mött mängder av människor som varit med på en visning eller på något av hans föredrag någonstans i Sverige. Alla bär de på minnen av att där skedde någonting viktigt. Exakt vad, har de ofta svårt att beskriva. Sekreteraren som i flickskolan tillsammans med klasskamraterna skolkade för att delta i Carlos visningar på Nationalmuseum. Arkitekten i Göteborg som berättade om en gruppresa man gjort från Chalmers till Moderna Museet för 30 år sedan. Då hade Carlo efter att ha visat Duchamps pissoar "Mutt 1917" rusat tvärs genom museet med hela gruppen för att fortsätta visningen på herrtoaletten.

Han lyckas tydligen med orden och gesterna måla sina känslor, men även den aktuelle konstnärens, så att det träffar rätt i den publik han har runt sig.

– Dansen betydde oerhört mycket för Siri. På 20-talet lärde hon känna Dalcroze, den berömda rytmteoretikern i Europa. Det finns en bild därnere som vi ska titta på. Vera Nilsson och Ninnan Santesson och Siri, dom dansade Dalcroze. Dom struttade omkring. Han sa: "Ni måste känna rytmen inifrån och inte bara gå omkring och se dekorativa ut." Och dansen det är nånting som Siri alltid pekar på när det gäller sin konst. "Jag vill ha in rytm och dans i mina bilder." Och då tycker jag att vi går och ser efter om vi kan hitta att hennes bilder har den där dansande rytmen och om där finns några frihetsälskande fåglar.

– Gör det något om vi följer med? säger kvinnan vid vårt grannbord.

Carlo tittar spjuveraktigt på henne och säger att om de inte frågar så kan han inte hindra dem. Det är ju en allmän plats och han tycker sig inte ha hört någon fråga, ler han mot henne. De båda tonårsbarnen verkar tycka om denna annorlunda upplevelse de ska få vara med på.

Så är vi plötsligt ett sällskap på elva personer som tar oss ner till den permanenta konstutställningen vid Östermalms tunnelbanestation. Medan vi är på väg pratar Carlo hela tiden, obekymrad om vi ska höra vad han har att säga:

– Det kom in 159 förslag till utsmyckningen av stationen. Hon kallade sitt för ”Ristningar i naturbetong”. Det var ett kallt och tungt arbete som startade för en 73-årig kvinna 36 meter under jord. En norsk konstnär, Carl Nesjar, hade utarbetat en sandblästringsteknik. Med en sandstråle ristade man i ytlagret på betongen så den underliggande stenen kom fram. Det blev som ett klotter. Ändå la hon ner ett otroligt arbete på att det skulle se enkelt ut. Mycket skissande och ändrande. Det finns en medveten strävan bakom att bilderna här ser ut som dom gör. Om man hittade det här i en exotisk kultur skulle man säga: ”Åh vad spännande! Vad egendomligt abstrakt, ojdå!” Om man hittar det i vår kultur så säger man: ”Det där... det där kan man ju inte läsa!” Det är som om man skulle komma till Afrika och se en giraff och säga: ”Det där är omöjligt för den har för lång hals.”

Vi som lyckas höra vad han säger medan vi tar oss förbi spärrvakten, skrattar åt den drastiska bilden. Det får Carlo att skratthicka han också som jag så väl känner igen från hans föreläsningar. Ett nästan generat skratt som om han överraskades av att det blev så lyckat, det han sagt.

Nere på tunnelbaneperrongen bildar vi en tät grupp runt Carlo. Vi vill alla höra vad han tänker säga. Också familjen från bordet bredvid. När tågen dundrar in på stationen är det omöjligt.

– Jag tror vi börjar längst bort, säger Carlo, så får vi klart för oss vilka det var som gjorde jobbet. Ni ser alla noterna, va? Då förstår man hur viktig musiken var för Siri. Är det någon av er som läser noter och kan se vad det är för melodi?

– Kerstin kan, säger Göte.

– Men det är så korta snuttar. Var börjar det?

– Det måste vara här säger den främmande kvinnan och börjar gnola på

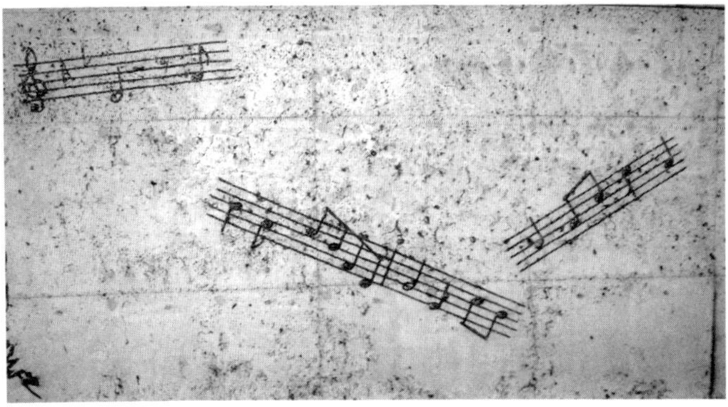

Internationalen i notfragment fortsätter utefter hela väggen.

melodin. Vi andra hör genast vad det är hon gnolar och plötsligt har vi bildat en blandad kör som sakta rör sig tillbaka samma väg vi just kommit. Faktiskt tycker jag att det låter riktigt bra. Även de båda ungdomarna i sällskapet hänger med och kan texten:

Upp trälar uti alla stater,
som hungerns bojor lagt uppå.
Det dånar uti rättens krater,
snart skall uppbrottets timma slå.
Störtas skall det gamla snart i gruset.
Slav, stig upp för att slå dig fri!
Från mörkret stiga vi mot ljuset,
från intet allt vi vilja bli.
Upp till kamp emot kvalen!
Sista striden det är,
ty Internationalen åt alla lyckan bär.
Upp till kamp emot kvalen!
Sista striden det är,
ty Internationalen åt alla lyckan bär.

Människor som väntar på nästa tunnelbanetåg tittar förundrat på oss. De verkar förvånade av att upptäcka hur vi följer Siri Derkerts notfragment. Jag känner en tillfredsställelse av att lyfta fram och göra tydligt Siri Derkerts tanke bakom de noter hon noga ristat in i betongen. Carlo, som inte har följt med oss, ser ut att tycka om det provokativa i vårt tilltag. Han väntar att vi ska komma tillbaka, så att han kan fortsätta visningen.

På återvägen passar vår nya bekantskap på att presentera sig:

– Jag heter Frida och det här är min man, Rodney. Våra barn det är Maria och Thomas. Vi är från Göteborg vi också.

– Var det generande att gå här och sjunga Internationalen? frågar jag Maria som går bredvid mig.

– Inte alls, tvärtom. Det var härligt. Tänk att tanten hade en sån kraft. 36 meter under Östermalm sätter hon dit en sån sprängladdning på väggen.

– Konstigt att det har fått stå kvar utan att moderaterna har protesterat, inflikar Rodney. Dom tål ingen arbetarkultur.

– Ja, dom där grafittisprejarna skulle veta vad det är dom kladdar ner, så kanske dom valde bättre ställen att uttrycka sin samhällskritik.

– Det är kanske just det dom vet, inflikar Gunilla. Dom kanske tycker att just Siri Derkert är en likasinnad. Fick hon, så borde dom också få.

– Det är tur att hon inte har satt ut texten. I så fall skulle säkert någon fisförnäm höjdare gå i taket och kräva att noterna slipades bort. Eller vad säger du Carlo? som har hört slutet av vårt samtal.

– Joo, Siris bilder påminner verkligen om grafitti. Med jämna mellanrum har hennes bilder lockat grafittimålare. Själv tyckte hon att man inte skulle tvätta bort deras färg. Hennes bilder här fortsätter att vara aktuella. Hon var bara missnöjd över att det blev så mycket namnchiffer. Hon ville att dom skulle göra bilder istället. Hon var en provokatör. Hon ville att mänskorna skulle ta ställning. Hennes viktigaste teman var kvinnosaken, arbetet för världsfreden och kampen för miljön. Det har satt sina tydliga spår här på väggarna. Naturligtvis ska både Internationalen och Marseljäsen som finns i noter på den andra perrongsidan vara en ständig påminnelse för den överklass som bor här ovanpå. Fast de flesta vet säkert inte vad det är för sånger som noterna visar. Tar jag mindre storslagna ord så kunde man också säga att väggarna här handlar om leken, musiken och dansen. Ja, och så barnen. Och kärleken. Så allt det som var viktigt för Siri finns här; både det samhällspolitiskt viktiga och det privatpersonligt viktiga. Här ser ni vilka som jobbat med blästringen av väggarna. Hon var noga med att deras namn skulle finnas med. Och då finns den där norske konstnären Carl Nesjar där.

– Är det inte han som satt upp dom där Picassostatyerna i betong där vid Vänern i Kristinehamn och i Halmstad också? avbryter Göte Carlos berättande.

– Alldeles riktigt, säger Carlo och fortsätter, här har Siri gjort ett självporträtt. Man kan se att hon är kubist. Hon försöker förmedla något, tala om något med sin bild. Det är ett språk. Man får öva sig att se för att kunna förstå. Titta och försök att finna en hållpunkt som ni känner igen. Det är som att leta i en ordbok. Har du hittat nåt Thomas?

– Det ser ut som ett öga där mitt i.

– Jaa och då kan man börja förstå att där är ett ansikte.

– Nu ser jag halsen och axlarna, säger Göte. Det blir som ett pussel man ska lägga. Hon sitter på en stol, va?

– Det ser ut som om hon hade något i knät, säger Gunilla. Hon kanske sitter och ritar…

– … det som ska upp på dom här väggarna, fyller Majken i.

Siris självporträtt med skissblocket i knät.

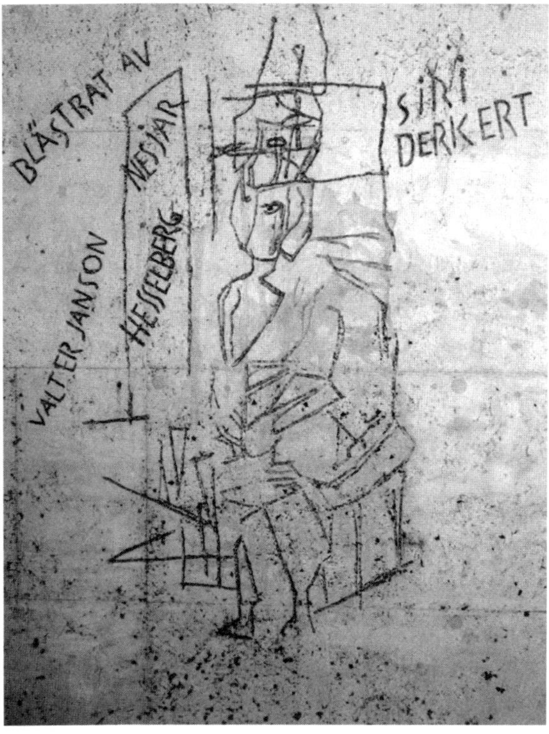

– Vad är det där som är ovanpå hennes huvud? undrar Maria. Det verkar vara ett huvud till. Är det en till som står på huvet ovanpå henne, eller?

– Det kan man inte veta, säger Carlo. Det kan bara konstnären veta. Jag tänkte aldrig på att fråga henne. Det jag vet är att hon sitter och skissar. Hon har strött papper omkring sig. Hon ville att det skulle se skissartat ut. Så här skrev hon i ett brev en gång: ”Trevandet. Sökandet. Det är kanske det vi kommit alltför långt ifrån. Vi vill känna oss suveräna. Är det för att trevandet inger osäkerhet? Satsen att vi ska göra oss förtrogna med fruktan, uppskatta det som en tillgång. Om fruktan och osäkerhet accepteras då slipper vi skicklighet och virtuositet som är så avskyvärt.” Jag tror att hon började rita på ett ställe och sedan fick hon börja om för hon var inte riktigt nöjd. Men alltihopa fick sitta kvar. Så man skulle se hela processen. Hon var definitivt ingen suddgummimissbrukare.

– Va fräckt! utropar Maria. Så skulle man ha det i plugget; bort med alla suddgummin.

– Instämmer! håller Thomas med. Jag ska komma ihåg det där ordet suddgummimissbrukare.

– När jag pratar på Nationalmuseum brukar jag använda mig av den där facettkubistiska bilden som Picasso gjorde av konsthandlaren Kahnweiler. Den passar bra för att förklara hur kubismen är ett experimenterande i ett bildspråk. Men det går ju lika bra med den här bilden. Jaså du Thomas, du är en sån därn ordsamlare. Jag tycker också om ord. Suddgummimissbrukare är ett bra ett, hi hi hi.

– Det finns gott om suddgummimissbrukare här i världen, sammanfattar Kerstin filosofiskt.

Tydligen har Carlo noga tänkt ut i vilken ordning han vill visa bilderna för han drar iväg med oss nästan hela vägen bort till andra änden av perrongen. Där stannar han framför bilden av Moa Martinson. Det går lätt att känna igen henne.

– Det är inte så många som vet att det är Sara Lidman där intill, påpekar Carlo. Hon ville inte att det skulle stå Sara. Det kan ni upplysa era vänner om att det där är Sara, men hon ville inte. Men Siri menade att hon tillhör apostlarna. Det värsta med Sara var att hon alltid blev för vacker. Det är ju du som gör henne så vacker, sa dom som hjälpte henne med blästringen. Då tog hon sitt skissblock och gav sig iväg på sin cykel. Cykla och teckna sam-

Sara Lidman och Moa Martinson.

tidigt; med en platta framför sig på styret. Det blev en hjälp för henne. Så blev det den här intensiva Sara som Siri ville ha. Det stämde överens med henne själv också. Hon hittade en stil som hon tyckte om.

– Hur menar du att Sara Lidman är en apostel? frågar Rodney.

– Siri menade att hon förtjänar att hållas fram som en apostel. Hon propagerade för att stoppa apartheid i Sydafrika. Hon kämpade tidigt för att stoppa USA:s bombkrig i Vietnam. Hon blev en svensk hjältinna där. Här finns alla dom som Siri ville kalla apostlar: Alva Myrdal, Eva Moberg, Eva Åsbrink och Karin Westman-Berg. Och Ottesen-Jensen. Dom hade alla sin bestämda syn på kvinnosaken, på ojämlikheten mellan mannen och kvinnan. Ni kan slå upp vilken uppslagsbok som helst och läsa om dom. Därför var dom apostlar. Elin Wägner likaså.

– Det var Siris första kvinnliga kamratgrupp som läste och diskuterade Elin Wägners Norrtullsligan och Pennskaftet. Det var Siri, Herdis Rappe, Lisa Bergstrand och Ellevi Tondén som samlades i Anna Petrus ateljévåning på Kungsklippan. Man får komma ihåg att det var i början av 10-talet. Dom fick ständigt höra av målarpojkarna att dom var rika borgarflickor. Målandet var bara som en förströelse innan dom gifte sig, sa dom. På så sätt blev Wägners kvinnliga journalist Pennskaftet en förebild. Hon slogs för kvinnans människovärde och kvinnlig rösträtt. Så skulle dom vara; dom kvinnliga artisterna på akademin, vara lika medvetna och kämpande. ”Kraften att

Elin Wägner.

hålla ut i arbetet, den kommer när man börjar känna sig solidarisk med sitt kön, så att dess smärta blir ens egen smärta, dess förnedring ens egen förnedring." Wägners Väckarklockan kom 1941 och Siri kunde genom Fogelstadkvinnorna återknyta till kvinnosaken genom det kamratskap hon upplevde på Fogelstad. Elin Wägner har sin självklara plats här, en budbärerska, som ska påminna oss om kvinnans lika rättigheter nu och i framtiden. De kvinnor hon mötte på den kvinnliga folkhögskolan i Fogelstad, Elisabeth Tamm, Kerstin Hesselgren, Honorine Hermelin, Emilia Fogelclou, Ada Nilsson, och hela Fogelstadkören blev Siris tredje kamratgrupp. Här är det en fantastisk skildring av Elisabeth Tamm. Siri är mycket som van Gogh, hon skriver väldigt dramatiskt om sina upplevelser. När hon är aggressiv och arg då är det många som tycker illa om henne. Men när hon skriver så är hon väldigt litterär, kan man säga, då har man det här med... jag måste...

Carlo öppnar sin blåa väska och rotar runt i den utan att finna det han söker. Han verkar känna på sig att han inte kommer att lyckas i sitt letande. Ändå fortsätter han att envist söka efter den text han vill läsa upp för oss.

– Äh, jag kommer inte att hitta det i alla fall... jag tycker det är så fantastiskt... hon skriver nämligen till sitt åttaåriga barnbarn Tora och då ska jag bara se om jag har tid ett ögonblick... Blomberg och Näsström... jag gör aldrig karikatyrer, säger hon på skoj. Nej, hon gör inte karikatyrer, fast folk tror det. En bråkare – ni är förfärlig, fru Derkert. Det är Tamm som säger: Ni är förfärlig, fru Derkert! Jag är en bråkare, ja. Nu ska vi se om vi inte hittar det…

Och upp ur väskan tar han ett hopvikt papper som hanömsom börjar läsa från och ömsom kommenterar. Men rätt papper är det inte.

– … Porträttet. ”Jag gör inte etnografiska porträtt”. Dom ska inte vara på etnografiska museer. Mmm… Sen så ska vi se…jag brukar alltid läsa det där som hon skriver till Tora… talar… Ninnan… jo, här om jag kan läsa… sökandet, trevandet, nej, jaha, men då får vi se sedan. Vi kan ju dricka en kopp te någonstans sen så får jag… Hon beskriver i alla fall Elisabeth Tamm som en feodal och hon gör det fantastiskt bra. Tamm bestämmer själv när hon är sjuk. För det gör feodalen. Det skriver hon till Tora. Det är Elisabeth Tamms födelsedag, va, och… om Elisabeth Tamm inte vill så är det inte hennes födelsedag. Och det är fantastiskt roligt skrivet. Det är en stor kärlek i det och en stor träffsäkerhet i det. Det är nämligen feodalen. Vi borgare ska ju alltid vara så ärliga och vill tala om hur det är. Feodaler är mäktiga och bestämmer över verkligheten.

– Tamm, hon ägde väl Fogelstad och Honorine Hermelin var rektor för folkhögskolan. Så var det väl? undrar Gunilla.

– Vad du kan, säger Carlo och fortsätter. Emilia Fogelclou var Fogelstads

Fogelstadgruppen.

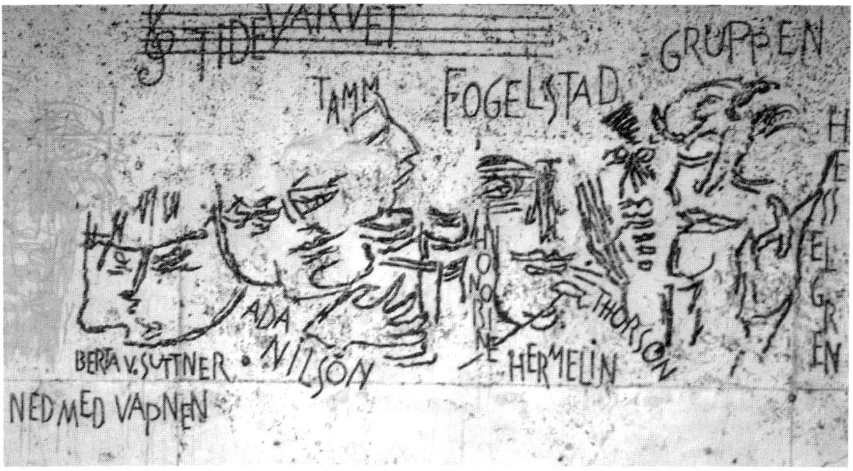

filosof. Hon var en skicklig föreläserska. Hon respekterade Siri och hennes bilder. Det gällde Honorine Hermelin också. Men dom andra Fogelstadkvinnorna ville bli porträtterade som älskvärda och trevliga mänskor. Och Siri visste ju att dom inte var älskvärda och trevliga. Dom tyckte att Siri gjorde dom alldeles för fula. Vad ville dom egentligen? Jo, dom ville anpassa sig efter den givna föreställningen hur en dam ska se ut. Det är idealisering. Siris bästa Fogelstadbilder har, brukar jag säga, en egenexistens. Med det menar jag att hennes bilder har brutit sönder renässansens uppfattning om vad som är det riktiga språket. Brutit sönder renässansens uppfattning om vad som är den riktiga avbildningen av en människa. Siri är alltså antirenässans. Å andra sidan, hon vet hur det är att teckna och måla. Men hon har velat bryta mot det, därför att det har bundit henne. Renässanskonsten binder oss på motsvarande sätt vid vissa föreställningar om objektivitet och vid vissa föreställningar om vad som är skönhet. Egenexistensen i de här bilderna liknar afrikanska förfädersbilder där det inte finns någon mänsklig proportion. Ibland är det för korta ben, konstiga former i ansiktet som är mystiskt upplagda, helt abstrakta. Fogelstadkvinnorna är budbärare. Det behöver ju inte vara några religiösa figurer för det. För säkerhets skull sätter hon ibland dit namnet vid porträttet. Det är för att man ska förstå att hon tillhör en, jag vill inte säga släkt, utan en stam. Dom är dom kvinnor med dom idéer och tankar som ska rädda framtiden. Siri måste alltså komma fram till något som inte bara är det som är utanför henne. Det måste vara modeller inom henne. Vad är det som är våra modeller? Det är våra egna liv. Gör ni ett porträtt med en mänska som ni sympatiserar med, vars tankar ni känner, vars känslor ni förstår, så har ni en bild av det inom er. När ni porträtterar henne blir hon samtidigt ett porträtt av er själv. Konsten, har det sagts, är dels den yttre verkligheten, men sen finns det någonting som är nåt annat. Man kallar det immanensen, nånting annat än det vi ser, nånting som man laddar upp verkligheten med. Så Siri förvandlar dom här kvinnorna till förfädersbilder, som dom gör i Västafrika. Dom förvandlas till ägare av nånting hemlighetsfullt. Dom representerar idéer. För henne representerar de en åskådning och ett sätt att leva, ett slags sätt att existera. Därför finns alla dom här kvinnorna med här. Man ska inte se dom som enkla porträtt. Dom är representanter för något bra under 1900-talet och som kan få stor betydelse i en framtid. Därför finns några män med: En av dom här lär vara

Männen: Strindberg, Skå-Gustav…

Almqvist och en Strindberg. En ska vara Skå-Gustav. Då ska vi se… vem är det?

– Där, lite till vänster, säger Majken. Man ser Strindberg i profil, va? Det kan inte vara någon annan.

– Ja, nu ser jag, säger Gunilla. Håret står rakt upp på honom. Vad bra det är gjort. Men vem är Gustav Jonsson?

– Jag har ju träffat honom, så jag borde ju känna igen honom, säger Göte. Det var inte lätt. Det kan vara han längst ut till höger med okammat hår. Är det det, Carlo?

– Det tror jag också, säger Stig, eller också är det han som man ser framifrån, fast han verkar alldeles för ung och välkammad.

– Jag vet faktiskt inte. Jag kanske borde veta, säger Carlo.

– Jag vet att Linus Pauling var atombombsmotståndare. Nu har väl många glömt bort det, men på femtitalet ville man att Sverige skulle ha en egen atombomb. Pauling debatterade och skrev en bok, ”Aldrig mera krig”. Han fick Nobels fredspris 1962.

Linus Pauling, nobelpristagare i kemi och Nobels fredspris, skrev boken ”Aldrig mera krig”.

Jean-Paul Sartre, filosof, författare och Frantz Fanon, psykiater, som skrev "Jordens fördömda".

– Jag har för mig att han fick kemipriset också, säger Stig.

– Var det inte då dom startade en sån där försöksreaktor i Studsvik? undrar Göte.

– Det var nära att vi fått en svensk atombomb då. Militärerna menade att det var nödvändigt om vi skulle klara att försvara oss mot ryssarna.

– Dom finns på väggen allihop som kämpade emot. Undén som sa "Hindra kärnvapnens vidare spridning". Han finns på den andra väggen. För Siri är dom minnesvärda förebilder. Dom kämpade för livsviktiga saker. Det gäller Frantz Fanon också. En algerisk psykiater och författare. Hans bok "Jordens fördömda" tog ställning för u-ländernas folk och ville uppmuntra till att nya kulturer borde växa fram på deras villkor i stället för att härma all västerländsk skräpkultur. Siri läste den när den översattes 1962. Svarta pantrarna i New York inspirerades av Fanons tankar. Och Sartre är intressant. Existentialismen. Att vi har ett val. Att vi inte kan skylla från oss. Vi väljer även när vi inte väljer.

– Och livet runt omkring oss det pågår hela tiden, passar Rodney på att säga. Men livet har ingen speciell avsikt. Det bara är.

– Nu blir du för filosofisk, avbryter hans fru Frida.

– Låt oss gå vidare! Här syns det vad det är. Man förstår att musiken och dansen var oerhört viktig för henne. Armarna över huvet och kjolarna står rakt ut.

– Det är kanske en vild tarantella, säger jag.

– Som historien du berättat om den där farbror Sven eller har jag fel? undrar Kerstin och vänder sig till Carlo.

– Hur menar du då?

– Flickan som satt och tecknade en bil. Hon var inte intresserad av hur bilen såg ut. Hon tecknade ju bilens fart...

– Och upplyste sin farbror om att hon minsann var futurist, tillägger Göte.

– Ja, säger Kerstin, och kan man säga detsamma här? Att det inte är kvinnorna i sig som är det intressanta?

– Utan livsglädjen i dansen, svarar Carlo, snurrandet med utställda kjolar. Pröva själva att snurra runt med armarna högt över huvet! Ni ska se att det kryper in en glimt av lycka i era kroppar. Jo, man kan nog kalla det ett futuristiskt berättande. Fast futuristerna var mest intresserade av tidens tekniska uppfinningar.

– Jag kommer och tänka på ett radioprogram som jag hörde, säger jag. Det handlade om dig Carlo. Det var Gunilla Palmstierna-Weiss som berät-

Dansande flickor med inledningen till Internationalen.

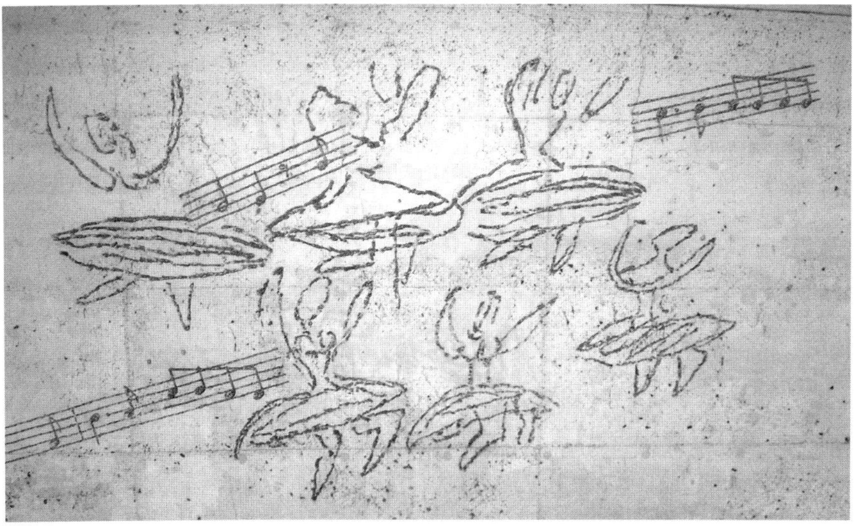

tade. En psykolog hade sett hennes dotters teckningar. Han tyckte det var något oroande över dom. Det var bara snurrande cirklar över hela papperet. Så borde inte en sjuåring teckna. Och inte bara en teckning utan många. Det gjorde förstås föräldrarna oroliga. Kommer du ihåg, Carlo?

– Jo, men det var ju inget märkvärdigt.

– Det var det visst. Dom ringde efter Carlo och ville att han skulle komma och titta han också, säger jag och vänder mig till de andra. Det gjorde du och startade med att fråga flickan vad det föreställde.

– Ja, och då sa hon det.

– Att det var en flicka som dansade och dansade, vildare och vildare.

– Man ska alltid fråga konstnären, i alla fall om det är ett barn. Ja, det gäller alla konstnärer om dom finns till hands. Dom borde ju veta. Fast både barn och vuxna kan ju säga: Jag vet inte. Ska vi titta på nästa bild?

– Ulf Linde var mycket inspirerande för Siri. Dom pratade med varandra i ateljéerna uppe på Tegnérgatan. Det var därför han kom med här som flöjtspelare. Det viktiga är förstås inte att det är just Ulf Linde. Det är inte så många som vet att det är just han. Här syns han både framifrån och från sidan. Siri ville tala om att vi alla är beroende av musiken. Nuförtiden har

Ulf Linde som en flöjtspelande Pan.

Sittande fåglar.

det blivit ännu tydligare när många går omkring med proppar i öronen och MP3-spelare i rockfickan. Här är det flöjten som är budskapet i bilden.

– Spelade Siri själv något instrument? frågar Stig.

– Hon kom ju från en borgerlig miljö, där alla barna skulle lära sig spela. Siri hade sin fiol med sig överallt. Här är ett par fåglar. Ett par sångfåglar. Lite längre bort finns en grupp flygande fåglar. Symbolerna för Siris frihetslängtan. Man kan tänka sig att dom stämmer in i Internationalen som ni sjöng förut. Blir dom illa behandlade så kan dom sätta sig i säkerhet. Det är inga burfåglar. Siri växte ju upp i en starkt borgerlig familj. Flickor fick inte leka lika fritt som pojkar. Hon var avundsjuk på sina bröder som kunde vara ute och sparka boll eller klättra i träd. Det skulle inte flickor göra. Dom skulle sitta inne och sy och sticka. Siris uppdrag var att stoppa familjens strumpor. Det var som att sitta i bur. Fast i hemlighet protesterade Siri. Underst i lagningskorgen hade hon en spännande och förbjuden roman. En fransk roman, sa man, för det kunde handla om kärlek. Den kunde hon gömma om det kom någon.

– Du får flytta på dig, Jan! Du står på fredsmärket. Siri la in det på perronggolvet på flera ställen. Hon upplevde två världskrig där det första hade

Ett av de fem fredsmärken som finns på perrongen.

drabbat henne särskilt hårt. Det skilde min pappa och henne. Dom fick aldrig se varandra mera. Man sa: Aldrig mera krig! Det ska finnas ett par till sådana här märken, men jag kommer inte ihåg var dom kan vara. Så finns där överallt alla ord för fred på olika språk.

– Jaa, här är den där Dalcrozebilden jag pratade om. Musiken, dansen, rytmen återkommer hela tiden i hennes bilder. Här har hon gjort en negativbild. Hon har färgat betongen svart och när hon sen blästrade i den kom ett ljusare lager fram. Därför lyser hennes ristningar vita. Det finns fem stycken såna bilder. Texten säger ju vad det handlar om. Émile Jaques-Dalcroze var schweizare. Han påstod att det finns en läkedom i samspelet mellan rytmen, musiken och rörelsen.

Émile Jaques-Dalcroze, pedagog och tonsättare. Rytmiken – samspelet mellan musik och rörelse – som både uppfostrande och läkande kraft.

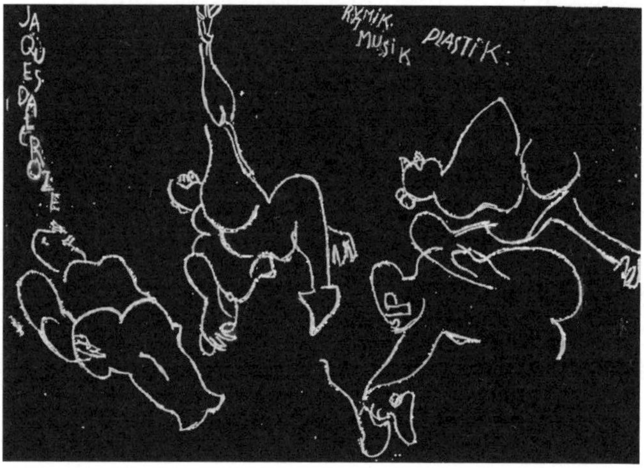

– Jag vet, säger Majken. Det han förespråkade var minsann ingen Ling-gymnastik. Det handlar om kroppsmedvetenhet. Också andningen måste vara med. Jag förstår att det var nydanande för henne. Jag tycker jag känner igen rörelserna i dom här bilderna. Man utgår från centrum, känner hur kraften strålar ut från... så kan man växa, känna sin egen styrka...

– Då ligger det i linje med Siris kvinnosak, avbryter jag henne.

– Vi lät våra barn gå i Dalcroze-rytmik, fortsätter hon och trampar mig menande på tårna. Bilden där i mitten visar så bra... man skulle sträcka benet så högt som möjligt, och tårna, samtidigt som man ljudligt andades ut. Hela tiden tänka på vilka muskler som man använde. Inte hålla andan. Andas.

– Så det finns en Dalcrozeskola i Göteborg? frågar Carlo.

– Nja, det vet jag inte, det var i slutet på 60-talet. Kerstin Dahlström, hon bor ju här i Stockholm nu. Fast jag tror hon heter Lindgren numera

– Den andra negativa bilden på den här sidan handlar om Liv, min halvsyster som dog i TBC 1938. Ni ser att Siri har upprepat hennes namn tre gånger. Hon blev 20 år. Vi följdes åt Siri och jag på en sorgevandring till Norge. En månad vandrade vi. Vi sörjde och kunde få bearbeta sorgen med varandra. Siri hade för sig att dom norska fiskarkvinnorna visste vad det var att mista någon. Siri klarade inte av att inse att Liv var död. Hon ville för-

En sorgebild av Liv.

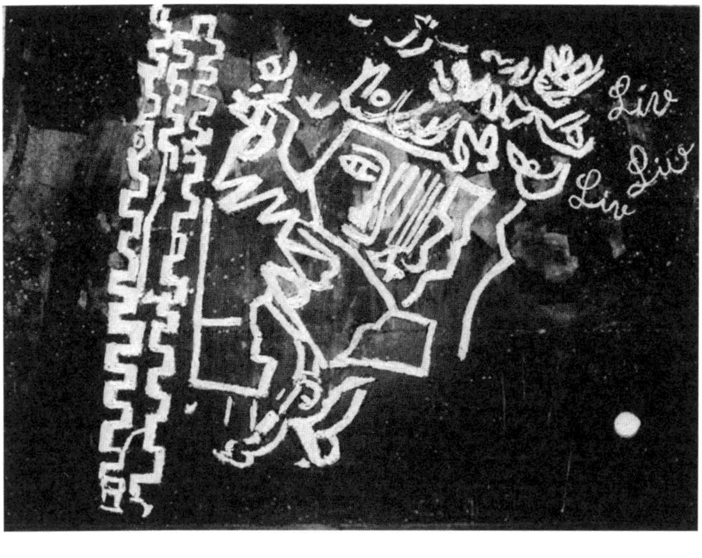

ena sig med henne och började kalla sig ”Siriliv”. Blev spiritist ett tag. Dom hade hunnit bli kamrater genom konsten. Berätta vad ni ser!

– Den är annorlunda, får jag ur mig. Jag menar inte bara för att det är mörk bakgrund. Man ser ett ansikte där i mitten.

– Och till vänster är det nästan som det där grekiska mönstret, säger Frida. Den där eviga slingan. Vad är det det heter, nu igen?

– Menar du ”den löpande hunden”? säger Rodney, hennes man.

– Ja, just den. Den brukar finnas runt grekiska gravurnor, eller?

– Och upptill är det fåglar som håller på att lyfta och flyga iväg, fyller Gunilla på. Hon hann väl bli en duktig konstnär, fast hon dog så ung?

– Joo, säger Carlo.

Jag märker hur rörd han blir av bilden och vårt prat. Han kämpar med sina känslor. Vill hålla dem i styr. Det är som om det finns mycket mera i bilden än vad han vill prata om. Jag tänker på drömmen han berättat om där han tillsammans med Liv lämnar Lillstugan. Carlo föreslår att vi går över till andra sidan för där finns en bild av Liv som är helt annorlunda.

Livs ansikte som barn.

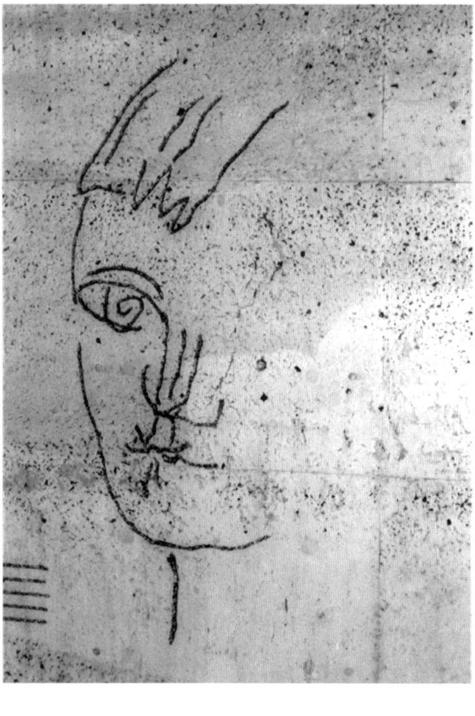

– Här har ni Liv. Siri och Liv var dom som bodde tillsammans. Jag var avundsjuk på Liv för att hon fick vara med Siri på vintern också. Så det blev många porträtt när Sara, min andra halvsyster, var på Manillaskolan och jag skulle till Whitlockska och var tvungen att bo hos mina morföräldrar. Här är hon nog en fem, sex år. Då kan vi gå och titta på dom, Edvard och Valborg. Jag ska skynda mig på så jag hinner med. Dom har en alldeles egen vägg – kortväggen. Siri tog sina bilder och la in dom i ett episkop så att hon kunde projicera dom i rätt format på väggen. Sedan kunde hon fylla i linjerna med fetkrita. Hon hade tidigare gjort en bild där hon hade tecknat dom i helformat, men här tog hon bara med deras ansikten. Dom är annorlunda tecknade, diffusare eller mjukare skulle man kunna säga.

Morföräldrarna, Valborg och Edvard, håller om varandra.

– Finns det någon speciell tanke bakom? undrar Kerstin.

– Det finns det alltid, säger Carlo och ser på henne som om han tyckte om frågan. Den ger honom anledning att fortsätta.

– Själva skapandet kan vara medvetet eller omedvetet, men sedan tillkommer alltid ett reflekterande hos varje konstnär. Nu var det speciella förhållanden här. Så jag kan tänka att hon måste ha förberett sig noga och tänkt ut hur hon ville ha det. Vad tycker du att bilden ger dig? Berätta!

– Det känns så ömt emellan dom. Hon håller om honom och han ser ut att klappa henne på kinden.

– Den andas en sån ro, som ingen av dom andra bilderna gör. Det förstärks också av noterna här. Tänk om det hade funnits en inmonterad högtalare intill bilden, så att man kunnat höra vallåten. Hon har varit noga med att få med noterna till den.

Då börjar Frida, vår nya bekantskap att sjunga och hennes man, Rodney, följer henne spontant i en andra stämma. Jag förflyttas femtio år tillbaka i tiden. Till en sommar i min pappas hemby, Balsjö, då man fortfarande släppte korna på skogen. Man kunde höra skällkons klocka lång väg. Är det verkligen bara femtio år sedan man var tvungen att skicka sina vita fjällkor på skogen? Timotejen och klövern ute på lägdan måste man ha till nästa vinter. Det kunde inte korna få beta av förrän efter ”slåtteranna”.

Här på Östermalms tunnelbanestation klingar vallåten de sjunger som om de stod i en säterbacke med utsikt över väldiga granskogar och ville locka korna till sig.

När jag ser mig omkring har det samlats en grupp människor som glatt nyfiket vill höra vad som försiggår. Flera känner igen Carlo och nickar viskande till varandra. Dom tar upp en applåd för sången och Frida och Rodney niger och bockar och leker att de är ett par barn som just har klarat av sitt första framträdande.

– Jag glömmer alltid vad det heter – namnet på dom här lockropen, säger Carlo och vänder sig om.

Vallåt

Då hörs från någon av de nyanlända som högt och ljudligt härmar en säterjänta som lockar på korna:

– Kossera, kossera, kom koom koom, kossera mina, kossera mina koom.

– Det heter kulning, ropar en annan fram till oss.

Allihopa skrattar vi och Carlo tar upp armen och vinkar glatt och säger:

– Tack, så heter det. Det ska jag komma ihåg och en vacker sång och ett vackert lockrop var det. Tycker ni inte?

– Joo! kommer det från många håll.

– Medan vi står här måste jag fråga dig om den här bilden bredvid, säger Göte. Vad är det den föreställer? Jag kan ju förstå namnen för det är väl några barnbarn eller kanske några syskonbarn, men bilden blir jag inte klok på.

Barnklotter? Med Gabriel, Janne och Stefan.

– Det är klotter. Som grafitti. Som små barn börjar göra när dom är ettochetthalvt, två år. Dom har upptäckt att det blir märken av pennan eller kritan. Dom tycker det är roligt. Så plötsligt så hittar dom en symbol och ropar: Mamma! Och mamman kommer springande och då pekar ungen på bilden och säger ”mamma”. Ungen har hittat symbolen mamma. Det är så bilder blir till. Bara lite mer raffinerat när en konstnär gör det. Annars är det samma sak. Och det börjar när man är två, tre år. Har du hittat något, Göte? frågar Carlo

– Inte ett dugg.

– Då kunde du döpa den till ”No title” då, skrattar Carlo. Jag brukar säga så när barna inte har hittat någon symbol. Fast frågar jag dig i morgon så kanske du har hittat nåt. Så brukar det vara med barna. Kanske en storvuxen kvinna som sparkar till en boll eller en baby med blöjor, sett bakifrån som tar ett första steg. Det kan vara olika.

– Eller en boxare som just har fått en smäll på näsan, föreslår Thomas och ler mot Carlo som skrattande klappar honom på axeln.

Och Maria föreslår:

– Jag tror att det är Kalle Anka som gråter för han har just tappat ett ägg i golvet och så halkar han i smeten.

– Där ser du Göte, säger Carlo, det är bara att ge sig in i bilden och börja skapa. Nu går vi till nästa bild. Och så är det barnbarnen förstås.

– Här sitter Carlo som en bysantinsk kejsare och håller sina söner i knät. Fast Siri har förstås stavat Jacob som hon själv tyckte att det skulle vara. Sen

Carlo med sina två söner Jakob och Sebastian.

är det naturligtvis viktigt för henne... hon sa: Flickorna behöver förebilder. Det finns så mycket ryttarstatyer och så mycket... överallt är det karlar. Vi flickor behöver förebilder för vår identitet. Mamman är förebild för oss. Men det kanske är en förebild som vi vill bryta emot, därför att vi vill erövra någonting utanför och på det viset uppstår också ett problem för pojken. Men pojkarna blir ju i allmänhet precis vad papporna vill bli och stannar således i kulturen. Det är intressant.

En amason, en kulande kvinna.

– Dessutom ville Siri visa på att det inte bara var dom kvinnor som Simone de Beauvoir, Sapfo, Virginia Woolf och Rachel Carson, hon som skapade ett sånt rabalder med sin bok, dom var viktiga förebilder för dagens kvinnor. Det kunde lika väl vara en anonym tegelbärerska. En sådan här kvinna som klarade av en hel säter med att göra ost och smör och sköta om alla djuren, va. Hon ville visa att det finns en kvinnlig kraft som kvinnor måste lära sig att ta vara på. Här är den där säterkvinnan som lockar på kossorna. Hon kanske ropar likadant som den där kvinnan nyss. Den här ser verkligen ut som en riktig amason. Kular var det det hette, va. Vilka former och vilken kraft. Hon kan säga ifrån hur hon vill ha det. Det är som en av Macbeths

Samvaro på stranden.

häxor det här, fast hon är förklädd. Och Siri säger ju också att... leve... ja hon har väldiga egendo... ja, väldiga utrop så där. ”En hyllning till häxan – den oslagbara. Låt oss sjunga kvinnans mod att engagera sig!” och sådana där slagord. Så gör hon en bild av samvaron mellan ungdomar så här, va. Och om ni stannar framför den några minuter så får ni se vad olika uttryck dom har. Den längst till höger, där sitter en som tar avstånd, han håller inte med den där som argumenterar med en arm längst till vänster. Och så den som ligger lite flegmatiskt längst fram. Han tänker: ”Låt dom prata!” Medan han som står upp med händerna i byxfickorna, han är mera intresserad av vad dom där två säger. Det är ju oerhört mycket innehåll i den, trots att det är som en skrift va. En kalligrafi. Eller en grafitti. På Mariatorget har vi den här ungdomliga samvaron. Dom håller till på en gräsplätt och där kan dom sitta eller stå och prata med varandra i timmar. Bredvid ser ni hur dom unga flickorna dansar och leker för sig själva. Det är därför jag trivs så vid det torget. Nu får vi ta oss över till andra sidan om jag ska hinna med alltihop.

– Den där som ligger där är antingen jag eller Peter Weiss. Vi skojade alltid med barnen. Vi la oss i en säng och sa: Hoppa nu!! Sen blev det ett fasligt hoppande. Jaa, det är verkligen vuxna och barn som leker. Leken finns. Det säger ju Siri också: Vi glömmer bort att leka. Vi har sånt ansvar att det hela ska hänga ihop, att pengarna ska räcka hela månaden. Då glömmer vi

Peter Weiss leker med barnen i sängen.

bort att leken är drivkraften till allt skapande. Siri menade att karlar slår sig lösa på ett helt annat sätt än kvinnor.

– Men det är ju alltid flera kvinnor som går på teater och är på konserter, invänder Gunilla.

– Det har du rätt i. Siri skulle nog ha hållit med om det också. Kvinnor är bättre på att ta till sig kultur, men samtidigt har dom ju också ett stort ansvar för att vardagen ska fungera. I det fallet är män mer ansvarslösa och är sämre med att vårda och se till att det finns mat på bordet. En fisk. Då behöver man veta att också mänskan en gång i tiden är kommen ur havet. Fisken blir en symbol för mänskans ursprung. Men fisken är också en symbol för mannen eller rättare manligheten.

Fisken en symbol.

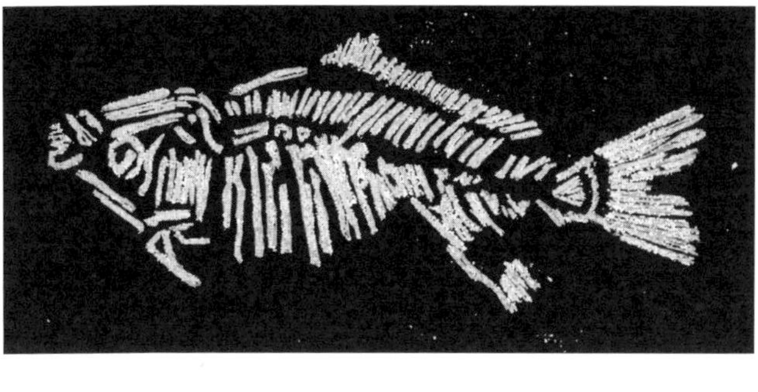

Hopprepshoppande barn visar hur viktig leken är.

– Då kan det också symbolisera det manliga i kvinnan, eller? undrar Majken.

– Det är nog just därför som Siri har velat ha med den här bilden.

– Ska vi hoppa över dom här hopprepshoppande flickorna? Nähej, inte det! Man kan ju se att Siri använder ett mycket enkelt språk. Förenklat. Hon vill tala om att det är barn som leker. Hoppar hopprep. Och vi som står här

Kommer du ihåg känslan i kroppen när du kom underfund med hopptekniken, att hoppa just i rätt ögonblick?

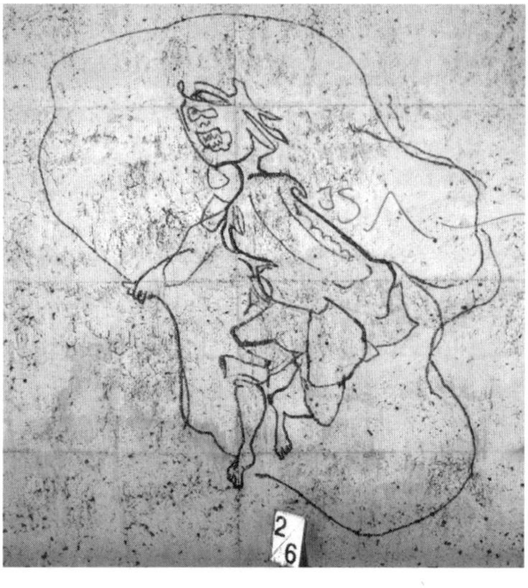

och ser bilderna kan komplettera dom med de minnesbilder vi har från den tid när vi hoppade hopprep. Hur noga det var när man skulle börja, att man hade repet bakom sig. Hur det var första gången man lyckades svänga runt repet. Då behövs inga ansikten, men armar behövs och fladdrande hår så man ser farten och böjda ben så man ser att dom är uppe i luften. Medvetet har hon ingen marklinje. Det behövs inte. Ja, det är pojkar också... och det är verkligen fart och fläkt i den där flickan... hon är en sån där som kan hoppa till 100 utan att fastna i hopprepet.

Arg mamma med barn. Det går inte att hindra att man är arg, det gör inget, bara barnet förstår varför.

– Barnbarnen har... hon blir ensam i mitten på 50-talet. Hon är en dålig svärmor också, det ska jag be och få tala om. Och jag är klämd mellan två passionerade kvinnor och måste gå i psykoanalys. Men här är det inte frågan om ett självporträtt. Siri vill bara ge kvinnan samma rätt att vara arg som mannen har. Om en man är arg så heter det att han är bestämd, men kvinnan... ja, vad är det man säger...

– Tjatmoster kanske, föreslår Frida.

– ... eller gnällkråka..., säger Maria.

Och Majken kompletterar: Grälkärring eller något ännu värre nedsättande. Klimakteriekärring kanske.

– Och det är en mycket okonventionell mamma-barn-bild. Det är inte en mamma som håller en unge och vaggar den, utan det är konflikten. Det är ett sånt där: ”Äihh, jag vill inte!” och mamman säger: ”Du måste!” Och den situationen har ingen talat om, men det är en mycket viktig bild. Det är en dagsaktuell bild; den jäktade modern och barnet. Det är den där högspänningen. Det är odrägligt med barn, va? Bara man nu inte... bara man förstår att man är starkare och det gäller att visa att man står ut. Till slut så kan man då sluta fred med en glass eller en kopp choklad med vispgrädde och ett wienerbröd på ett kafé. Ja, det är ju en fantastisk blixtrande sak. Det är en sån där urladdning. Det är lika viktigt med urladdningar. Siri undanhöll inte några känslor. Också det svåra och traumatiska tillhör mänskolivet och behöver skildras, kanske just för att det är så svårt att prata om. Så tycker jag också. Ni kan se att hon inte har några volymer i bilden. Allt är förenklat till linjer och något golv behövs inte. Det förstår man ändå att ungen sitter på.

– Dom här hundarna... undrar man... dom ser arga ut.

– Väldigt arga! bryter Majken in med känsla. Det finns faktiskt människor som är rädda för hundar. Det tänker inte hundägare på. Dom säger bara: Han är såå snäll så! Du behöver inte alls vara rädd. Och så kommer dom där med sina dräglande käftar.

– Så du Majken tillhör inte dom som älskar hundar då? Jag kan förstå dig, säger Carlo.

Arga hundar, å alla dessa hundar som man kan bli rädd för.

Bertolt Brecht som 1939 kom till Sverige och Lidingö.

– Brecht kom till Sverige 1939 efter en tid i Danmark. Han bodde hos Ninnan Santesson på Lidingö. Det blev många och långa diskussioner om konstens och teaterns betydelse i den där kaotiska tiden. På så sätt blev han en betydelsefull person för Siri. Han var hemma hos oss också, i Lillstugan. Och Peter Weiss skulle hjälpa honom med material till en pjäs om Engelbrekt. Men det blev aldrig någonting. Brecht drog ju vidare till Finland. Där skrev han den där härliga pjäsen ”Herr Puntilla och hans dräng Matti”. Och här ser ni hur humoristiskt allvarlig hon kan vara. Det är kvinnan som tar pulsen på det patriarkala samhället, fadershuset skulle man kunna säga.

Tar pulsen på det patriarkala samhället.

Kärleksbadet.

Rodney som verkar vara en verklighetsnära person kan inte låta bli att påpeka att det inte går att ta pulsen på fel sida.

– Man tar pulsen på insidan, säger han och Carlo tittar på honom och låtsas att han inte har hört vad Rodney har sagt.

– Du förstår väl innebörden ändå. Det handlar om symboler och inte en beskrivning från vårdcentralen i Masthugget, säger jag för att sätta honom på plats medan Carlo tar oss till nästa bild.

– Och där har ni ett badande kärlekspar. Skärgårdsmiljö. Segelbåtar i bakgrunden. Det finns en sensuell laddning, ser ni det?

– Jag tycker man ser hur härligt dom har det i vattnet, säger Kerstin.

– Han har en likadan mustasch som du. Det kanske är en bild av dig och någon kärlek du haft, säger Rodney rättframt.

Carlo låtsas inte om Rodneys kommentar:

– Också i det erotiska samspelet är kvinnan misshandlad, sa Siri. Mannen är den som ser till att bli tillfredställd. Han bryr sig inte om att det måste vara ett kärleksfullt samspel. Siri hade inte fått uppleva det. Det samspelet ville hon skildra så här. Och det är kanske jag på bilden. Jag har ansträngt mig att försöka leva upp till att hylla kärleken. Men man lyckas inte alltid. Jag tror jag ska börja kalla det här föredraget "Siri Derkert – en konstnärinnas väg" eller "Siri Derkert…" Jag har sagt det så bra, eh… Siri Derkert – den som skapat en livsfris åt Östermalmstorg.

– Det är ju också en svenska folkets livsfris, säger Stig. Hela 1900-talet.

– Samhällsutvecklingen i Sverige, fyller Göte på.

– Och kvinnan har ingen undanskymd plats som hon så ofta får nöja sig med, säger Gunilla.

– Jag håller med, instämmer Carlo. Här finns hela hennes liv. Myggor och flugor och kvinnan som häxa och som mamma. Kvinnan som utropare av sanningar.

– Så finns Undén som var emot atomvapnen och så finns det detta med miljön.

Östen Undén, utrikesminister och stark motståndare till att Sverige skulle skaffa kärnvapen.

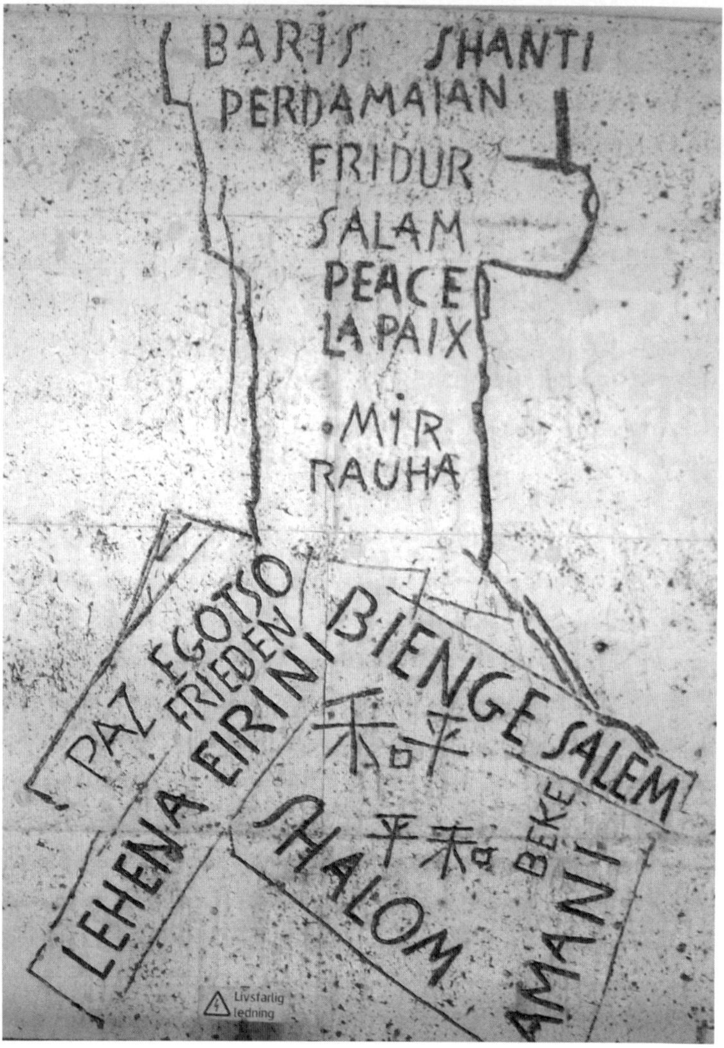

Ordet "fred" på många språk finns på flera ställen.

– Och så är det alla ord för fred som finns överallt.

– Jag tycker vi tar och avslutar med att gå och titta på Siris änglar, fast jag har svårt att se att det är änglar. Sen vill väl ni upprepa er körsång på den här sidan också. Fast det är fråga om Marseljäsen här. Kan ni den?

– Majken kan, säger jag. Hon hade en fransklärare i skolan som tyckte att man lärde sig språk bäst om man sjöng. Så hon kan en massa sånger och schlagers på franska.

Rättvisans våg och svärd.

– Vad bra! Se här! En märklig bild med svärd och en sån där våg man har som symbol vid domstolar för att man ska väga sanningen och döma rättvist.

– Men det är ju en uppånervänd våg också, säger Gunilla.

– Det kanske har att göra med Siris syn på rättsväsendet, påpekar Stig.

– Att det är uppånerpå ibland vet man ju, säger Göte.

– Och vanligt folk kan inte förstå sig på den sortens rättvisa, säger Kerstin, men jag kan inte se några änglar, som du sa Carlo. Menar du dom där reaplanen?

Siris änglar.

– Ha, ha ha. Det var roligt. Ja, jag menar nog dom där "reaplanen".

– Jag tycker jag känner igen just den formen, säger jag. Var det inte den där norska textilkonstnärinnan som gjorde om Hitler till bombplan? Vad var det hon hette?

– Du menar Hannah Ryggen, hjälper mig Carlo. Du har alldeles rätt. Siri kan mycket väl ha blivit inspirerad av henne. Men medge att det är fortfarande i högsta grad aktuellt. Antingen det nu är änglar som flyger över himlen eller det är bombplan som släpper sin dödliga last av splitterbomber över oskyldiga mänskor. Egentligen stämmer det bättre med Siris sätt att tänka; att se dom där figurerna som hotande flygplan. Om ni nu går hit och tittar på dom här bilderna igen så finns Sapfo där och alla viktiga kvinnor. Också några karlar. Det finns några karlar som är profeter i hennes tankevärld. Det är Thorild om kvinnokönets höghet. Det är Almqvist och det är Strindberg. Och det är Hans Palmstierna. Och det är Gustav Jonsson på Skå. När han fyllde 65 år så ville han… så fick han 5 000 kronor av sin personal. Då sa han att det ville jag inte ha, jo, be Siri att hon gör ett porträtt. Då gjorde hon det. Han är den enda porträtterade som har sett ut som sitt porträtt. Det är den enda i Siris hela liv. Och han blev så lycklig över det. Du har förstått mig

De fria flygande fåglarna. Symbolen för Siris längtan efter frihet.

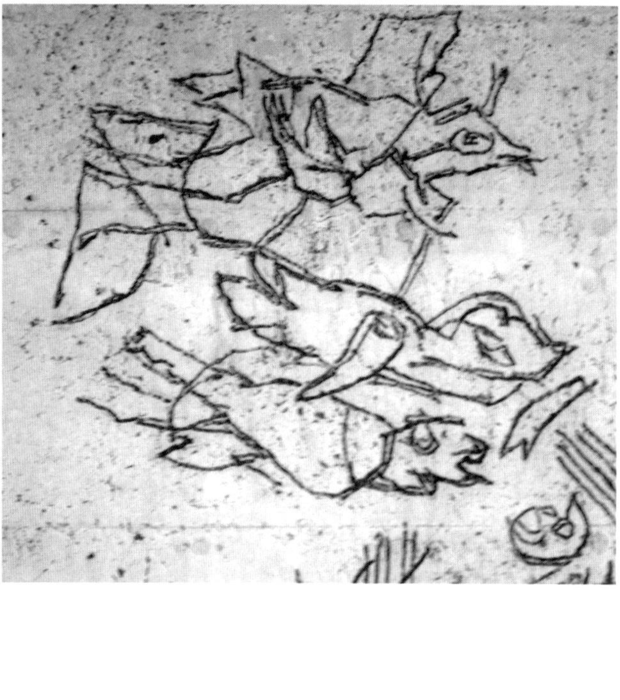

precis, sa han. Där är alla ungarna, grodden här som ska växa upp till människor som kan palla för det här samhället. Och alla dessa huvuden och alla dessa porträtt av sådana som har varit viktiga för vår kultur. Man får hoppas att dom får finnas kvar här på Östermalmstorg. Och kom ihåg att när hon fick uppgiften -61 då var hon 73 år. Så det är aldrig för sent. Ja, jag har bara skrivit så här att... att... "Siri Derkert slutförde denna betongristning vid 77 års ålder och hon har velat sammanfatta sitt liv, människor och situationer i sitt liv som har fyllt en kvinna." Och sedan har jag fortsatt: "Jag har klarat mig i svåra lägen genom att som fågeln svinga mig upp i luften och drömma om en alternativ kultur." Och med det så ska jag sluta. Vänta! Vi måste titta på Siris flygande fåglar. Hennes frihetssymboler.

När Carlos tunnelbanetåg rullar in på stationen står vi där och sjunger Marseljäsen för honom och han vinkar åt oss när tåget försvinner in i tunneln i riktning Mariatorget. Fast jag vet inte varför han ska just dit. Det är faktiskt mer än tio år sedan han dog.

Bilder av konstpedagogen Carlo Derkert

Runt om mig i mina bokhyllor har jag böcker, tidskrifter och pärmar som Carlo har lockat mig att läsa.

Viktigast av allt detta är alla hans svårtydda anteckningar.

Det är som om han lämnat ifrån sig självporträtt, inte *ett* självporträtt, utan många. Vem ser ut på bara ett sätt? Inte jag.

Även om jag är mycket olik Carlo i flera avseenden, kan jag ofta känna igen mig; jag visar mig också i olika skepnader. Vissa vill jag inte kännas vid. Vissa gör jag vad jag kan för att dölja. Några få tycker jag om.

En mask till skydd. Persona.

Där i porträttsamlingen finns den charmige, sociale, berättande Carlo. Där finns den vrånge, envise och själviske Carlo. Där finns den professionelle, beläste konsthistorikern och konstpedagogen. Där finns det skälvande lilla barnet som känner sig övergivet och ensamt. Där finns den lyssnande kloke farbrodern som inte gör sig till i mötet med barn. Där finns han som förstår sig på kvinnor och han som män tycker är en fjant, ingen riktig karlakarl. Där finns han som avskyr den tillgjort akademiska världen, men uppskattar den kloka kunskapen. Där finns den tafatte med frågande ögon. Den snälle och omtänksamme; den som vet mycket om svåra upplevelser och kan förstå andra. Där finns den yrkesskicklige, den beundrade, den prestigelöse, den grinige och irriterade, den pedantiske och bohemiske enstöringen.

Några av porträtten som de visat sig i texter, anteckningar och samtal vill jag hålla upp och jämföra. Hur de står sig i konkurrensen med andras enstaka porträtt? I kapitelrubriken antyder jag att det handlar om konstpedagogen Carlo. Själv skulle han kanske ha skrivit museivisaren. Men mitt problem är: Går det att skilja ut professionen från människan som om det var två helt separata delar? Går det med Carlo? Går det att beskriva en pedagog utan att beskriva människan bakom?

Mitt förslag till tolkning kan kanske fungera som en inbjudan till en fortsatt diskussion huruvida denna tolkning – en av flera troliga – är den mest giltiga.

Den förståelse som min tolkning representerar är alltså inte slutgiltig. Argumenten för min tolknings giltighet är avhängigt av den kritiska granskning som ett samtal kan innebära. Också detta att tiden åstadkommer förändrat seende.

*

I ett första porträtt står han i Lillstugan. Jag kallar det porträtt, men Carlo framträder i helfigur på alla bilder jag valt från hans anteckningsarkiv. Det är anteckningarna som gör bilden så tydlig fast det är motljus.

Ljuset flödar in genom fönstret som inte har några gardiner. Nedanför fönstret står ett bord med svarvade ben. Carlo använder bordet till sina studier i konsthistoria. Han har hängt sin kavaj på stolsryggen.

I fönstret har han ställt litteraturen han läser.

Han står bredbent med ansiktet vänt mot betraktaren, men han tittar mot en punkt bredvid mig. Hans ansikte är magert med mustasch och ett kort skägg runt hakan. Han ser mycket allvarlig ut. Bägge händerna håller han framför sig som om han håller en krita eller penna i vardera handen. Han har just blivit avbruten i sina studier och tvingats resa sig för att bilden ska bli till.

Det är nu han som intensivast drömmer att han går ut i världen, ut genom grinden i staketet med en vandringsstav där Livs huvud är fastsatt.

Lillstugan är ett slags frivilligt fängelse. Det är sju år sedan han flydde från morföräldrarna och flyttade in hos sin mamma. Nu känner han sig fången.

Han sitter fast på livstid. Det finns en vuxen i honom som tror att det går och ett litet övergivet och ängsligt barn som säger: ”Gör det inte!”

Det är inte samma barn som höll på att tillfriskna av familjen Gabriellinis omvårdnad där i Pisa. Det barn som höll på att få en tillhörighet, som hade lekkamrater, som fick tillhöra en grupp och bli accepterad där.

Det syns tydligt på bilden att hans subjektiva identitet, som Asle Høgmo skriver, är på väg att utvecklas. Känslan att vara unik, att vara en alldeles egen. Den utvecklingen understöds av dem som finns där i huset, men inte syns på bilden.

Det är det bilden ska dokumentera.

Att vara en individ helt annorlunda än alla andra. Ingen är som han. Vegetarian, vapenvägrare, clartéist och kommunist. Han är en lång och gänglig ung man. Det är något spännande med det, något attraktivt. Göran Tunström skriver om hur det hänger ihop:

> Hur ska jag förklara. En människa kan se ut som en liten del av henne känner sig. Hon såg ut som sina fingertoppar: lätta, nyfikna, känsliga. Och hennes röst hade sin utgångspunkt i detta. Hon ville veta. Hon upplevde sig själv i det hon ville få kunskap om. Hon var iver. Hon behövde inte göra jämförelser med någon bild av sig och det hon egentligen var. Vad betyder ”egentligen”? Detta ”människan i sig”? (Ur Ökenbrevet, 1979.)

Just så, hans röst och nyfikna iver. Det är därför många flickor blir förälskade i honom. Det strålar om honom.

> Vi kan ana ett ljus inom oss. Hos somliga är det så starkt att det strålar genom vår hud och når att belysa dem som är i vår närhet. Hos somliga är det så svagt att det räcker till bara för den egna kroppen. Hos ytterligare andra är det så knappt existerande att man förvånas över att deras kroppar håller sig upprätta och vid liv. (Ur Tjuven, 1986.)

Men svårmodet i Carlos blick, en del av det som gör honom attraktiv, talar om svårigheterna han har att få en tillhörighet i samhället. Hans längtan att komma ut i offentligheten.

Den objektiva identiteten att träda in i och bli en del av hindras av den så annorlunda subjektiva identiteten. Obalansen mellan den subjektiva identiteten och den objektiva identiteten och hur de utvecklas får han kämpa med under hela sitt liv.

Det är därför han överger kommunismen. För att där tillåts ingen att sticka ut.

Carlos envishet att vara särskild gör att han väljer att vara utanför det ensidigt konforma. Men han hamnar också utanför det som han tycker sig ha rätt att tillhöra och vill tillhöra: den akademiska konstpedagogiken.

Han säger att socialdemokratin har svikit när den inte klarat av att vara en socialism som bejakar den kulturella mångfalden. Som det är nu mals det egenartade och annorlunda ner i grupptillhörigheten i stället för att det särskilda ska få blomstra och berika gruppen, samhället.

Det säger han inte där på bilden i Lillstugan från tidigt 40-tal, men redan där är han laddad med problematiken som han kan verbalisera i 70-årsåldern.

*

Den nya bild jag ser framför mig är också en motljusbild.

Den är från hans kök på S:t Paulsgatan. Där ser ut som när jag senast var där, men bilden kan vara från 80-talet, när är inte så noga.

Det är bara en uppdiktad bild för att jag ska få säga det jag tänkt och kommit fram till. Han sitter i sin Carl Malmstensstol. Jag ser att han har gråtit och att han är djupt förtvivlad. I knät håller han Else-Britt Kjellqvists bok om skam och skamlöshet. Han har just läst avsnittet där hon skriver att så länge man inte bearbetat sitt eget omedvetna hopp om att finna sin mammas kärlek hindrar det en från att finna kärleken någon annanstans.

Jag tänker att han sitter och snabbspolar minnesbilder av sina möten med sin mamma och med kvinnor han attraherats av. Han inser att han efter en tid börjat se på alla kvinnor med Siris ögon och att han då inte kunde fortsätta relationen.

Nu tycker han sig veta vad han borde ha gjort, men han vet fortfarande inte om han hade kunnat förverkliga sina tankar. Det är en del av hans gråt.

*

Bilden är från ett middagsbord. Framför Carlo ett halvt urdrucket rödvinsglas – rödvinet utspätt med vatten ("Jag har vant mig att ha det så"). Glasögonen långt ner på näsan. Hade han dem någonsin någon annanstans? Den obligatoriska blå skjortan med kragen utanpå den svarta kavajen.

– Tack, inte så mycket vin. Jag vill blanda ut det med vatten. Såja.

Blicken allvarlig, lyssnande, nästan ett ledset uttryck i det trötta ansiktet. Samtidigt bilden med bara hans huvud i profil; ett helt annat uttryck, påstående, övertygande, det han själv av erfarenhet visste:

Om konstens betydelse.

Om dess möjlighet att upprätta människor.

Han kunde prata om det, för han hade själv de erfarenheterna. En dubbelexponerad bild med det personligt psykologiska perspektivet och det konstpedagogiska uppdraget på samma gång.

Varför denna uppdelning?

Det är ju odelbara storheter som är som blåkopior på varandra. Så får konsten äntligen uppdraget att vara ett led i människans psykiska växt och ett språk för psykisk läkedom att ta sig igenom olika växtkriser.

> Carlo stod nära de utslagna därför att han själv en gång slagits ut. För honom var konsten en metod att försonas med livet. Ingenting var viktigare än att lära sig se konst. Det gällde alla människor, utan undantag. Var han den siste lycklige intendenten på Moderna museet?
>
> Lycklig i samma mening som Voltaire, enligt Roland Barthes, var den siste lycklige författaren – därför att han visste att han hade rätten på sin sida, därför att Fienden den gången var odiskutabelt ond?
>
> För Carlo var världen aldrig svartvit. Han var inte moralist även om han var förbannad på att man måste betala inträde på ett konstmuseum. Konsten måste inte bara ses av alla. Den måste också göras av alla! Det var hans utopi. Konsten göras av alla? Vad menande han egentligen?
>
> Man måste glömma att det finns museer, konstvetenskapliga institutioner, curatorer, kritiker, samlare, professorer och säkerhetsvakter... åtminstone för ett kort ögonblick – se som ett barn. Carlo bevisade att det var möjligt. Med sitt liv. (Håfström.)

Ordet lycklig var inte viktigt för Carlo, om det med lycklig menas ett harmoniskt liv. Men konsten hade förmågan att göra honom lycklig.

I konsten fanns de referenser som han behövde för sin sargade själ. Det gjorde att han så bergfast trodde att också andra kunde ”läkas” genom konsten. Och göra det genom att själv skapa eller genom att se.

*

Porträttet här är inget självporträtt. Det är en bild av honom i arbete. Kanske är det den vanligast förekommande bilden: Carlo står på en stol och jag ser honom i profil, hela hans långa kropp. De små nästan fyrkantiga glasögonen sitter på nästippen och vänstra armen är höjd.

Han har handen med ett varnande pekfinger framför ansiktet.

Kanske håller han föreläsningsmappen under den andra armen; det kan jag inte se. Han har sin svarta kavaj på sig. Den är uppknäppt och i fickan sticker en bok upp. Han ser glad ut, men pekfingret visar att han säger något viktigt till den publik som inte syns, men som Carlo ser. Kanske säger han just: "Rita aldrig en katt åt ett barn! Lova mig det! Ta fram papper och penna och skriv upp det!"

Och så skrattar han till så att publiken ska förstå att han är generad över sin egen djärvhet. Så tar han hela handen till munnen för att hans viskning ska uppfattas (han viskar alltid sina viktigaste påståenden): "Gör man det så kommer det barnet aldrig att rita en katt!" Och publiken hör budskapet tydligare just för att han viskar det.

Till den bilden hör det Björn Springfeldt skriver i MMV Bulletinen:

> Vi är generationer av konstbetraktare som lärde av Carlo inte bara att se utan att verkligen använda oss av konsten. Att utan förutfattade meningar och hindrande respekt, men av nyfikenhet och kärlek sätta den i arbete i våra liv. Tillsammans med Carlo drogs vi in i samtal om konsten, om stort och smått, vi gjorde resor ut i vintergatorna eller kring knuten, tillbaka till grottorna eller in i framtiden. Allt Carlo gjorde bars av övertygelsen att det kunde bli bättre bara vi befriade oss från falska och förlamande auktoriteter. I en värld av maskulin dådkraft hyllade Carlo det kvinnliga och i ett samhälle som snarast möjligt vill forma barnet till en nyttig medborgare slogs Carlo för det oceaniska barnets möjligheter.
>
> Det finns få områden så svåra som konstpedagogens och få så sönder-tröskade och förfelade av besserwisserei och katederpredikningar. Ju bättre konstverket är, desto mer komplexa och mångfaldiga är de frågor det ger upphov till, och ställd inför detta kan den dialog jag vill föra med konstverket behöva en knuff. Ofta räcker det med tilliten till min egen förmåga att ge mig ut i detta samtal. Och den fick vi av Carlo, som fick oss att förstå att detta inte är den yttersta sanningen, den definitiva tolkningen, utan ett levande och föränderligt provisorium som vi aldrig kan veta vart det kan leda när samtalet fortsätter.

Springfeldt skriver det här till minne av Carlo för Moderna Museets vänner. Minnesord har en tendens att ge en glättad bild av den som gått bort.

Ändå är det intressant att läsa hur Carlo vidarebefordrat en tydlig tanke om hur tolkning måste vara.

Han tyckte sig ha fog för att hävda det provisoriska, det osäkra och prövande. Det tillfredställde hans egen uppfattning om sig själv.

Argumenten sökte och fann han i humanvetenskapliga föreläsningar, tidningsartiklar och samtal. Sedan omvandlade han kunskapen och anpassade den till sina erfarenheter. Det var på så sätt han skapade sina personliga formuleringar. De blev till generella sanningar som en publik kunde känna igen.

Det är enkelt för någon som har en grundtrygghet att vara säker i sitt framträdande. Det är också lätt för den kunnige att använda sin kunskap till ett ”besserwisserei”. Det är skillnaden mellan Carlo och många andra.

Han visste om sin egen otrygghet och sin egen osäkerhet och använde sig av den. Det gjorde honom mer lik oss andra och därmed lättare att förstå.

Ytterligare två aspekter hör till porträttet av Carlo på stolen.

Gång på gång återför han publiken till situationen i föreläsningssalen. Gång på gång återkommer han till att han måste läsa på och skaffa sig kunskaper från större auktoriteter för att kunna framträda. Så här sa han i inledningen till föreläsningen ”Modernismens födelse”:

> Sartre sa: ”Konst, litteratur, också bildkonst är någonting som ger en estetisk upplevelse, en livsupplevelse som gläntar på springan till en verklighet som man inte har känt till på det viset förut. Konsten har också en annan intressant aspekt: den säger något om konstnären. Den säger någonting om människan bakom.”
>
> Picasso har tagit upp det: ”När människokunskapen börjar använda konstverken för att komma underfund om vilka vi är så kommer man fram till en mycket intressantare psykologi. Konsten gömmer en människa bakom som synliggör något i ett material.”
>
> Jag ska presentera alldeles för många bilder.
>
> Jag undrar varför jag gör så egentligen. Jag kommer att associera till mina gamla anteckningar. Jag har försökt läsa.
>
> Jag har läst några nya böcker.

> Jag hoppas att en del kommer fram av det jag har läst på. Det jag inte kan, kan alltså inte komma fram. Det är ju bra för då skulle det bli ännu svårare att hinna med.
>
> Då kan jag säga att dessa föredrag ger också en kunskap om föredragshållaren. Det här är intressant. Det visar sig att han är någonting av en Delacroix eller van Gogh: han hopar figurer, han är dramatisk.
>
> Många människor kan tycka att Delacroix, van Gogh och Derkert är litet otrevliga. Dom vill dra in en i någonting. Dom kunde väl vara klara, balanserade som Cézanne.
>
> Det finns sådana föredragshållare också. Med mycket få bilder säger dom mycket klart och mycket tydligt viktiga saker om konsten.
>
> Men jag är tydligen en Delacroix och en van Gogh.
>
> Det är mitt sätt att disponera. Vi kan inte uppenbara oss och göra någonting utan att vi subjektivt avslöjar oss. Den så kallade objektiviteten är inte intressant för den finns inte. Jo vetenskapligt, men då ska man ha med en amperemätare här eller måttstockar. (Carlo på Nationalmuseum.)

Det är en strategi han har för att publiken ska förstå att det är en kunskap som finns tillgänglig för vem som helst och inget mystiskt gudalikt. Samtidigt finns där en raffinerad dubbelhet.

Ibland passar han på att ge en känga till lärare som glömmer bort att prata om lärandet i ett metaperspektiv.

I hans mapp med anteckningar står det att han ska prata om hur han förberett sig. Berätta om sin tro från skoltiden att lärarna var gudalika för att de framstod som om de redan hade allting inprogrammerat i sina huvuden.

Där står också att han ska påpeka att han är anställd och tvungen att göra visningar, precis som barnen som är tvungna att komma hit med sin skolfröken. "Visningen är beroende av guidens personliga hållning... Finns det något gemensamt mellan mig och åhöraren – eller något gemensamt mellan oss som åskådare och bilderna."

Nu ser jag att Carlo i profil där på stolen visar bilden av ett scholarship, en lärdom och en kunnighet som en sentida tvärvetenskaplig Leonardo da Vinci.

Vilka bilder finns det att jämföra med Carlos bild på stolen?

Där finns hela raden av dem som kan sin konsthistoria och vill visa att de kan den, de som inte har någon spricka i sitt kunnande. Som jag ser det står de inte på en stol och talar, de framför sitt budskap i talarstolen. Problem uppstår när konsthistorien är den enda kunskap de har för sig att de ska dela ut. Inte placera in den i ett livssammanhang, inte appellera till publikens erfarenheter.

På samma sätt som pedagoger med en alltför snäv ämnesinriktad kunskap, där varken kulturområdet eller människokunskapen får plats, fixeras vid sitt eget framträdande och verkar bry sig litet om hur deras kunskap landar i eleverna.

Det egenartade med Carlo, förutom hans konsthistoriska kunnande, var att han hade skaffat sig djupa psykologiska och kunskapsteoretiska kunskaper som han skickligt använde sig av i visningar och föreläsningar. Därför tyckte han sig också se vad som felades i den svenska skolan.

Men där finns också de som i olika grad har inspirerats att följa i Carlos spår. På museer med barnverkstäder och visningar för barn och skolungdom blir det nödvändigt att bygga upp relationer till barnen.

Guiden måste ha den inställningen och kunskapen.

Fortfarande finns mycket att lära för dem som vill fungera i samma anda som Carlo. Inställningen kan man ta till sig, men härma honom går inte.

*

Bilden tonar bort och fram tonar en helt annan. Man kan se en sjuksal. Framme vid fönstret finns Carlo. Han sitter hos Liv, som ligger i sängen. Då och då får hon en hostattack och håller en näsduk för munnen. En sjuksköterska med strikt sjuksköterskedräkt är på väg ut ur rummet.

Liv och Carlo samtalar lågmält om gemensamma minnen de har. Liv säger att hon önskar att hon haft någon utanför hemmet som hade förstått hennes situation.

Carlo nickar instämmande men säger ingenting.

– Vi har ju gått i samma skola, säger Liv. Tänk om det hade funnits någon lärare som jag hade kunnat prata med. Någon som inte var insmickrande men inkännande och som hade förstånd på att lyssna. Träffade du på någon?

– Det hade jag också haft användning för. Nej, det fanns ingen. Jag tror att det kommer att dröja länge än innan lärare vet hur de ska prata med barn och ungdomar. Jag tror att de kommer att slå ifrån sig och säga att det inte är deras uppgift. Både du och jag kommer att hinna dö innan det ens kommer på tal.

– Men tänk om lärarna redan under sin utbildning fick möjlighet att öva sig i att samtala med barn. Inte bara höll på med sin tjatiga undervisning hela tiden.

– Du menar att en lärare skulle kunna lyssna, när du berättar om dina tankar, när du gjorde de där illustrationerna till Andersens sagor?

– Ja, just det. Du anar inte vad mycket jag har kommit underfund med om mig själv, när jag höll på med de bilderna. Ännu finns det ju inga bildterapeuter, Jan Thomæus kommer väl att bli den förste i Sverige, men det dröjer än några år. Jag skulle verkligen önska att det fanns, i alla fall någon slags pratterapeut. Lärare skulle ha en sådan utbildning. Dels skulle de förstå sig själva bättre och dels skulle de förstå både föräldrar och barn bättre.

– Du är inte klok, Liv. Jag är säker på att många skulle tycka att det var farligt. Du vet inte om hur Tok-Gustaf blev hånad för sitt sätt att bemöta barn. Vuxna med för den delen.

– Vad skulle det vara för farligt i att kunna förstå varandra bättre?

– Jo, men du vet det där omedvetna som innehåller så mystiska saker. Och tänk bara på vad föräldrar skulle vara oroliga att barna pratade bredvid mun.

– Vad dum du är Carlo! Om lärarna får utbildning i till exempel bildterapi, så gör de ju inte de misstag de har gjort med dej och mej. Då vet de ju mera om förutsättningar och teorier bakom ett förtroendefullt samtal mellan två människor.

– Ska vi gissa hur lång tid det tar innan lärarna får en sådan utbildning?

– Det kan inte ta lång tid. En bit in på 40-talet har skolkommissionen lagt fram sin syn på den moderne läraren. Då ska du se att utbildningen till en modern lärare tar fart.

– Jag är mera realistisk. Lägg på 100 år till min söta syster. I alla fall en bit in på 2000-talet. Då kanske vi har ett sådant samhälle att det är moget för att utbilda lärarna att professionellt hantera sina samtal med elever.

– Gud, vad du är pessimistisk!

*

Nästa bild är en egendomlig gruppbild med ett antal konstnärer, ungdomar och barn. Med på bilden är Vincent van Gogh, Pablo Picasso, Paul Klee, René Magritte, Marcel Duchamp och Siri Derkert förstås.

Bredvid henne står Carlos halvsyster Liv och Siris barnbarn. Bakom Liv med händerna på hennes axlar står Vera Nilsson, Ninnan Santesson och bredvid henne står Lena Cronqvist och Erland Cullberg.

Lite bakom ser jag Wissa Wassef från Kairo och bredvid honom Birger Forsberg från Hedesunda, Loris Malaguzzi från Reggio och några konstpedagoger som arbetar med barn i museernas barnverkstäder.

Framför allihopa sitter en grupp barn i olika ålder. De äldre ser ut att vara egyptiska barn och de yngre känner jag igen från foton tagna i Reggio-Emilia. Där finns också en grupp svenska barn och ungdomar. Ett av barnen har ett maskinskrivet papper i handen.

Först ser jag honom inte för han är skymd av van Gogh och Picasso, men sedan ser jag hans hår som står på ända; Carlo.

Bakom allihopa skymtar en byggnad som både skulle kunna vara Nationalmuseum och Moderna Museet. Kanske är det Stockholms universitet eller Konstfack eller någon annan institution med många tjänstemän som ”kan uttrycka sig mycket klart och mycket tydligt om viktiga saker…”, som Carlo skullc säga.

Allihopa skrattar och ser glada ut som om de hade vunnit en stor seger över dem som fortfarande inte har kommit ut ur byggnaden. Fast det är en bild kan jag höra skratten och hur Carlo börjar tacka allihopa för deras bidrag till diskussionen.

Av det Carlo säger förstår jag att där förekommit en principdiskussion om hur man i fortsättningen skall se på barns bildutveckling och förhållandet mellan barns och konstnärers skapande.

Resultatet, som alla är så glada åt, är att det inte längre kommer att vara viktigt att placera in barn eller vuxna i olika utvecklingssteg. Framför allt inte klumpa ihop barn eller konstnärer i grupper. I stället kommer barn och konstnärer att uppskattas för sin individualitet.

Picasso tackar Carlo för hans inlägg om de erfarenheter han har av att ha vuxit upp i en konstnärsfamilj där man inte undervisat varandra utan gemensamt strävat med att utveckla sitt eget bildspråk. Och att det arbetet fungerat tack vare förståelse för varandras svårigheter parallellt med uppmuntran för att orka fortsätta utvecklingen.

Instämmanden kommer från flera konstnärer och en modig liten italiensk flicka säger att det har att göra med ens utveckling över huvud taget.

En egyptisk pojke förtydligar det hon säger och vill att man ska propagera för att skolan också ska fungera på det viset. Pojken med papperet i handen vinkas nu fram av Carlo. Alla tystnar och lyssnar till pojken som säger:

– Det finns många sanna och trista historier om lärares och föräldrars bemötande och bristande lyssnande. Här är ytterligare en historia som jag inte vill undanhålla er. Dess budskap kanske är det viktigaste? Hör här, säger han och läser från sitt papper:

Lille Kalle, 4 år: – Får jag måla?

– Nej! säger dagisfröken, alla barnen skall leka ute på gården.

Senare under eftermiddagen frågar Kalle:

– Får jag måla?

– Nej, det har vi inte tid med, för om en stund är det mellis och...

Kalle ger upp och tittar i en bilderbok om bilar istället.

Nästa morgon på dagis. Kalle frågar:

– Får jag måla?

– Nej, det går inte nu. Vi ska åka till parken och titta på grisarna som finns där.

På vägen till grisarna i parken ser Kalle många bilar, många bussar – röda bussar och den långa nya bussen som är blå. Den som Kalle åkte häromdagen, när de åkte till mormor och morfar. Den första åkturen med den nya bussen tyckte Kalle var spännande. Han ville åka mera lång, blå buss!

Alla barnen tittar på grisarna i parken. Det gör även Kalle. De leker och har roligt, och så är det dags att promenera tillbaka till dagis. Kalle går och funderar på den blå bussen. Den luktade annorlunda, liksom nytt, och människorna som åkte i den såg så annorlunda ut, liksom glada. Ja, det var nog något visst med den blåa bussen, det var Kalle säker på.

Efter vilan frågar Kalle:

– Får jag måla?

– Kalle, det går inte nu! Det är föräldrasamtal, och Lotta slutar tidigt så det är bara jag kvar och...

Men Kalle har tagit den stora leksaksbussen och kör den runt på golvet. Han leker att han åker blå buss, och han är busschauffören som kör den också.

Nästa morgon frågar Kalle:
– Får jag måla?
– Ja, Kalle. Idag ska vi måla!
Kalle blir jätteglad, han ska måla nu. Barnen får papper och var sin krita. Det är beige färg på kritan. Kalle vill ha en blå krita.
– Nej, säger fröken. Idag ska vi måla grisarna vi såg i parken igår. Grisarna var beige, ja, vi kan måla lite rosa också.
Kalle tänker på den blå bussen, och målar en gris.
– Fiiiint! Åh, vilka fiiina grisar ni har målat! säger fröken.
Kalle tycker inte att grisen är fin alls.
– Den är visst fin! säger fröken.
Men tycker hon det? undrar Kalle. För hon låter inte så. Kalle tar en blå krita och målar blått på grisens bak.
– Men Kalle vad gör du så för? säger fröken.
– Den har slagit sig! svarar Kalle surt. (Lundstedt.)

Alla applåderar när pojken viker ihop sitt papper och börjar sedan ivrigt diskutera vad de hört. Flera säger att hädanefter får det bli slut med sånt där bemötande av barn.

Beslut har tydligen tagits inne i byggnaden om att bildskapande är ett språk och ett språk som vilket annat språk som helst; det utvecklas hela tiden av användarna. Används det inte skrumpnar det bort, som franska man inte pratar eller jazz man aldrig improviserar.

Det är också ett språk som samtidigt säger något både om brukaren och omvärlden. Den bilddialekt man använder avslöjar temperament, styrka och vana att använda bildspråket.

Men dialekten när det gäller bildspråk visar inte på någon grupptillhörighet, utan allihopa där på bilden är eniga om att den är helt och hållet individuell. Som ett fingeravtryck.

När de pratar om det ser jag hur Lena Cronqvist, Erland Cullberg och René Magritte nickar instämmande åt varandra. Vera Nilsson, Vincent van Gogh och Marcel Duchamp hade propagerat för att användningen av ordet ”begåvning” helt skulle tas bort i skolsammanhang och ersättas av ”viljan att hålla på”. De lyckades inte helt, men kommer överens om att de hade gjort bra ifrån sig i alla fall.

De enda som är litet sura är Paul Klee och Siri Derkert, för de fick inte igenom sina förslag. De ville att lärare skulle förbjudas att säga till barn att måla litet till när barnet sa att bilden var klar. Inte heller fick de igenom att lärare skulle få böta varje gång de påstod att det inte finns blåa hästar inför barn som just målat en bild med blåa hästar.

Annars hade Paul och Siri en häftig diskussion om omedvetet och medvetet skapade bilder, där Siri flera gånger påstod att det var verkligheten och kvinnors situation som var det viktiga. Men Paul envisades och lyckades för en stund få Siri att lyssna till honom:

– Låt mig få använda trädet som symbol för konstnären. Trädet har trots svårigheter med jordmån, torka och ibland stormar som sliter i grenar och lövverk funnit sig tillrätta i tillvaron. Trädet, konstnären har orienterat sig så väl han förmår. Ta tillvara och suga in upplevelser och erfarenheter ur allt det som flyktigt drar förbi. Denna orientering i naturens och livets händelser kan liknas vid den jordmån trädet råkar befinna sig i. Och trädets vittförgrenade rötter som kan liknas vid konstnärens mottaglighet att ta tillvara alla dessa upplevelser och känslor som inspirerar till ett konstnärligt skapande. Det är härifrån kraften strömmar till konstnären. Den fortsätter genom honom och fyller hans ögon.

Så står konstnären där rakryggad likt trädets stam. Närd och växande av den strömmande kraften för han det betraktade till verket. Och så som trädets krona breder ut sig, fullt synligt, så tillhör konstverket världen.

Ingen skulle någonsin komma på tanken att kräva att trädets krona skulle växa precis som roten. Var och en förstår att det övre inte kan vara en spegelbild av det nedre. Det är givet att de olika funktionerna, i var sitt element, måste leda till avgörande skillnader.

Men just konstnärerna vill man förvägra dessa nödvändiga avvikelser från förebilderna! Man har i sitt nit gått så långt som att beskylla dem för inkompetens eller medveten förfalskning. Likväl gör han, från sin bestämda utsiktspunkt – i trädstammens ställe – ingenting annat än mottager det som kommer från djupet, och för det vidare.

Han varken tjänar eller härskar – han förmedlar…

– Varför säger han så, säger ett av barnen från Reggio, det gäller väl inte bara konstnärer! Det är väl likadant för oss barn.

– Javisst, du har alldeles rätt, jag håller med dig, säger Carlo, men ni får fortsätta pratandet medan vi tar oss till Gyldene Freden. Picasso har lovat att stå för fiolerna.

*

Ytterligare en bild finner jag utanpå Göran Tunströms bok ”Under tiden”. Bilden är beskuren, men det går lätt att se att det är Carl Fredrik Hills målning ”Blommande äppelträd”.

Jag har boken i bokhyllan och förstår inte varför jag inte sammankopplat den med Carlo tidigare. Blommande äppelträd, som så många barn och ungdomar fastnat för under Carlos visningar.

Samtidigt som jag slår upp boken ser jag Carlo framför originaltavlan med en grupp barn runt omkring sig. I slutet hittar jag ett stycke som Carlo skulle ha gillat och som mycket träffande sammanfattar det viktiga med konsten, det viktiga Carlo hade att säga; att ”se allting på andra sätt”:

> Det är en dag full av lycka.
>
> Och jag går mellan döda, förruttnade eller nyss avlidna sälar med uthackade ögon och stinkande sår, på en strand mot öppna havet med en ännu våt tavla i handen. Utanför sin sjöbod står Walter, och han böjer sig ner mot motivet, kisar och säger: ”När en håller ögonen så här nära, ser det bara ut som en massa färgfläckar som nån kastat dit, men om en ser på avstånd, så är det jädrar i mig exaktare än verkligheten!”
>
> Ogenomträngliga yttrande!
>
> Fullkomligt klara mening. Vad han uttrycker är ju en djup uppskattning och överraskning: just så här har han inte förmått se eller formulera sin upplevelse av de välbekanta stenarna i strandbrynet tidigare. ”För mig”, säger han, ”har alla stenar varit grå, liksom.” Men nu på duken – där de är gula, gröna, röda – ser han dem på ett nytt sätt, ser dem så som de kanske och egentligen ser ut, eller bara det: man kan se allting på andra sätt.
>
> För det är ju så: världens företeelser vrider sig under våra försök att fixera dem, det påstår i varje fall den moderna fysiken /.../ Och så upptäcker man att vid Walters sida på stranden har några vetenskapsmän och filosofer samlats, t ex neurologen Karl Pribam vid Standord University, fysikern David Bohm, en gång Einsteins medhjälpare, där står Frank Capra, han med Fysikens Tao, och många fler representanter för ett nytt tänkande, som kan få djupgående konsekvenser för mänskligheten, det kan allt tänkande för övrigt. Och de upprepar vad Walter sagt: ”Exaktare än verkligheten.”

Hade Tunström känt Carlo hade Carlo också fått stå där på stranden bredvid Walter och sagt: ”Exaktare än verkligheten”. Och om Carlo läst Tunström så hade han bakat in citatet i någon föreläsning om konstens betydelse. Han skulle ha gjort en bra historia som hade passat in i det övriga han skulle säga.

Carlo Derkert – konsthistoriker

Under mitt arbete med att försöka förstå Carlo och hans sätt att vara har jag hela tiden haft svårigheter med att få händelser att komma i rätt ordning.

För honom verkade det inte särskilt betydelsefullt.

I början av arbetet blev jag förvirrad; Carlo pratade om när han föddes i Florens, i nästa stund pratade han om sina första år i Pisa. Jag läste mig till att det var i Neapel han föddes.

Han berättade hur han som sexåring kom till Sverige, i någon av hans anteckningar är han nio år, medan jag räknade ut att han måste ha varit åtta.

När han håller tal på Nordenfalks begravning vidarebefordrar han föreställningen att han är en obetydlig konststuderande, som blir engagerad av Nordenfalk för att bli guide på Nationalmuseum. Som om han aldrig besökt museet före 1945 och var totalt okänd där. Men Carlo hade ju haft konstkurser där.

Det verkar som om han tyckte att det inte har så stor betydelse det där med år. Om Siri är 54 år eller 56 år när han själv kan få komma ut i offentligheten blir sekundärt.

Hans noggranna förberedelser inför olika framträdanden gör att det knappast handlar om slarv eller glömska. Det viktiga i skeendet är inte när han får anställning på Nationalmuseum, utan hur han får det.

Det är ett bestämt budskap som skall förmedlas. Då är det inte viktigt att det kommer kronologiskt korrekt. I stället finns det viktiga i hans berättelser. Och berättelserna ska vara enkla att förstå. De är tidlösa. Varje berättelse ska säga något om hur det är att vara människa, konstnär. Hur det är att leva.

Carl Jonas Love Almqvist påstår att ett berättande kan ske på olika sätt:

Det är ett särdeles behag för läsaren, när även han får uppfinna något, får vara verksam.

Man kan skriva så att man ordentligt och riktigt ger besked i allt, vad ämnet tillhörer, så att för läsaren ingenting återstår att göra, mer än blott – vad för honom väl ock tycks vara det lämpligaste – läsa.

Men man kan även skriva på ett annat sätt. Man kan låta bli att yttra allt. Kanske ej en gång i orden lägga det huvudsakligaste. Det man yttrar kan dock vara av sådan beskaffenhet att det sätter läsaren i ett perspektiv, i en stämning, i en önskan och förmåga att gå fram i ämnets riktning – och han uppfinner på egen hand allt det övriga osagda; ja, kanske mycket mer, än som ens hade kunnat sägas av författaren.

När jag skrivit ut de inspelade banden från Carlos föreläsningar, har jag många gånger förundrats över hur knapphändiga hans berättelser varit. Jag har tänkt att publiken måste ha haft stora svårigheter att begripa avsikten.

Ändå vet jag av egen erfarenhet att så inte alls är fallet. När jag varit publik har jag inte haft några svårigheter att för min inre syn brodera ut berättelserna. Tillsammans med den övriga publiken har jag kunnat skratta åt det dråpliga och klarläggande som fanns listigt inbakat.

Hemligheten måste ligga i det som Odbratt påstår; att Carlo likt en skådespelare noga repeterade in det han skulle säga. Han visste att hans historia skulle ”gå hem”. Då kunde han till och med tillåta sig en felsägning eller ett stammande sökande efter det rätta ordet utan att det förstörde poängen. För stammande och felsägande och uppochnervända bilder fanns alltid med i föreläsningarna – hans nervositet spelade honom spratt. Han var medveten om det och kunde använda felsägningen till en kommentar om sig själv. Att han inte var fri från fel, eller att det kanske hördes på hans röst att han var upprörd.

På så sätt fick han publiken att förflyttas från föreläsningens innehåll till föreläsningssalens verklighet. En brechtiansk främmandegöringsteknik som gav publiken möjlighet till reflektion.

Men före detta: förberedelsen.

Insamlandet av historier, berättelser som stämde med hans egna erfarenheter och hans egen kunskap.

Läsande, lyssnande, gående, cyklande, tunnelbaneåkande; överallt och hela tiden samlandet på historier och upplevelser. De skulle omstuvas och anpassas för att kunna förklara ett barns skapande, en konststil eller en konstnärs tankar om samhället.

> Carlo går ju inte med på att man ska hälla i sig något, utan det är en undersökning som bedrivs. Finns det någon som kan komma med ett bidrag till undersökningen, något verktyg eller något instrument, så tar han ju det. Lacan var han ju jättemycket inne på en lång period. Det var det ju nästan med alla. Han prövade ju så att säga teorin. Då är Lacan allting. Man kan inte gå över Odengatan utan att det blir en konsekvens av någon teoretisk aspekt, men sedan infogas det i ett större sammanhang. Det som sedan finns kvar av Lacan var möjligen någon sorts aspekt på spegelteorin, och då bara som ett fragment. (Ur intervju med Odbratt.)

En nyckel till hur han fann sin stil berättar han själv. Han mindes hur han tillsammans med Liv och Siris alla kvinnliga konstnärsvänner hade suttit i Ninnan Santessons ateljé. Där hade alla tecknat och pratat.

Man var varandras modell. Ingen rättade någon annan. Alla var upptagna med att söka sin personliga stil. Det var den erfarenheten han bar med sig när han skulle börja som ”studieledare” och visa konst för barn.

Den ville han ta vara på.

Han ville att alla besökande barn skulle få samma upplevelse som han själv haft. Alla barn skulle göra en teckning innan de lämnade museet.

Framför mig kan jag se hur det kunde vara där i Ninnan Santessons ateljé. Ett antal människor i olika åldrar, som alla sitter och tecknar. De respekterar varandra.

Kanske berättar de för varandra om hinder och svårigheter de upplever i sitt skapande. De ber om råd och får höra hur någons svårigheter bemästrats. Söderberg skriver att Siri hade talang för att vara en god pedagog. Mycket litet av kritik, mycket varsamt uttalad. Mycken uppmuntran för att orka ta sig igenom svårigheter, vilja ”hålla på”.

Förhållningssättet, bemötandet blev det viktiga.

Det fick Carlo också massivt stöd i av hela raden av vänner och pedagoger: Skå-Gustav (”Men det är inte bara barnen som är ena tokar, var och en på sin fason. Även vi vuxna är olika. Även vi har alla vår speciella tokighet.”), Jan Thomæus (”En regel höll jag på. Ingen fick lov att störa den som arbetade… alla människor vill egentligen arbeta, och denna ursprungliga och goda lust ska inte andra människor få lov att grumla."), Herbert Read ("Den verklige teckningsläraren finns redan inuti barnet och kämpar med att uppnå förfining.") och Celestin Freinet ("Man kan inte utvecklas annat än genom egen erfarenhet.").

Carlos egen erfarenhet kopplad till olika teoretiker, som också var praktiker, gav honom en envis tillit till det utforskande barnet. Den egna nyfikenheten på tillvaron tilltrodde han även alla andra.

När han då och då träffade på fördomsfulla människor kunde han bli både upprörd och hånfull. Som då han föreläser på Maria folkhögskola och tar fram Karen Vibecke Mortensens och Knut Brodins böcker.

När jag lyssnar till bandinspelningen hörs tydligt hans upprördhet över hur de uttalar sig. De borde ju veta bättre. Han menar att barn har en förmåga att känna också en vag antydan av kritik. Speciellt orättvis kritik. Kraftigt understryker han hur varje ålder har de bilder som svarar mot barns sätt att förstå verkligheten.

För att absolut ingen ska gå miste om hans budskap talar han också om att det säkert hörs på honom hur fruktansvärt det är att missförstå förutsättningarna för barns bildskapande.

Han har ingenting till övers för dem som tycker sig veta hur barnbilder ska se ut. Han anser att man bör se sig själv som en etnografisk forskare när man närmar sig barnbilderna och barnkulturen. Barnbilder måste ses utifrån att de skapas i en speciell barnkultur. På samma sätt måste folkkonst betraktas ur ett folkkulturellt perspektiv. Kinesisk eller japansk konst måste betraktas ur ett asiatiskt kulturperspektiv. Även samtidskonsten måste ses ur det samtida samhällets perspektiv

Carlo jämför ofta barns bildskapande och lek med forskarens sökande efter svar på uppställda hypoteser. Blir forskaren alltför kringskuren i sin gärning gör han/hon inga nya upptäckter. Får barnet inte den frihet och den stimulans det behöver tappar det lusten att utvecklas.

I det goda fallet, påstår Carlo, handlar barnets bildutveckling om fem olika stadier:

Först kommer klotterstadiet då barnet börjar göra prickar, linjer, cirklar, för att sedan hitta symboler i klottret.

I det andra stadiet gör barnet primitiva bilder liknande bondekonstens, folkkonstens; naiva gestaltningar av människor.

Det tredje är det klassiskt realistiska, där barnet strävar att nå renässansens bildideal.

Det fjärde är det romantiskt expressiva och inträffar i de första tonåren med alla starka känslor som behöver få ett uttryck.

Det femte och sista är den vuxne konstnärens bilder inpassade i olika aktuella tidsstilar. Det stora problemet är barnets fördomsfulla omgivning. Det är den som gör att barnet slutar göra bilder.

Är det så stort problem då?

Jo, bilden har en roll i ett barns livsberättelser.

Bilden skildrar livssituationer, barnets växande, och gör det både på ett inre och ett yttre plan, det vi kallar utveckling.

När Carlo pratar om bildens betydelse, om barnets skapande och den omgivande miljön får det han säger en generell betydelse. Han riktar sig till alla vuxna föräldrar eller de som arbetar med människor på ett professionellt pedagogiskt plan.

Han förankrar det han säger i egna erfarenheter, i sin egen problematik. Inte bara den lille femårige Carlo, som han själv pratar om, utan också den ångestfyllde åttaårige invandraren Carlo och alla andra problemfyllda åldrar som synkront lagrats i honom.

Han pratar i egen sak.

Samtidigt vet han att det finns många tilltufsade barn och vuxna. Han pratar för dem också. Man kan känna det. Jag kan känna det. Tydligast har han formulerat sin syn på barns bildutveckling i samband med Livs bilder:

”Hennes verk utgör en sådan mångsidig och oavbruten helhet, från det allra första skapandet till den mogna konstnärens bilder”, skriver han i brevet till ordföranden i Bildterapiföreningen, när han vill försöka finna någon som kan skriva en avhandling om Livs bildutveckling.

Det citat jag tagit från intervjun med Odbratt, där han beskriver hur Carlo tar till sig teorier och gör dem till sina, stämmer väl med hur han behandlar barnbildutvecklingen. Han ställer alla teorierna mot sin egen erfarenhet – de tusentals barnbilderna från Nationalmuseum, Livs hela bildutveckling, de egna barnens och barnbarnens bildskapande – och kommer fram till att ”barnens bilder speglar eller refererar till konsthistoriens olika faser”.

”Allt bildskapande är inre bilder”, säger han. Omedvetna behov och önskningar tar sig ut genom armar och händer och blir till bilder. I bilderna finns symboler för de omedvetna problem som barnet eller den vuxne behöver skildra. Så tecknar han själv gång på gång Kerstins ansikte och händer i ett kollegieblock med anteckningar från Södersjukhuset 1987.

Carlos erfarenheter ger honom inget uppdrag att vara den undervisande bildpedagogen. I stället betonar han vikten av att vara den uppmuntrande, stödjande och lyssnande; att "vara en god omgivning".

Utvecklingen finns redan inbyggd i barnet; nyfikenheten, viljan att ta reda på, sökandet, experimenterandet och forskandet.

Det kräver ett visst förhållningssätt hos den som vill vara den gode pedagogen. Den pedagogen tycker han sig finna hos flera teoretiker.

*

Konsten i utställningshallarnas och museernas salar talar också till omedvetna behov hos betraktaren. Konsten ger honom uppdraget att tala om barndomen, kärleken, vänskapen, döden, skriver han i sina anteckningar.

Det är också hans eget livstema, det han gång på gång behöver bearbeta också i sin terapi. Han tar fram det existentiella i konsten.

Så blir den och Carlo tillsammans ett slags kommunicerande kärl, beroende av varandra. Konsten blir till på ett nytt sätt genom Carlos förklaringar av den. Han kan resa sig ur sin ångest genom det konsten ger honom.

Också den beundrande publiken hjälper honom. Hans längtan efter uppskattning och kärlek är enorm. Den lilla flickan på Nationalmuseum ber han: "Du kan väl göra det för min skull."

Samtidigt får han publiken att reflektera och se ett manligt mönster, när han kommenterar historien för en till största delen kvinnlig publik: "Jag använde mig av ett klassiskt manligt knep." Och alla kvinnor skrattar igenkännande.

Så ökar värmen som strömmar emot honom. Och kärleken.

Även Reuterswärds smått karikerade berättelse, om hur Östermalmsdamer med sina döttrar hängde med ögonen vid Carlos läppar, handlar om hans kärleksbehov.

"Kvinnorna såg inte konsten, de såg bara Carlo."

Han måste själv ha lagt märke till det och mått bra av det.

Behövt den; kärleken i deras ögon.

Men det var ju också de känslor han förmedlade med sina ovanliga ord, som gjorde honom till en ovanlig man, beundransvärd. Han pratade inte om verkligheten utan om hur konstnären, genom konsten, upplevde verkligheten.

Inemellan också hans egna upplevelser av verkligheten. Hans berättelser gjorde det lättare att förstå konsten. Det är så hans uppgift som guide blir tydlig för honom.

Han gör det klart för sig; konstens teman är också guidens teman. Konsten tar all hans tid.

För honom är det, blir det, ett dygnetruntarbete.

Familjen kommer i kläm och dess kärlek.

Han bearbetar besvikelsen och vänder det till en kunskap om ”den otroliga verkligheten”. Han ger den till publiken i sina föreläsningar.

– Jag ringde min son och frågade:
– Ska vi gå på bio i kväll? Och han svarade:
– Nej, det ska vi inte!
– Vad ska du göra då? frågade jag.
– Det ska du skita i, sa han.

Carlo tycker i föreläsningen att det är fint att ha en son som man kan ha en uppriktig kommunikation med. Han säger att han vill ha det så.

*

Konsten ger honom kärleken han behöver.

Det är den kärleken som han vill förmedla till publiken i visningar och föreläsningar; att konsten har något att ge till betraktaren, förståelsen av livet, tillvaron som den drabbar oss.

Men orden räcker inte till. För att förstå bättre måste man göra själv, som han lärde sig i tecknandet tillsammans med Siri och hennes konstnärsvänner. Där föds idén att göra det ovanliga. Idén att ha klädkorgen på magen, med papper och pennor.

Och idén växer på Moderna museet till en hel barnverkstad.

– Att leva, det är att utvecklas. Och man kan inte utvecklas genom annat än egen erfarenhet. Genom egen erfarenhet, upprepar Carlo på sitt speciella sätt, när han ska citera Freinet i sin föreläsning.

Andemeningen i det han vill, är att ge en tilltro till människor att själva få utveckla sin konstsyn. Detta utan att få påpekat vad som är fin konst av någon som tror sig veta bättre än ”vanligt folk”. Jag är säker på att han skulle uppskatta alla konstpedagoger på olika museer, som i dag i dialoger med barn och ungdomar lyckas skapa samtal om viktiga livsfrågor. Samtalens utgångspunkt är den utställda konsten. Var det den hållningen hos Carlo som gjorde att han inte passade in på Moderna museet?

– Jag valde att flytta tillbaka till Nationalmuseum, säger han själv. Är det vanan att bli sviken som gör att han säger så? Moderna museet, som var hans hjärtebarn.

– Han blev utmanövrerad, han blev förflyttad, säger Per Lilienberg.

För mig blir det inte viktigt om han blev avskedad eller valde att gå själv. Det viktiga är; vart tog idéerna till utvecklingen av barn- och vuxenverkstäder vägen? Vem gömde undan? Vad var syftet med det? Var idéerna för våldsamma? Finns det de som vill ha bort Barnverkstan på Moderna?

– Jo, de finns, säger Maria Taube, vi får strida för att försvara Barnverkstans fortlevnad. Så kommer kampen att fortsätta mellan två olika slags syn på förhållningssätt och kunskap.

Fiktivt samtal med Carlo

På en av Carlos mappar, som jag fått låna och har framför mig, står det på en fastklistrad vit lapp längst upp i högra hörnet:

"NGT ANNAT ÄN VAD DET SER UT SOM"
Beskriva ngt med hjälp av något annat

Det meddelandet blir som en Ariadnetråd som inte får tappas bort om jag vill gå in i de labyrinter som Carlo skapat i sina mappar. Men jag tänker att labyrinterna är av olika slag och leder olika djupt. Just den här mappen har han använt till sina föreläsningar om Siri Derkert. Inuti finns en katalog från en utställning 1980 på Konstnärshuset, "Porträtt Människoskildringar", och en från Millesgården 1992, "Siri Derkert". Ytterligare en utställningskatalog från Galleri Enkehuset, "Identitet 1992", och ett särtryck från Psykisk hälsa: "Manligt och kvinnligt". Vidare en uppsats om könsrelaterade värderingar i konstkritik från mellankrigstiden "Konst, språk och genus". Där finns ett antal tidningsartiklar och 53 A4-sidor fullskrivna med hans anteckningar. Det syns att de har gjorts vid olika tillfällen med olika skrivsätt och olika pennor. Mest blyerts, ibland kulspetspenna; svart, blå, röd eller grön. Men också grön färgpenna eller blå filtspetspenna. I mappen finns inte katalogen från utställningen på Gripsholms slott, "Fogelstadkvinnor" från 1990.

Bredvid mappen har jag pärmen med hans kopior av de tre kollegieblocken med dagboksanteckningar från hösten 1987. Det första blocket börjar den 4 september när Kerstin tas in på Södersjukhuset för sin cancer, malignt melanom. Det andra häftet påbörjas den 28 september. Två dagar före Kerstins död, den 6 oktober, börjar Carlo på det tredje kollegieblocket och fortsätter sedan fram till den 11 januari 1988. I alla tre blocken finns blyertsteckningar av Kerstins ansikte eller hennes händer. Carlo bor praktiskt taget hela tiden på sjukhuset, men får också avlösning av barnen.

Det känns som att sitta framför ett krypterat material som jag ännu inte kan tyda och förstå. Jag tycker att det är en enda härva av osammanhängande trådar. Varför denna oordning? Kanske själva oordningen betyder något? Är den ett tecken på att Carlo har skapat en inre ordning genom att sortera ut oordningen i sina papper istället? Eller finns där en dold ordning som jag inte kan se just nu? Jag undrar varför han inte sorterar bort gamla papper när han förbereder sig inför en ny utställning? Varför kan jag räkna ihop till mer än tio upprepningar av huvudinnehållet i det surrealistiska manifestet från 1924?

> 1) Breton: (om Fröknarna i Avignon) "... verkligheten är inte det vi ser framför våra ögon utan målaren skall referera till en modell inom sig." 2) Vi referera..."Till en psykisk automatism som mer eller mindre hör samman med drömmen..."

Jag kan frammana en inre bild av Carlo sittande på stolen bredvid mig. I det mötet får jag möjlighet att fråga och diskutera med honom. Det vore ett sätt att komma in i hans text och förstå drivkraften bakom hans tolkningar av konst och konstnärliga uttryck. Det är just den tanken som leder mig till att verkligen söka reda på honom.

Det lockar mig att härma FN i TV-serien "Rederiet", där han får hjälp av Nickolai att efterlysa Louise på Internet. Jag försöker göra likadant och kommer att tänka på vad Siri Derkert sagt till Sara Lidman om Valle: "Han finns, förstår du" (Sandqvist). Då och då dyker Carlo upp i TV i något kulturprogram om konst eller också har han uttalat sig om något i en nyskriven bok om barns bildskapande. På något sätt finns han därute och säkert är han också intresserad av att framträda. Jag litar på att vi kan få en bra kommunikation. Vi har alltid haft lätt att prata med varandra och skapa en levande dialog. Samtidigt får jag en "verfremdungseffekt" till hans anteckningar.

Medan jag väntar på att han läser mitt utsända meddelande, var han nu befinner sig, så passar jag på att skriva ner i datorn mappens svårtydda anteckningar. Jag börjar med utsidan av mappen.

Det tar mig två veckor att skriva ut merparten av anteckningarna, och jag får en obetvinglig lust att ge upp inför de sista 17 sidorna. Jag tycker att de innehåller enbart ytterligare upprepningar av det jag redan skrivit ut. Efter ett par dagar inser jag att det också på dessa sidor finns viktiga meddelanden. Det går fortare att finna de ställen i hans tre kollegieblock, där Carlo kommenterar något som Kerstin säger i sin sjuksäng eller där han kommer med en egen reflektion. Jag läser allt han har skrivit, men skriver bara rent Carlos kommentarer och tankar. Arbetet som pågår är att göra val: inkludera eller exkludera. Jag tänker att själva skrivandet hjälper mig så att jag kommer att veta bättre vad vi ska prata om. Det jag inte inkluderar kommer jag automatiskt att exkludera. Samtalen om Kerstins kollegor och hennes arbete exkluderar jag. När jag skrivit ut de tre kollegieblockens dagboksanteckningar i datorn har det blivit ytterligare sex A4-sidor. Det är en slags grundinkludering och grundexkludering som jag gjort. Samma överväganden fortsätter i mitt skrivande – ”dialogen” med Carlo – vad jag ska ta med och vad jag ska ta bort?

När jag väljer att leta reda på Carlo och sätta honom i en stol bredvid mig, är det en medvetet vald metod. Det är inte Carlos repliker, det är hela tiden mina repliker, men jag hämtar dem från hans anteckningar och formulerar dem åt honom. Jag väljer att skriva på det sättet för att komma ett steg längre. T. McCarthy skriver i förordet till Habermas bok ”The theory of Communicative Action”:

> The thinkers discussed – Max Weber, Durkheim, Mead, Lukács, Horkheimer, Adorno, Parsons – are, he holds, still very much alive. Rather regarding them as so many corpes to be dissected exegetically, he [Habermas, min anmärkning] treats them as virtual dialouge partners from whom a great deal that is of Contemporary significance can still be learned. The aim … is to excavate and incorporate their positive contributions, to criticize and overcome their weaknesses, by thinking with them to go beyond them.

Habermas tar sig friheten att tolka dem så att de kanske inte skulle känna igen sig själva i det Habermas tillskriver dem i dialogen. De blir virtuella samtalspartners. Syftet för honom är att få tänka tillsammans med dem och därigenom kunna komma ett steg vidare, för att "gå utöver dem".

Skillnaden för mig är att jag får använda mig av anteckningar. I annan forskning grundar sig tolkningen på publicerat material. Kanske är det riktigt att påstå att Carlo genom sina personliga anteckningar kan sägas ha publicerat sig direkt för mig.

Jag frigör mig från den vördnadsfulla hållningen till hermeneutiken där kontentan är att den riktiga tolkningen ligger där i materialet och väntar. Den gör inte det. Den måste frigöras.

Det påminner om Hjalmar Bergmans "Farmor och Vår herre". Farmor pratar med Vår herre och får svar. Fast det är hon själv som står för svaren. Hon tycker sig veta vad Gud ska säga. Skillnaden: för henne en omedveten handling – hos mig: medveten handling för att frigöra kritiska frågor till materialet. Syftet är inte alls att vara mystisk. Det är en metod för att tydliggöra.

Vet vi helt och hållet hur vi tänker och vad vi tänker? Ju mer jag trängt in i det material som Carlo låter mig ta del av, desto tydligare ser jag också hans omedvetenhet om sitt eget sätt att vara. Men det leder mig också till min egen omedvetenhet om hur jag är. Carlo tror att han bara är konstpedagogen som berättar om viktiga konstnärer och deras verk. Men i nästa ögonblick är han psykologen som genomskådar den modersfixerade konstpedagogen Carlo. I åter nästa den femårige pojken som genom hela livet har rätt att göra slarviga anteckningar och hävda att han inte kan skriva för att han är invandrarbarn. Och återigen nästa talar han om hur den gode föräldern ska vara. Han tillåter sig att vara sådan. I denna oreda är han stabilt förankrad. Jämt pratande om sig själv som Carlo eller herr Derkert. Ytterst sällan ett "jag".

Hela tiden finns där någonting viktigt, som jag vill locka ur honom. Det skulle få det han faktiskt säger att bli än viktigare.

Naturligtvis är det så att han inte alls finns där ute på Internet, utan det är inne i mappen jag hittar honom. Mellan några blad som han på gammaldags vis häftat ihop med två knappnålar.

*

Så sitter han i mitt arbetsrum i Svenneby, Gerlesborg och han har samma svarta kostym som sist jag såg honom. De bruna, väl ingångna, skorna är nyputsade och blanka. Strumporna är röda och gör tillsammans med de något för korta byxorna att han blir både en modern clown och en punkare med håret på ända. Utan att det behövs någon styling gel. Jag får Jacques Tati i tankarna.

En grov, blå skjorta syns under kavajen, som även nu har ett lager av mjäll på axlarna. Han ser glad ut och har inte mer än satt sig förrän han är igång.

Jag känner igen hans sätt att gå direkt på det som han tycker är väsentligt. Han hoppar som vanligt över alla artighetsfraser och börjar obehindrat som om jag redan ställt frågan:

– Jag propagerar för att man noga ska spara och datera allt man gör! Jag säger det till föräldrar och lärare: "Skriv datum!" Det räcker inte att känna till en konstnärs verk. Man måste också veta när de är gjorda, hur de är gjorda och under vilka omständigheter. En dag kommer det utan tvivel att finnas en vetenskap som man skulle kunna kalla "vetenskapen om människan". Konsten är en naturvetenskap, en humanistisk naturvetenskap. Den ska ge oss kunskap om människan i allmänhet genom att man studerar den skapande människan. Jag tänker ofta på en sådan vetenskap och det är därför jag är beredd att till eftervärlden överlåta en så komplett dokumentation som möjligt. Du vet Picasso sa, apropå utställningen 1932 i Paris, att ens arbete är som en slags dagbok. När konstnären på en utställning ser en del av sina gamla målningar igen, ser de ut som ens förlorade barn, men de har kommit hem klädda i skjortor av guld.

– Men Carlo, invänder jag, är det du eller Picasso som säger det där? OK, jag hör ju att det är du som säger det nu och jag kan läsa att du skrivit det också. Nu kan jag vara tydligare än i våra tidigare samtal. Jag tycker att du gömmer dig bakom Picasso eller van Gogh eller Siri. Jag misstänker att det är för att du om en stund ska kunna säga att du bara citerade dem. Samtidigt låter det på dig som om du vill att den sanna och ärliga bilden av dig ska framträda ur det du lämnar efter dig.

– Verkligheten är viktig för mig och den erfarenhet jag gör i denna verklighet. De viktigaste erfarenheterna är inte de lättillgängliga och lättsmälta. Men vissa upplevelser jag haft är så traumatiska att jag måste ta emot dem som värdefulla, annars skulle jag ha gått sönder. Då kan jag erkänna att det också är en överlevnadsstrategi. Jag ville tala om hur dåligt jag mådde, men jag var inte särskilt bra på det. Då hände det att jag gick in i skafferiet på S:t Paulsgatan och grät. Jag tyckte att jag var så övergiven och ensam.

– Så det är en riktig tanke att se dina traumatiska upplevelser – att gång på gång bli övergiven – som hinder för att förverkliga din vilja att bli arkitekt, att bli skådespelare, att doktorera på van Gogh?

– Det är nog riktigt, men det är olika delar. Det är sant att jag ville bli arkitekt, men jag hade inte kraften att förverkliga det, jag hade inte tillräckligt bra matematikbetyg. Detsamma kan jag säga om arbetet med van Gogh. Inte heller där räckte min kraft till för att genomföra arbetet. Ändå fick jag ju mycket hjälp av Siri. Hon nästan stal arbetet från mig. Allt blev till trefärgsblandningar för att hon var så intresserad själv. Jag fick ingen ro att formulera mina tankar. Jag la det på hyllan. Att bli skådespelare, det hade jag klarat, men jag var rädd att bli övergiven en gång till. Jag vågade inte göra henne besviken.

– Så du upprepade samma misstag som Siri gjorde, när hon inte vågade säga emot sin mamma och pappa och gifta sig med Valle och tala om att du fanns? Ska du inte skylla på att du har svårt att lära dig texter utantill?

– Jo, jo, men Siris kärlek då? Jag ville inte vara utan Siris kärlek. Jag ville så mycket, men hade så lite av den kraft som behövs för att envist hålla på.

– Du verkade ha kraften att hela tiden ställa upp på Siri, men därmed valde du också bort Kerstin. Var det så?

– Joo... men jag älskade Kerstin också.

– Du skriver om Botho Strauss' ”Hennes brev till bröllopet”, att det handlar om dig. ”Jag var rytmen, du den färdiga meningen” står det i dina anteckningar.

– Jag minns. Jag hade mist Kerstin. Jag grät och var förtvivlad. Så läste jag bröllopsbrevet. Och jag kände igen mig. En kvinna skriver ett brev till sin frånskilde man som ska gifta om sig. Hon skriver att hon sårat och varit taktlös, att hon blev beskylld för kyla och elakhet. ”Men när jag träffade denne man, min älskare, tänkte jag inte på dig. Jag var säker på att jag inte bedrog dig, jag visste att jag inte längre tillhörde dig, att jag slutgiltigt var skild från dig”, står det i brevet. Kan du förstå att det påminner om hur otillräcklig jag var för Kerstin?

– Jag har läst hela brevet, men jag förstår inte; tänkte du på kvinnan som skrev brevet eller mannen som skulle få det på sin bröllopsdag?

– Jag var båda. Det var bådas situation jag kände igen i mitt äktenskap med Kerstin. Svårigheterna vi hade att förstå varandra. Då när jag grät, var det för att jag så sent, alltför sent, begrep vad jag gått miste om med Kerstin. Hon var så förståndig och klok. Hon var verkligen den färdiga satsen. Jag var den nervösa rytmen. Botho Strauss' ord stämmer precis in på hur jag hade det när Kerstin dött. ”Aldrig har jag förstått bättre vad det har betytt att leva, kämpa, mogna, lida, lära vid din sida, än just nu, när allt detta är oåterkalleligt slut. Måste vara slut. Den sprickan går så djupt att en del av min själ för alltid kommer att vara avskild från mig, och jag kan hålla upp den för mig och se på den som på en främmande människas inre. Jag har nu lärt känna min väg, också den jag hädanefter kommer att gå ensam.” Det kändes befriande att gråta, gråta över mina brister, mina misslyckanden, min ensamhet. Det var jag bra på att envisas med.

– Och konsthistorien envisades du också med?

– Joo, bara jag fick göra det på mitt sätt, använda mig av mina egna erfarenheter och sätta in dem i det konsthistoriska sammanhanget. Det var på samma sätt med skådespelandet. Det var ingen ansträngning, bara att ösa ur mina upplevelser och erfarenheter. Det krävde bara ett enormt arbete. Som museiman kunde jag till och med kombinera de två. Så kom jag att arbeta fram en relativ säkerhet att klara visningarna och föredragen. Jag tror att det växte fram genom att jag upptäckte att publiken, också barna, tyckte om det icke perfekta i det jag sa. Så blev det som kom ur min egen ångest, oro och otrygghet att bli en tillgång i mina framträdanden.

– Och då har du gjort det till din förklaringsmodell?

– Ja, nu när jag är död kan jag så här efteråt säga att det inte är meningen att livet ska vara lätt att leva. När jag sa att om man söker lugn och harmoni, finns det i graven, så var det som en slags tröst till mig själv för att jag skulle stå ut. Samtidigt kan jag tycka att det är de smärtsamma upplevelserna som lärt mig mest. Det säger jag efteråt, inte mitt i smärtan. Men nu kan jag ärligt säga att jag lärt mig att hela tiden längta efter det levande, antingen det är förunderligt eller traumatiskt. Ja, ja, du vet ju att jag gång på gång har sagt att när jag pratar om van Gogh eller Siri så är det om mig själv jag pratar. En dag när jag hade varit hemma en stund och var på väg till Kerstin på Södersjukhuset såg plötsligt husen runt omkring mig ut som kulisser. Trots sorgen började jag genast att fundera på hur jag skulle kunna använda mig av upplevelsen. Det var som en teaterupplevelse. Då blev det naturligt att se den förvandling som kan ske på en teater; att kulisserna där förvandlas till en levande miljö, när skådespelarna ger liv åt ett drama. Det är konstens arbetssätt. Mina upplevelser blir till reflektioner om hur det är att leva. Det var så för van Gogh och Siri också, vet jag. Men när du nu ställer mig mot väggen, varför jag går omvägen över van Gogh och Siri, så vill jag tänka på det innan du får ett svar.

– Konstens arbetssätt? säger jag. Du kan väl förklara så jag förstår!

– Se konsten som ett språk. Fel, se konsten som många olika språk. Eller kanske kan man säga att det rör sig om olika dialekter.

– Jag tycker du säger det så bra, när du börjar med det lilla barnet du möter i tunnelbanan. Det tittar på dig som om det förstår.

– Jaaa. Man undrar ju om den där ungen redan har ett färdigutvecklat symbolspråk eller om den är programmerad för att utveckla sitt eget symbolspråk.

– Det är som skillnaden mellan hårddisken och mjukvaran i min dator.

– Ja, det vet jag inget om, hugger han av och jag hör tydligt att han tycker att jag pratar skit.

– Ska vi fortsätta? säger han tillrättavisande och jag nickar så att han ska förstå att jag bara vill lyssna.

– Konsten arbetar med symboler som ska kunna skildra en verklighet, en upplevelse, en känsla eller en tanke. På det sättet blir verkligheten kodad, vilken konstform det än gäller. Också det talade eller skrivna språket består av koder som mottagaren måste dechiffrera. Men redan före dechiffreringen måste det personliga, unika och autentiska tilltalet finnas där. Språken talar till medvetna och omedvetna delar i oss. Problemet för mig var att jag tyckte att jag aldrig lyckades få det skrivna ordet så bestämt och så pregnant som jag önskade. Vill man formulera en verklighetssyn, en ideologi som är en annan än den rådande måste det till ett distinkt språk. Det duger inte med metaforer och poetiska uttryck även om de har en viss icketrivial autenticitet.

– Men det talade eller skrivna ordet kan väl förstås olika beroende på vem som lyssnar, hur den mår, vad den tycker om? Dina föreläsningar förstås kanske på lika många sätt som det finns åhörare?

– Jovisst, men för mig finns hela tiden känslan att mitt språk inte duger.

Det är som om det tagits ett beslut i en nämnd att just det som skrivits, absolut bara ska ha en betydelse, fast jag vet att det finns flera betydelser. Jag klarar inte det där slutgiltiga. I det muntliga känner jag mig bättre hemma. Jag kan tillföra de nyanser som jag tycker är nödvändiga för att det ska framgå vad jag vill stå för. I det muntliga kan jag också använda kroppsspråket och tonfallet. Och jag kan hela tiden kontrollera hur mina ord och gester fastnar på en publik. Men be mig inte att läsa igenom dina utskrifter av föreläsningarna på Nationalmuseum. Jag törs inte se vad jag sagt utskrivet. Det talade blir så överdrivet när det skrivs ner.

– Jag tycker du säger många bra saker, också när jag ser dom i skrift, invänder jag.

Men han bryr sig inte om mitt inpass.

– Om du tittar närmare på mina anteckningar så vill jag säga att jag gjorde dem mera som jag tänker och pratar. Det viktiga för mig, när jag höll föredrag, var att förmedla flera tankar på en gång. Det går att göra när man pratar utan att det låter konstigt. Jag tror mig om att ha varit skicklig på det. Det är också något mänskligt över det. När jag gör mina anteckningar är det på samma sätt. Med pilar, parenteser, olika färger på pennorna. Där går det också att säga flera saker samtidigt. Det är likadant med en målning, en teckning, en skulptur eller en dans med för den delen. Men jag lärde mig aldrig att göra det i ett skrivande. Jag tyckte det var otroligt svårt. Titta på det jag skrivit i mappen som du har framför dig! Själva orden säger en sak, men stilen och storleken på bokstäverna, otydligheten talar om min iver eller upprördhet när jag skrev. Det är en del av mig det också. Att få det pregnant och svävande samtidigt. Har du sett att jag genomgående skriver ordet ”kraften” med två ”f”. Jag tycker att det blir liksom ”krafftigare” med två ”f”. Det var jag inte medveten om, då när jag skrev det, för då var det en felstavning, men det säger något om mig, eller hur? Det finns en berättelse i ordet ”krafften”. Det är det som är det viktiga. Det är den berättelsen jag vill att du ska se. Den är en del av den människa som jag är – som jag var, menar jag förstås. Det hänger ihop med den djupare människovetenskapen som jag talade om tidigare. Och då menar jag inte det där om att jag är ett invandrarbarn som har, hade problem med språket. Utan hur nära jag hade till känslor och hur de berörde mig.

– Du vill att jag ska se berättelsen bakom, styrkan i ”kraften med två f”, att det är din känslokraft och den är stark? Men det går ju faktiskt att tolka de två "f-en" som något ytligt pålagt. Röststyrkan som kommer ur ordet behöver ju inte innebära att människan bakom är känslomässigt stark. Det kan ju faktiskt vara tvärtom; att du försöker dölja hur du är. Att osäkerheten, oron, ångesten också ställer till det när det gäller att våga lita till dina känslor?

– Allt hänger förstås ihop: övergivenheten, ångesten, längtan efter kärlek och det uteblivna skrivandet, men jag ville bara peka på att skrivna ord ofta är endimensionella. Det är lättare med det talade ordet för mig. Det mångtydiga har varit viktigt att förmedla. Jag kunde det inte i skrift, så jag avstod. Skriftspråket blev ett för stort hinder för att jag skulle orka ta mig över det.

– Du har rätt i att det är svårt med det skrivna ordet och jag kan känna igen det du säger. Den här texten har jag skrivit om minst tjugofem gånger. Läst igenom det skrivna och sett att det fattas en tanke, som jag skrivit till. Då har det blivit ett tankefel som rubbat hela språkbygget. Så har jag blivit tvungen att åter skriva om, för hela stycket hotar att dra iväg med vårt samtal så att det inte alls kan härledas till dina anteckningar...

– Nu börjar det bli krångligt det här. Kan vi inte ha ett samtalsämne i taget? Jag vill reda ut det här med konsten och språket, säger Carlo och ber mig ta fram det ställe där han gjort en anteckning av Gunnar Ekelöf.

– Här, säger jag och läser: "Läsandet måste ha näring i verklighetsupplevelser. Man måste ha gjort erfarenheter för att känna igen sig i det lästa och för att få nya och fördjupade erfarenheter. Annars lär man bara livets bokstav."

– Jag håller med Ekelöf. Det han säger där, det gäller i högsta grad konsten också. Man kan inte sitta inne hela livet och läsa och därifrån skaffa sig ett ideal för sig själv och världens bästa. Visst har böckerna makt, men det vackra, sagolika eller groteskt hemska finns i vardagens verklighet också. Det är visserligen dolt av vår rädsla för att något ska dyka upp då vi inte är beredda. Man kan inte se konst utan att ha bakomliggande erfarenheter från livet.

– Har inte det att göra med "den otroliga verkligheten"? Det återkommer många gånger i dina anteckningar.

– Siri fann en verklighetens stil som hon betecknade "den otroliga verkligheten". Hon lärde sig att inte vara rädd för det okända överraskande. Och jag tror att jag fick med mig den förmågan från henne, en öppenhet inför vardagens otroliga skeenden. Det är då den otroliga verkligheten visar sig.

Eftersom jag tyckte om att dansa, så är det enklast att metaforiskt beskriva den otroliga verkligheten genom att ta dansen som exempel. I början, då när man lär sig dansa och bjuder upp en flicka så är det kropparna som rör sig.

– Och killen tittar hela tiden ner på sina fötter för att ta de rätta stegen, inflikar jag.

– Hela tiden kropparna. Men de rytmiska dansrörelserna gör att medvetenheten om hur kropparna rör sig övergår i en upplevelse. Dansen gör att man svävar tillsammans och det känns som man lyfter över golvet, som om man vore en fågel. Det är en fantastisk känsla. Jag vet att kroppen finns, men samtidigt också det underbara i dansen. Det är den otroliga verkligheten. Som när du och jag sitter här tillsammans och pratar. Också vi svävar. Någon gång måste ju alla människor ha upplevt just den där otroliga verkligheten då det vibrerar och känns ogripbart. Kanske i ett möte med en annan människa. Eller en naturupplevelse; björkar som skiftar över i violett strax innan de slår ut.

– Men dansen, leder den inte fel? Och samtal med en intressant människa? Din svävande otroliga verklighet är väl inte bara det angenäma, en rosa solnedgång?

– Nej för fan. Det sker oftare i det vardagliga; att se barn som hoppar hopprep bredvid fontänen på Mariatorget och kanske börjar gräla om vems tur det är. Eller gubbarna som spelar boule på grusgången. Eller två kvinnor som allvarligt pratar med varandra i snabbköpskön när jag köper havregryn till min gröt. Att jag stannar upp och lägger märke till det som sker. Att jag då ser framtiden i barnens kroppar och den slitsamma vardagen hos gubbarna, för att inte tala om intressegemenskapen i kvinnornas närhet till varandra. Det är den otroliga verkligheten. Det är då det blir pregnant och svävande på samma gång. Dit hör mitt samtal med läkaren om cancern, min ilska och besvikelse och att kunna vända det till något konstruktivt. Och då kommer jag in på det fula. Det tillrättalagda, det slätstrukna är inte särskilt intressant. Ett barns besvikna och sura ansiktsuttryck. Den slitna mannen med ölburken i handen på parkbänken. De bekymrade rynkorna i kvinnornas ansikten på väg ut ur affären med sina matkassar. Det är det spännande, det som gör mig nyfiken.

– Det som döljer spåren av verkligt liv, skönhetsoperationer, silikonbröst, fettsugningar och ansiktslyftningar gör bara livet mer förljuget och ointressant, menar du? försöker jag.

– Ja, den otroliga verkligheten handlar om det vi verkligen upplever. Inte om hur vi flyr från en viss del av våra liv, för att det som visar sig där anses fult. Det vackra är inte särskilt intressant. Det är mycket mera spännande med det fula. Det ger anledning till ett funderande över livet.

– Minns du i Göteborg, du inledde med att säga att jord på parkettgolvet är smuts, men ute i potatisåkern är det en tillgång... Då trodde jag att du hittat på det själv...

– Men det var det inte, men jag hade gjort om historien så att den skulle passa in i min föreläsning. Jag hade tagit det från en amerikansk antropolog, Mary Douglas. Det som händer idag är att det tidigare tvärsäkra förhållandet mellan vad som är vackert och fult håller på att luckras upp. Gamla sanningar och ideologier gäller inte längre. Vår världsbild håller på att omdefinieras. De enkla motsatsparen är inte så enkla – ”det ljusa är vackert, det mörka är fult”, ”det rena är vackert, det smutsiga är fult”. Nu börjar det vackra vara både vackert och fult och det fula både fult och vackert. Det balanserat smakfulla blir tröttsamt.

Carlo pustar verkligen ut av hur tröttsamt det är med det smakfulla. Jag känner igen hans suckande ”hoa, hoa”. Sedan tar han ett nytt andetag och sätter igång igen.

– Jag har velat hitta ett sätt att med ord beskriva min otroliga verklighet. Picasso och Siri gjorde det i sin konst. Jag har försökt göra det i mina föredrag. Jag skulle vilja påstå att det är en hjälp om man vet vad det Surrealistiska Manifestet säger.

– Det finns ett antal gånger i din mapp.

– Ja, jag ser att du har kollat att jag har det på flera ställen. Så det är klart att jag menar att det är viktigt. Den verklighet jag ser måste göras om till en modell inne i mig och det är med den modellen som jag kommunicerar till nya människor omkring mig. Det är så konstnärer arbetar. Hur dom än uttrycker sig är det enbart sina inre bilder dom tar fram. Marion Milner har skrivit om det där.

– Jag minns vi pratade om det där på Mariefredsbåten och jag hade just läst hennes bok. Jag undrade om du kände till henne och det gjorde du så klart.

– Du bad mig förklara... så låt mig göra det då!

– OK!

– Det kan ta lång tid att göra den där inre bilden överförbar så att andra blir medvetna om att de faktiskt förstår den.

– Jag lyssnar.

– Det handlar om mänskosyn och kunskapssyn, säger Carlo bestämt. Min utgångspunkt som museivisare, var att barn och vuxna tar till sig en bild av Siri om de får hjälp att hitta det symbolspråk inne i sig som bilden är gjord med. Om de försöker läsa en text som är skriven på franska, fast de tror att den är på ryska, så kommer de att ge upp. Det går inte att uppleva textens budskap. Man måste läsa med rätt glasögon, men jag delar inte ut några glasögon, för jag vet att de redan har tillgång till olika glasögon. Jag hjälper dem bara att leta rätt på de glasögon som gör texten läsbar. Lyckas jag med det så kan jag kommunicera min inre bild till andra människor och de kan ta emot den och känna igen den. Kanske finns i bilden en ny tanke som berikar dem.

– Jag förstår den där metaforen, men hur gör du egentligen?

– Jag ska lära dig ett bra ord som du ska lägga på minnet: ”Referensen!” Vet du vad det betyder?

– Har det att göra med ”att referera”?

– Snarare med ”att referera till”. Det har att göra med att vilja vara psykologisk på det viset att man ger dubbla budskap. Något som jag säger betyder också något annat. Jag beskriver en upplevelse med hjälp av något annat. När Picasso målade Dora Maar i slutet på 30-talet, så gör han dels om hennes ansikte till en krigsgudinna, en Jeanne d'Arc. Anledningen till det var att tyskarna marscherade mot Paris. Hans fruktan för kriget tar sig det uttrycket och det blir en dubbel bild. Dels ett porträtt av Dora Maar, dels en kommentar till kriget. Litteraturhistorikerna talar om den dubbla texten. Det är då man kan säga att referensen, som är av psykologisk och samhälleligt slag, påverkar utan att man tänker på det, utan att man lägger märke till det. Det här hade man ju inte kunnat veta om inte Picasso talat om det. Men har man fått reda på att det finns referenser, så kan man börja titta mera noggrant. Att sedan Picasso valde Dora Maar till modell hade med hennes temperament att göra. Hon passade till krigsgudinna. Det är det dubbla budskapet; Dora Maars temperament och tyskarna som marscherade mot Paris.

– Så hemligheten med dig är att du inte tolkar bilden du visar, utan berättar i stället om den sociala och samhälleliga situation som konstnären levde i. Så skapar du och publiken ett slags överenskommelse om hur man ska förstå det du säger. Då kan du också hjälpa publiken att upptäcka referensen och symbolspråket i bilden blir lätt att ta till sig för var och en.

– Jo, men jag säger också vad jag ser i bilden.

– Så för att tolka konstverket Carlo Derkert behöver man veta vilka dina referenser är? Är det så du menar om jag uttrycker mig tydligt? 10-talet i Italien som portvakterskan Gabriellinis pojk. 20-talet med de gammeldags borgerliga morföräldrarna. 30-talet med arbetardemonstrationerna i Ådalen, fascisterna i Spanien och nazisterna i Tyskland, närheten till Siri och Liv och Liv som dör 1938. 40-talet med Siri som kommer ut i offentligheten och du som konsthistoriker flyttar ihop med Kerstin och träffar Carl Nordenfalk. 50-talet med alla dessa barn på Nationalmuseum och du gifter dig med Kerstin och får fyra barn. 60-talet på Moderna. Ensamheten på 70- och 80-talen. Kerstin som bor för sig. Föredragen runt om i Sverige.

– Ja, det var en sammanfattning av ens liv som ett hundrameterslopp på tio sekunder, säger han. Men om jag är konstverket Carlo Derkert, som du säger, så måste det kunna referera till de inre modeller som människor har för att de ska få ut någonting. Gör inte jag det eller gör inte konsten det så gör varken jag eller konsten någon nytta. Det är där jag kommer in som konstvisare, jag hjälper människor att hitta sin egen inre modell. Jag försöker ge förslag på vilket språk konstnären använt.

Jag har hört hans pressade röst och hinner se hans röda ögon innan han vänder sig bort och säger att han behöver låna toan. Jag ångrar min klumpiga sammanfattning av hans liv. Jag tänker på hur jag skulle reagera om mitt liv refererades på samma sätt. Jag skulle också bli upprörd. Samtidigt har han just öppnat mina ögon genom att vara den han är; genom sitt liv har han pekat ut att så här lever vi våra liv. Den första tiden står vi i ett beroendeförhållande till våra föräldrar, till dem som vårdar oss; en anpassningens tid. Senare kan vi ha en egen vilja som vi väljer att hävda, starkt eller kraftlöst beroende på vilka vi blivit, hur livet farit fram med oss. Även om vi envist orkar hävda vår vilja kan omvärlden bjuda motstånd så att vi inte får som vi vill. Hur vi än handlar duger det inte. När jag nu tycker mig veta Carlos referenser så förundrar jag mig att han orkade bli den han blev. Att han hanterade upplevelserna i sitt liv så att det traumatiska och ångestladdade omvandlades till en styrka både för honom själv och för andra som lyssnade på honom och kände igen sig.

*

Så hör jag hur han spolar och tvättar sig. När han öppnar dörren är det som om han befriar sig från något obehagligt genom att högt, med en italiensk betoning rabbla: Mammapappa, mammapappa, mammapappa. Så sätter han sig på stolen mitt emot mig och säger:

– Ska vi fortsätta? Var var vi någonstans?

– Referensen, säger jag.

– Just det ja. Referera till en modell... När jag sist pratade om Siri och hennes familj, så berättade jag att mormor Valborg hotade att kasta sig ut genom fönstret. Hon misstänkte att Edvard var otrogen. Genast rusade alla fyra flickorna fram för att handgripligen trösta henne och dra henne bort från fönstret. Pojkarna var bara iakttagande och förstod sammanhanget. Jag hade läst om funktionerna i de båda hjärnhalvorna och ville finna de rätta orden för det jag tyckte stämde med forskningen. Då kom jag på ordparen gripa och begripa. Det kvinnliga sättet är att de griper in, tar tag i och är nära, medan mannen vill förstå och förklara och hålla en distans. Och jag märkte ju hur publiken nickande kände igen sig. Det hörs i skrattet att just så är det. Publikens modell av kvinnligt och manligt är också orden "gripa" och "begripa". Orden "landsfader" och "livmoder" hör till samma tema och ger samma igenkännande reaktion. Metaforen passar till modellen vi har i oss. Orden blir referenser till den bild jag berättat från den derkertska familjen som i sin tur kan vara referens till de bilder Siri gjort av barnen. Med bilderna vill hon gripa tag i, skapa en närhet.

– Jag tycker mycket om den där dikten du skrev.

– Vad menar du? Vad då för dikt?

– Den där du skriver att du är utanför världen, staketet, muren. Det är nästan som dom pratar om i Reggio-Emilia. Du skriver om ropet ut till världen över staketet eller över muren. Att det är en pojke som sitter gömd bakom en buske och försiktigt tittar fram. Han ser en kvinna långt borta och han ropar inte till henne utan viskar bara efter sin mamma. Han gör det utan att det hörs. Han tycker sig själv vara utanför världen. Han tycker själv att det bär högt och dramatiskt, mimiskt som han ropar ut över världen.

Han är alldeles tyst och jag är rädd att jag kommit honom för nära igen, men så är det inte, utan han säger:

– Ja, jag kom att tänka på den där drömmen jag berättade för dig. På något sätt ville jag formulera att jag känt det som om jag varit på andra sidan muren hela mitt liv. Att kvinnan som funnits långt borta, äntligen kommit mig nära de där dagarna på Södersjukhuset. Jag ville också förklara och i alla fall redogöra för mig själv att ilskan, som omgivningen tycker sig se, egentligen bara handlar om att jag måste ta sats för att få ur mig vad jag egentligen står för. När jag var liten viskade jag ”mamma”. Nu är jag tvungen att ilsket ropa för att göra mig hörd. Är det så underligt att jag verkar litet aggressiv? Men jag vill att du ska veta att det jag skrev i de där kollegieblocket handlade inte alls om mig.

– Det stämmer inte. Det är ju dina tankar och dina upplevelser. Jag skulle säkert kunna formulera mig på samma sätt i en sådan situation. Eller rättare; jag skulle vilja kunna formulera mig som du. På så sätt blir du en hjälp för mig och andra. Du blir en förebild.

– Ja, du har nog rätt. Det är bara jag som blir ängslig att jag ska missförstås. Det här allvarliga och djupt mänskliga kan lätt förvanskas i en kvällstidningsjournalistisk ytlighet. Men det var ju så här jag fungerade. Jag kunde inte låta bli att leta bilder, metaforer, till mina föreläsningar också i upplevelser i samband med Kerstins sjukdom.

– Där är vi överens. Jag blir bara förvånad över hur du uttrycker det i dikten. I dikten, som i drömmen, är du utanför världen. Instängd bakom ett staket, en mur. När du vill nå ut till världen måste du ropa där bakom staketet. Och den lilla pojken som ingen i världen har fått se tittar fram bakom en buske. Men när han får syn på kvinnan som nu är långt borta kan han bara tre gånger viska till sin mamma. Hur såg din verklighet ut? Det är många år sedan Siri dog. När du skrev dikten var det Kerstin som försvann allt längre bort. Inte ens om du ropat ilsket och argt hade hon kunnat komma dig nära. Både Siri och Kerstin har slutgiltigt övergett dig. Det är därför du viskar när du ropar på hjälp, som du brukar göra när du har något viktigt att säga. Är det av gammal vana du ropar på mamma, fast du menar att vem som bara vill kan få komma och ta dig med ut i världen? Äntligen få komma utanför staketet där du hölls fången. Men där finns ingen som kan befria dig, bara du själv.

– Jag kommer att tänka på, fortsätter jag, apropå din dikt. Jag har skrivit ett kapitel om din kvinnosak. Men så känner jag mig osäker, om det ska vara ett särskilt kapitel eller om du och jag bara kan prata om det.

– Om jag har sagt något om kvinnosaken så handlar det väl om allas kvinnosak, säger han litet retligt. Och jag har gjort det för att ge referensen till många av Siris bilder. Men du får väl tala om vad det är du skrivit.

– Jag har det här om du har lust att läsa?

– Visst kan jag läsa men ska jag vara ärlig börjar jag bli lite sugen. När man har problem med matsmältningen ska man äta ofta och fiberrikt, men inte så mycket varje gång. Jag vill ha en knäckebrödssmörgås med en skiva mellanlagrad Grevé. Sist så hade du malvate hemma. Har du så du kan bjuda på det nu också? Med en sked honung?

– Självklart, säger jag och ser hur han tar mina papper. Jag kan se framför mig i den här allvarligt skapande leken att mina papper kommer att vara fullklottrade med hans kommentarer när jag kommer tillbaka med tebrickan. Innan jag går ser jag hur han börjar läsa.

När jag frågar kvinnor, som mött Carlo, om hur de upplevt mötet med honom, säger de först att det är att han sett dem. Sedan kommer en komplettering att de känner sig accepterade för de tankar och idéer de har. De tycker sig möta en man som genuint förstår hur det är att vara kvinna. Han lyssnar. ”Vi var några som ofta skolkade från lektionerna i flickskolan. I stället åkte vi till Nationalmuseum och var med på hans visningar.”

> Men sedan var det intressant med Carlos – om vi får kalla det så – föreställningar på Nationalmuseum. Och då kom det fruar från Östermalm med sina artonåriga döttrar för att Carlo skulle visa Rembrandt och sådant. Och då stod Carlo på en stol och så var det då mängder av damer med sina döttrar. Och döttrarna stod ju bara alldeles gripna och tittade på Carlos läppar, när han rörde sig. Och då sa Carlo: ”Nu ska vi övergå till denna målning till vänster som vi är framme vid.” Ingen tittade åt vänster, utan dom fortsatte att titta på Carlo. Och då sa Carlo: ”Och titta nu hur annorlunda denna målning är till höger.” Ingen tittade till höger, utan dom stod ju bara förhäxade vid läpparna på Carlo. (Reutersward.)

Maria Taube tycker sig ha upptäckt att han blir mycket intresserad så fort det kommer en egensinnig och självupptagen kvinna i hans närhet, en som är svår att förstå sig på.

Då ser han inga andra.

Det är sin mamma han omedvetet ser och en överföring sker. Tora Derkert, som är psykiatriker, förklarar att hans intresse för kvinnofrågor beror på att han såg det som sin uppgift att ställa tillrätta sin mammas alla misslyckade relationer till män. Det är säkert den omedvetna drivkraften bakom hans intresse för jämställdhetsfrågor.

Här skulle jag kunna sluta, men det är naturligtvis intressant att beskriva hur hans intresse för kvinnosaken visar sig och pröva hur den är förankrad i honom. Jag tänker så här: Hur Carlo utvecklar en feministisk hållning är komplicerat.

Det har också att göra med vilken inställning betraktaren har. En patriarkalt sinnad person avfärdar honom med att han bara gör sig till. Det han säger i ord och agerande framför en publik är bara ett spel. När inte hans hela handlande är jämlikt är det heller inte förankrat i en genomtänkt människosyn.

Låt mig se.

En del handlar om hur han i sina föreläsningar tar upp feministiska tankegångar i ett nära samband till den konst han visar. Vem han i ord solidariserar sig med i könskampen. Hur han uttrycker sina avsikter, sin vilja att vara.

En andra del är hur han i sitt sätt att vara framstår som en som förstår kvinnors situation. Det som yttrar sig i det han säger mellan raderna, som gör att kvinnor påstår att han ”ser” dem.

När jag pratar med mitt barnbarn Erika om det här, säger hon att det är rätt få män som är genuint jämlika. Det är som om de från tidig barndom får med sig att det de gör är viktigare och ska få ta större plats än det kvinnor gör.

Som exempel på motsatsen för hon fram Jonas Gardell som i många av sina böcker skriver ur ett kvinnligt perspektiv, där kvinnor kan känna igen sig.

Det är som om han är intonad på kvinnor. Ändå är det inte en garant för att han jämlikt delar ett vardagligt ansvar.

Är Carlo en som redan i sin tidiga barndom har blivit intonad på kvinnor? En tredje del skulle i så fall handla om ifall de vardagliga handlingarna har en jämlikhet som grund.

Om Carlos pappa säger Siri att det är den första man som betraktar och bemöter henne som en konstnärskollega. Från första stund ser man att han är sällsamt originell. Han är den första manliga kamrat som i diskussioner om samhälle, litteratur och konst inte schabloniserar.

Dryghet och slentrian gör honom ursinnig. Han hånas för sitt för män ovanliga intresse för kläder och yttre raffinemang. Han är bohemen och dandyn som delvis ritar sina egna kläder.

Valle väljer att inte invänta Siri i Paris 1916, som de kommit överens om, utan återvänder till Italien. Han skriver att han måste vara hos Carlo. I långa brev till Siri berättar han hur ”Keke” utvecklas och om sin egen längtan efter Siri.

Kanske är det så att det inte bara finns en omvittnad yttre likhet mellan Valle och Carlo, utan också en inre.

I ett jungianskt perspektiv skulle det innebära en extravert typ, som visar på ett öppet och utåtriktat sätt. Människor i Carlos närhet kan uppleva det som uppmärksamhet och nyfiket intresse, men också ett envist sätt att hävda sin åsikt. Samtidigt torde det vara så att hans anima framträder tydligare än hos andra män, där deras animus känner sig utmanade. Likaså verkar kvinnor med ett väl utvecklat animus inte alls skrämma Carlo.

Vid en föreläsning om svenskt avantgarde berättar Carlo en situation med sina egna barn, apropå en bild av Sigrid Hjertén, där hon tecknat Isaac Grünewald med bröst:

> Och då minns jag i Gamla stan, då vi hade två flickor och den ena var alltså svartsjuk därför att den yngre fick mjölk. Och då inköpte jag två franska bröd och satte på mig med napp instucken bakifrån. Och med det gav jag det andra barnet di. Det går mycket bra. Så att det är inte Sigrid Hjertén som har hittat på det här, utan vem som helst kan hitta på. Den som står inför den här situationen: ta hand om barnet och ge det mat.

Gunilla Palmstierna-Weiss berättar att hon och Peter hade en beundran för både Carlo och Kerstin i deras förhållande till sina barn.

Fast barnen kanske inte upplevde det så.

Carlo experimenterade mycket med pedagogiken på sina barn och han använde dem ofta som exempel i sina föreläsningar. Hon säger att ungarna kanske skulle mått bättre på ett annat sätt. Men Kerstin och Carlo var de första som hon verkligen lärde känna, där barnen kom i första rummet.

Visst var Carlo besvärlig och Kerstin hade sina tokigheter för sig, men de hade tagit ad notam att barnet är det väsentliga i familjen. Kerstin stannade länge hemma med barnen, i alla fall gjorde hon det med Tora och Johanna. Men hon var väldigt opraktisk, född med tummen mitt i handen. Hennes arbete som teaterhistoriker var väldigt viktigt för henne.

Carlo var ju inte hemma så mycket.

Det har både Tora och Johanna sagt, men man får ju förstå att en pappa måste försörja sig också, säger Palmstierna-Weiss. Det kan man inte göra någonting åt. Sedan fick de två sladdbarn, Jacob och Sebastian. Men vi tyckte samtliga att vi var väldigt misslyckade föräldrar i förhållande till dem. Jag menar det är den vuxnes syn på det hela.

Agneta Mogren beundrar Carlo som föreläsare då han enligt henne använder ett konkret och sinnligt språk. Han använder vardagliga liknelser som gör det som är svårbegripligt enkelt och lustfyllt.

Det kan bli en vinglande resa där hans tankar far iväg åt olika håll, men som på något outgrundligt sätt knyts ihop och blir till ett mönster.

Det kan handla om lyssnandets pedagogik – ”kom ihåg nu alla som lyssnar! Skriv! Fråga barnen!”

Det kan handla om barn som tydligt vågar säga ifrån – ”Det ska du skita i vad det föreställer!” Eller helt enkelt handla om att respektera barnen med den erfarenhet de har fast det inte alltid är lätt.

Generöst delar han med sig av egna upplevelser och misstag. En gång åkte han hem från ett kalas utan att ha sagt adjö till barnen fast han är noga med att vara uppmärksam mot barn. Då åkte han tillbaka hela vägen och tog farväl av dem.

Kanske är det just hans mod att visa fram sina tillkortakommanden, samtidigt som han talar om att han vet hur det egentligen ska vara, som gör honom ”intonad” på ett feministiskt tankemönster.

Men det är inte bara kvinnor som tilltalas av hans närvaro och varierade mimik och kroppsspråk då han föreläser.

Carl Johan De Geer menar att Carlos visningar var oförglömliga föreställningar som inte lämnade någon oberörd. Han tycker att det finns en förklaring till varför han inte lät sig dokumenteras eller skriva böcker.

> Carlo älskade det spontana, han tyckte om det talade ordet, han ansåg att bra formuleringar endast uppstår i samspel med publiken. Han menade att orden, de ord som i hans mun lät så bevingade, skulle dö om de utsattes för eftertanke.

Hans Axel Holm skriver efter att han lyssnat till ”den suveränaste av konstpedagoger”:

> Carlo Derkert talar med röstens alla volymer, viskar privata förtroligheter ut i det slutna rummets offentlighet, bryter ut i överraskande rop inför bilder han visar. Han talar med armarna, kroppens rytm och språkets melodi. Det liknar en dans... Egentligen använder han inte många ord, fastän han hela tiden talar. Hans meningar låter som exakta formuleringar. Men exaktheten finns bortom orden... Från uppmaningar och föresatser att skriva har han flytt och flyr han till konstvisningar. I talet finns rörligheten och synligheten, inte det slutgiltiga. Den svävande abstraktionen får gestalt. Med motivet, konstverket, framför sig gör han konstnärernas seende synligt, konkretiserar teorier och abstraherar det erfarna, gör teorier så åskådliga att också sakligt sinnade barn kan förstå... Det är inte konsten som är huvudsaken, inte samhällssystemen. Det är synen på människan och hennes möjligheter att uttrycka sig själv, att hitta fram till sina egna erfarenheter, att tänka, bara man ger henne tillit, och inte föreskriver henne hur det ska vara, inte dömer utan försöker se sammanhang.

Sommaren 1990 visar Nationalmuseum Siri Derkerts ”Fogelstadkvinnor” på Gripsholms slott. Det är Annika Öhrner som gjort utställningen tillsammans med Carlo. I ett brev till Nina Weibull skriver han om vernissagen och hur 130 personer bjöds på champagne och sandwich i solen ute på gräsmattan.

Det är i sitt kök han sitter och skriver.

Han har just läst en artikel om ”De sinnessjukas konst i ny belysning” med anledning av en stor utställning i London. Han vill se den, men också läsa Michel Foucaults gamla utgåva ”Histoire de la Folie”. Samtidigt tycker han att det finns kunskap i Sverige tack vare konstnärer som Josephson och Hill.

Erland Cullbergs måleri hör också dit. Fast det kan vara problem med att alltför starkt betona ”de sinnessjukas konst”. Det kan göra det så lätt att avfärda och lockas att sätta gränser mellan friskt och sjukt.

Det är ju det Freud genom sina forskningar i det undermedvetna och drömmen på olika sätt har ifrågasatt: vad är friskt och vad är sjukt?

Han påstår att också Siri lever i ett sådant gränsland. Om Siris besvikelser och sorger har mycket få i omvärlden fått veta. Kanske har hon på 30-talet, före Livs död, öppnat sig någon enstaka gång för någon medsyster. Då har hon kort och tyst talat om sina besvikelser som en stor genomträngande sorg.

När hon var ung fanns en stor förväntan inför de områden som lockade henne; dansen, modet, måleriet och musiken. Det var vissa omständigheter som hindrade henne från att realisera det hon så hett åtrådde.

Att höra sådana bekännelser gör det lätt och bekvämt för småborgerligheten att tycka synd om henne, skriver han. ”Ack – vad kunde det inte ha blivit.” Det är småborgerlighetens sätt att visa sin makt över människor, anser han.

van Gogh utsattes för samma sak. Folk tyckte synd om honom för att han hade det så eländigt. Kerstins mamma, som läste Rolf Söderbergs bok om Siri, hade följande kommentar: ”Stackars människa!”

”Vart vill jag nu komma med att skriva detta?” är Carlos retoriska fråga i brevet. Jo, hade Siris särskilda omständigheter inte funnits så hade vi mist en levande människas särskilda erfarenheter av sorg och besvikelser.

Vi hade fått vara utan hennes sena måleri och offentliga konst. Sorg och besvikelser är levande mänskliga erfarenheter som ibland kan utestänga en från den sociala, yttre världen och bli till en sinnessjukdom. Men den kan också som i Siris fall bli till ett levande språk kring ett dramatiskt innehåll.

Då blir konsten politisk och ibland påträngande och skrämmande. Hon använder sin kunskap för att förmedla tankar om sina erfarenheter som kvinna och mamma men i ett metaperspektiv.

Porträtten av Honorine Hermelin, Elin Wägner, Kerstin Hesselgren eller de många bilderna av sångerskor i kören med texthäften i händerna blir masker eller idoler som kämpar för en kvinnosak. Kören blir en viktig symbol: en allegori för kvinnoglädje och kvinnogemenskap.

Det Siri skapar i sina Fogelstadbilder är en dröm om gemenskap som gäller ett annorlunda samhälle. Där skulle hon leva med sina barn och barnbarn, med kollegorna och deras barn i en egen värld, vissa av syskonen och deras barn och Fogelstadkvinnorna. Där ville hon leva som man gör med riktiga vänner. Hon vill förändra det samhälle som svikit henne och hennes barn, skriver han i brevet till Nina Weibull.

Bort med det patriarkala samhället.

*

När jag kommer med tebrickan sitter han med pappren i knät och tittar tankfullt ut genom fönstret. Jag vet inte hur jag ska få honom att säga vad han tycker. Jag ägnar mig åt det praktiska i stället, att hälla upp teet och ställa fram smörgåsarna som jag gjort i ordning. Jag tror litet naivt att han ska säga något om det han läst, om det är bra eller dåligt, men det gör han förstås inte.

Det är först när vi är mitt i tedrickandet som han börjar.

Hela tiden ser han forskande på mig som om han vill konstatera hur jag tar emot det han säger.

– Tora har förstås rätt, hon kan det där.

– Hur menar du? Jag hör på ditt tonfall att du menar något särskilt.

– Jag blir så trött. Det går ju inte att försvara sig. Jag har tagit ställning för att kvinnor har det jobbigt i vårt samhälle. Att det är en manlig struktur som måste brytas. Att vi har lång väg kvar innan vi når en jämställdhet. I andra samhällen har de längre väg att gå. Men vi är på väg. Jag menar inte att jag för den skull är någon hjältefeminist. Om mitt handlande sedan omedvetet grundar sig på mitt speciella förhållande till Siri…

– Men du var mån om förhållandet till Siri?

– Det kan jag inte förneka. För dig behöver jag väl inte tjata om att hon var den som gjort mig allra mest ont. Samtidigt också var den som var mig närmast. Jag vet att hon också älskade mig. Vi förstod varandra bortom orden.

– Du hade svårt att skilja ut dig från henne. Av allt du berättat verkade det vara ett mycket nära förhållande. Du fick gå i terapi.

– Ja. Jag upplevde det som om hon inte ville släppa mig. Det handlar om starka krafter mellan en mor och son. Egentligen vet vi så litet. Vi vågar inte prata om dessa våra innersta känslor. Ändå rör det sig om den drivkraft som skapar konst. Hon var besatt av en slags dårskap, en dårskap som då och då tog henne genom väggar. Men det var en nödvändig dårskap som gjorde henne till en verkligt stor konstnär. Då blir dårskapen inte fel. Siri band mig till sig och hon överförde på mig den kärlek som egentligen Valle, min pappa, skulle ha haft. Som barn längtade jag så efter att få bo hos henne. Det blev en så oerhörd besvikelse när jag kom till Sverige. Aldrig fått tillräckligt. Jag ville vara bunden till henne. Små pojkar säger ju ofta att de ska gifta sig med sin mamma när de blir stora, liksom flickor vill gifta sig med sin pappa. Den hemliga drömmen fanns kvar länge hos mig. Jag minns att jag berättade om den drömmen för Oscar Reutersvärd när vi cyklade runt Skåne. Det var under kriget och jag var 28, 29 år. Men innan dess; Siri, Liv och jag, vi levde tätt ihop. När Liv dog 1938 blev det bara Siri och jag, Siris enorma sorg och min tomhet efter Liv förde oss ännu mer samman. Jag kommer ihåg att jag visade några teckningar jag gjort av Liv i min förtvivlan. Och jag berättade om Liv för en skenbart intresserad man som ville göra en minnesskrift om Liv. Jag var naiv för jag ville att alla skulle se att hon redan var en färdig konstnär. Jag blev oerhört sårad när han inte tog det mera allvarligt än att han skulle kalla den ”Liv vid liv och Liv som död”. Och Siri som inte ville inse att Liv var död. Jag kunde inte överge henne då. Samtidigt som jag tröstade Siri och hjälpte henne vidare fick den femårige Carlo i mig all den kärlek som jag saknat under hela min uppväxt. Jag hade bara fått små smakbitar tidigare, som egentligen bara förvärrade min längtan än mer. Siri var ensam och förtvivlad samtidigt som hon var stark i att kräva min kärlek. Det var skönt att få fortsätta att inuti vara den lilla pojken, fast jag utanpå var nästan 30 år.

– Och du hittade på ursäkter, gör jag ett inpass, nästan som en alkoholist, för att du pratade om Siri hela tiden. Du sa att det inte alls var för att hon var din mamma, utan för att hon var en offentlig person.

– Ja, jag ville göra henne till en ikon. Jag bär väl på min dårskap. Ingen har en sådan underbar mamma, sa pojken i mig. Han ville göra sin mamma glad. Han ville att Siri skulle tycka att han var duktig. Det var därför jag gjorde så många utställningar med henne. Därför ville jag så envist att Liv skulle få ställa ut på Nationalmuseum.

– Men min fråga, hur var din jämställdhet? Håller du med Tora? Håller du med Maria Taube?

– Joo, men mellan raderna i det Gunilla säger förstår jag ju att jag inte räckte till i det jämställda handlandet. Hon ursäktar mig med att det var min uppgift att dra in pengar till hushållet. Jag ångrar på ett sätt alla dessa helger, då jag lämnade Kerstin och barna för att ta ambulerande utställningar till olika delar av landet. Nej, jag var ingen bra pappa. Jag pratade om det och var bra på att förstå det kvinnliga, men i praktiken... Det finns en sanning att lära i min dårskap; både Siri och Liv tillhör de främsta kvinnliga konstnärerna i Sverige. Fortfarande är det ingen som skrivit boken om Livs bildutveckling. Alla bilder finns där, från de första till de, där hon är utvuxen konstnär. Analysera och tolka bilderna ur ett konstvetenskapligt perspektiv.

– Carlo, nu får du väl ändå ge dig. Och boken finns ju. – Nina Weibull och Küllike Montgomery har gjort en fin bok om Liv. Räcker inte det? Både Siri och Liv kan väl få se om de kan klara sig utan din ”enmansfanclub”. När Kerstin tyckte att Siri borde kunna ordna sina utställningar själv, verkade du hålla med henne. Egentligen trodde du tydligen att Kerstin bara hade själviska motiv, att hon ville få ensamrätten till dig. Kan du inte se att det var din självständighet och frihet hon värnade om? Barnet i dig har bitit sig fast ordentligt och hindrat dig att växa.

– Därför att det var den lille pojken som bara tog allt större plats i mig. Han växte inte alls upp och blev mognare för att jag tog honom i handen, som Philipsen sa till mig att göra i min psykoanalys. Jag fick honom inte att växa upp, bli vuxen och ta ett vuxenansvar. Jag lärde mig i stället att använda mig av den där pojken, att låta honom styra. På så sätt kom jag inte att lösa problem på ett vuxet sätt, men med hjälp av pojken blev jag bra på att förstå barn. Det kom att bli min väg ut i offentligheten. Kraften att befria mig och bli självständig hade jag inte. Därför var Kerstin nödvändig för mig. Men också Nordenfalk som trodde på mig och gav mig stöd, fast jag inte hade någon examen. Jag kunde inte tävla och jag ville inte tävla med de andra konsthistorikerna på deras villkor. För en del människor är formella meriter viktigare än ett kunnande. Det var därför de ville bli av med mig på Moderna, men jag ville också därifrån. Jag var istället den bäste på att skapa kontakt med en publik, både barn och vuxna. Samtidigt hade jag ett utomordentligt konsthistoriskt kunnande. Jag hade en idé om hur jag skulle prata utan att sätta mig på publiken. Det skapade en avundsjuka både här och där.

För mig var det viktigt att inte bli bitter.

– Det står ju inte särskilt högt i kurs i konsthistoriska kretsar att ha bra kontakt med publiken. Jag tycker det verkar som om det viktiga för många konsthistoriker i stället är att få tala om sitt eget kunnande. Det känner jag igen hos många lärare också.

– Det tog lång tid innan Göransson utnämnde mig till professor. Inte fick jag heller en endaste krona för det.

– Fast du sa till mig att jag kunde skriva att du var professor. Då skulle de ansvariga på min institution begripa hur viktigt det var med kreativa arbetssätt i undervisningen. Även på universitetsnivå.

– Ja, varför skulle jag inte utnyttja professorstiteln där det gick att få nytta av den? Det gjorde jag på sjukhuset också, säger han bestämt och kraftfullt utan att märka att han är motsägelsefull.

– Samtidigt pratade du ofta om dig själv i tredje person. I alla dina anteckningar finns nästan inget "jag" men massvis med "Carlo menar" och "Carlo tycker" och "jämför Carlo".

– Det kan väl bero på både det ena och det andra. En psykoanalytiker skulle säkert säga att man kan spåra en bristande identitet där. Fast jag fick lära mig tidigt i skolan att det var en slags högfärdighet att prata om sig själv, i jagform alltså. Det är det som sitter i. På samma sätt vill jag säga att mitt feministiska intresse kan ha flera orsaker. Inte bara att jag tog på mig att ställa tillrätta Siris alla misslyckade relationer, som Tora sa. Hon förklarar hur mitt omedvetna får mig att reagera. Men det är bara ett sätt att se det. Ett annat sätt är faktiskt att jag var genuint intresserad av ett feministiskt perspektiv. Jag vet i alla fall att mitt intresse var ärligt menat. En av vägarna för att beskriva Siris konstnärskap. Men det gällde inte bara Siris.

– Jag vet. Du brukar läsa upp den där recensionen Albert Engström skrev 1918. Du tar den som ett strålande exempel på hur patriarkatet fungerar...

– Du menar det där om "Fru Hjortström-Grünewald tar jag alldeles ur räkningen, ty hennes arbeten är rena idiotin", säger han med läsröst och fortsätter: "Det finns vid Gud intet av konst vid hennes idiotiska kråk-språk."

– Precis här talar du om att så där kunde han ju ha skrivit om en manlig konstnär också.

– Nja, jag säger nog att han kunde ha skrivit så om Isaac Grünewald.

– Ja, ja, säger jag ivrigt för jag vill ha nästa replik: Men du säger att ännu har det inte blivit kvinnosak av det här!

– Just det, det är nu kvinnosaken kommer när han skriver: ”Låt mig slå fast att hennes försök är humbug. Hennes färg är ful och tunn och dumt kokett. Hennes mans färg är också tunn men intelligent kokett.” Patriarkatet kunde jag inte demonstrera tydligare än så. Sedan kan hur många som helst säga att jag bara gör mig till för att visa hur duktig kvinnosakskämpe jag är och att det bara var för att Siri skulle… jag blir så trött…

– Ta inte tillbaka vad du sagt, säger jag för att påminna honom och visa att jag respekterar hans öppenhjärtighet.

– Nej, jag tar inte tillbaka, men jag blir så trött på att inplaceras i ett enda fack, att man självklart bara ska vara på ett enda sätt. Jag känner mig som en alkoholist där omgivningen vill ställa mig till svars för att de trodde att jag hade fingrarna korsade bakom ryggen när jag lovade att vara nykter och aldrig ta en droppe sprit mer. När återfallet är ett faktum finns genast spekulationer om att löftet inte var ärligt menat och hur säkert kan man lita på det nya löftet. Det verkar vara så svårt att förstå att det samtidigt finns olika aspekter av mig som reagerar olika. Livsskedet växlar hela tiden. Ena stunden är det konsthistorikern Carlo som är närvarande. I nästa stund är det den kärlekslängtande Carlo, eller den ensamt ängslige som vill ha närhet. Är det verkligen så svårt att förstå? Det är då jag känner att det finns så liten förståelse för att jag i varje situation ärligen menar vad jag säger fast det ser motsägelsefullt ut. Jag kan ju inte vara ensam om att vara komplicerad. Och jag vill, så död jag är, ha rätt att vara på flera olika sätt samtidigt och bli trodd på att mena allvar med det jag säger.

– Då måste jag fråga dig om något jag tänkt på; ditt sätt att ta plats i ett rum du kommer in i. Å ena sidan kan du ropa till högt så att du får all uppmärksamhet på dig. Å andra sidan klarar du inte att vara i en enkel kommunikation med dem som vill prata med dig. Jag måste återkomma till det du sa på min institution att ”smuts är materia på fel ställe. Jord här inne på golvet…” och att det är likadant med föreläsningar om konst. På rätt ställe får du betalt medan du på fel ställe kan riskera att bli omhändertagen av polisen. Ändå pratar du själv på fel ställe om konsten…

– Hoa, hoa hoa! Det är det som är min galenskap. Siri var likadan. Hon pratade inte om annat än sin kvinnosak den sista tiden med alla. Och jag tar alla tillfällen att prata konst.

– Men det stämmer inte, Carlo. Du och jag pratar ju om annat än konst.

– Du har rätt, ibland känner jag att jag måste gömma min osäkerhet. Då vänder jag mig till det som ger mig trygghet, mitt eget specialområde; konsten. Människor som kyligt betraktar mig, jag är rädd att de avslöjar mig. De ska inte få mig att gråta, det tänker jag inte bjuda på. Då väljer jag att prata konst och hålla dem ifrån mig. Då kan ingen nå mitt privata jag.

– I ett av dina tidningscitat står det om att våga närhet. Det är något som du skulle vilja, men inte klarar av?

– Jo, jag klarar av, men inte alltid. Vissa människor vill jag ha en äkta närhet till och då kan jag visa mig i all min nakenhet. Att våga närhet är en viktig helande erfarenhet. Men en del människor skrämmer mig. Till dem måste jag hålla avstånd. Jag är inte sådan att jag kan låtsas vara vänlig.

– Apropå avstånd, du skrev att du vill läsa Lars Ahlins "Din livsfrukt", men att skillnaden mellan er var att du inte beskriver några romanfigurer, utan att hos dig finns enbart entydiga porträttstudier. Han skrev en roman och du hade verklighetens figurer framför dig, Siri, Kerstin, vännerna, museimänniskorna, barnen. Närheten och avståndet, som du säger att du har av bägge slagen, beskriver också Ahlin. Speciellt i novellen där mannen som tycker sig vara snäll när han kommer hem och kvinnan som väntat länge på sin man. Din beskrivning är likadan som hans. Att närheten och avståndet finns nästan parallellt i en och samma person. Längtan att komma igenom avståndet fram till en närhet. Jag tycker mig känna igen din längtan efter närhet; hos mig själv och i Ahlins novell. Hur vi sitter fast i ett avstånd till den andra personen som är så svårt att ta sig ur. Gång på gång kommer vi att få leva oss igenom samma upplevelse av hopplöshet och det vi får bära med oss är en sorglig tröst att det kommer att upprepas: avstånd – närhet, avstånd – närhet.

– Mmmm.

– Fast det finns en annan slags närhet då jag tycker du är modig. Ibland när du föreläser tar du exempel ur det privata. Du utmanar publiken. Då undrar jag hur du tänker? Jag menar det där med franskbröden, du tar vissa risker...

– Du uppfattar det som det privata, men när jag väljer exempel så skiljer jag noga mellan det privata och det personliga. Det privata går inte att generalisera. Det är det personliga som är specifikt och kan kännas igen och därmed kan det bli generaliserbart. Jag tror att det är viktigt att ta sådana exempel. Exempel ur den personligt gjorda erfarenheten kan många ta till sig. Den innehåller igenkännbara tankar.

– Men är du inte orolig för att en del ska tänka: ”Vad är det där för en stolle?”

– Hade jag bara gått in för allmängiltiga exempel, så skulle snart publiken ha gått sin väg och jag stått där ensam. Men visst tog jag risker. Det kan alltid finnas människor som inte vill kännas vid känslor som förtvivlan, gråt och gräl.

– Du använder ett vackert ord: Livsbegärelse. Vad menar du med det?

– Jag tyckte att livet innehöll så många möjligheter. Jag ville gripa tag i allt som kom i min närhet. Begära livet. Först var det tecknandet, samhörigheten och samtalet med alla Siris konstnärskollegor. Samtidigt växte mitt politiska medvetande. Jag tänkte bli politiker. Och så var det teatern och dansen. Jag älskade att dansa. Jag kände mig hemma när jag fick vara i en roll, fick stå på en scen och möta en publik. Det kunde jag använda sedan när jag kom till museet. Det var där jag fastnade. Men livsbegärelsen var också att ta tag i mina upplevelser; barndomen i Italien, uppväxten, kampen mellan Kerstin och Siri. Jag kunde inte låta bli att gräva i det för jag ville reda ut livet, en livsbegärelse som gjorde ont, men som jag inte kunde stoppa. Sätta minnena på plats. Jag tyckte jag blev övergiven…

Medan han pratar, verkar han leta bland alla papper som ligger i mappen framför honom. Jag ser att han sticker sig på en av knappnålarna som han använt för att fästa ihop ett anteckningspapper med ett kuvert. Det är ju så man gör än idag i Pakistan, när man inte har häftapparat eller tejp. Jag får för mig att han hittar vad han ska säga bland alla anteckningarna.

– Du ville ha svar på, fortsätter Carlo, varför jag återkommande pratar om van Gogh eller Siri och menar att det är mig själv jag pratar om. Ett svar skulle kunna vara: Är det inte så för alla människor? När du pratar om Norén, är det inte en del av dig själv du då pratar om? Eller om du pratar om Robban Broberg?

– Jag vill nog att du går djupare än så, Carlo, säger jag.

– Jo, det förstår jag också. Men på ett ytligare plan en liten stund till, så har det att göra med min visningsstrategi. Genom att jag deklarerar min fascination och mitt engagemang i Vincent van Goghs tankevärld så tror jag att det är ett sätt – nej, fel – så vet jag att det är ett sätt att väcka intresse för konstnären. Jag försöker överföra den känsla jag har till publiken, så att de också blir intresserade. När jag citerar ur ett brev som Siri skrev till Ninnan Santesson så läser jag upp det som om jag verkligen menade det själv; att det är mitt brev. Då kommer också publiken att känna igen den delen i sig och hålla med om att man måste bråka för att det är ett bra sätt att rensa luften.

Då gäller det att inte anpassa sig. Bort med alla behagligheter och ljumheter och fram för ett uppriktigare liv, häftigare, ilsknare och vildare. Om aggressionerna stängs in gör det oss olyckliga. Du kanske inte tycker om bråk.

– Nej, jag är nog litet rädd att bråka.

– Men det måste bråkas. Luften blir renare då. Annars blir den syrefattig, unken. Och vi kan bara andas med ett litet hörn av våra lungor.

– Jag förstår, säger jag, och om du går ett steg djupare...

– Då är jag inne på att det handlar om olika delar av mig själv. Det är där livsbegärelsen kommer in. Det är en själsfrändskap med både van Gogh och Siri och det handlar om utanförskapet och envisheten att inte ge upp sitt konstnärskap, den nödvändiga dårskapen. Dels att strida för att få vara annorlunda och dels få fortsätta att vara det, men samtidigt ändå få komma in i den varma gemenskapen trots det annorlunda. När jag då säger att van Gogh inte var olycklig, så gäller det mig också. Han förvandlade sin olycka till en skönhetsupplevelse. Det finns en tillfredställelse i att leva sig igenom svårigheter. Inte enbart för att kunna komma ut på andra sidan och veta sig ha blivit något klokare. Utan helt enkelt att skönheten också finns i det fula som vi pratade om förut. Därför att verkligheten förvandlas inför ens ögon till den otroliga verkligheten.

– Men ditt eget Jag?

– Det fanns någonstans där i mitten av alla de personer som jag kände att jag var en del av. Du kan hitta mitt Jag i alla mina föreläsningar. Fast främst hos Siri och van Gogh. Men du kunde också hitta mitt Jag i mitt sätt att upprepa ord och stamma, i min mimik, i mina gester, i mitt rörelseschema. I det jag säger, det kunnande jag har om konst och konstnärer, om barn och barns utveckling; där har jag en säkerhet, en trygghet. Mitt jag finns också i min kropp, just den kropp som jag har sett att många kvinnor vill komma nära. När det kommer till mig själv, så slår osäkerheten igenom och den visar sig i kroppsspråket. Att använda "Carlo" och inte "jag" var ett sätt att skapa distans.

– Det brechtska främmandegörandet, säger jag och fortsätter, minns du när vi åkte till Gripsholm med Mariefredsbåten och du skulle visa utställningen Fogelstadkvinnor. Vi satt i aktern och såg på vågsvallet. Och du sa att du var logisk empirist för att du ville undersöka hur verkligheten var, hur vågrörelserna var under vattnet och hur stränderna påverkades av vågorna. Jag fattade inte att du hade börjat din visning. Det var först när jag fick låna den här mappen, som jag gjorde den kopplingen. Jag visar honom hans egen mapp där han har alla anteckningar han gjort till alla utställningar med Siri Derkert.

– Jag tänkte inte alls som du tror. Jag är hela tiden intresserad av hur verkligheten är och jag vill få den förklarad för mig. Omedvetet blev det säkert en koppling till Siris utställning. Det handlar ju om att ta reda på det jag inte omedelbart ser, det som kräver att bli sett. Att få tag i den otroliga verkligheten. Du tycker väl också att Siris ord passar in här?

– Vad tänker du på?

– Siri har beskrivit hur hon tänker om sitt måleri. Att det inte är frågan om någon fotolikhet. Som när hon målade Fogelstadkvinnorna. Det är många som tycker illa om dom. Dom är inte tillräckligt vackra. Ändå går det att se vem som är Honorine Hermelin. Ansikten är vackra eller fula. Det är det fula som är det uttrycksfulla. De flesta vill ha det lugnt och stilla. Kvinnoansikten ska vara söta och rara är den vanligaste uppfattningen. Passiva, opåverkade av det liv dom levt. Inget ska kunna avläsas om de problem dom klarat av. Ingenting om den kärlek dom upplevt eller de mödor dom tagit sig igenom. Det är bara vi karlar som får ha levande, rörliga ansikten. Konventionen är förlamande för kvinnorna. När Siri fick uppdraget att måla ett porträtt av Gustav Jonsson var det ett enormt arbete hon skulle igång med. Hon berättade att hon riktigt ryste inför vad hon skulle igenom. Att noga iaktta, pröva sig fram. Och utnyttja dom erfarenheter och sitt kunnande för att komma fram till en sann bild av Gustav Jonsson. Där den frampressade bilden av honom skulle innehålla hela hans arbetsliv och all hans kunskap om barn. Det är därför hon vill finna ett ord för sin strävan, en verklighetens stil. Det som inspirerade henne var den otroliga verkligheten. Den skulle tala om att människan är ett unikum. Och det är inte lätt att skildra den verkligheten. Då är det ett måste att finna det språk som samtidigt är både svävande och pregnant.

– Du förstår, fortsätter han, jag såg det som mitt uppdrag att försöka förklara det ogripbara. Konstens uppgift är ju att synliggöra ögonblicket, det ogripbara ögonblicket, den otroliga verkligheten. Och den modell vi har inom oss som gör att vi kan förstå även det ogripbara fast det är så undflyende. Möjligheten att kunna förstå är att få tag i det som är gripbart. Jag har försökt hitta gripbara ord och finna allegorier och metaforer som kan överensstämma med de modeller som varje mänska har inom sig.

– Mmm och var håller du själv till nu i allt det här? säger jag klumpigt.

– Tillsammans med Lacan kan jag ställa frågan huruvida jag, när jag talar om mig själv är densamme som den jag talar om. När jag på det här sättet pratar om hur jag är, så får jag en identitet. Man klistrar en etikett på sig och det är underligt att det ska vara så lockande att bli igenklistrad. För när man väl blivit någon så är det inte så lätt att på nytt bli någon annan eller ingen alls.

– Som grabben du mötte på gatan, han som hejade och sa: ”Tjena Rembrandt!” Han visste vilken identitet du hade. Den identiteten är en del av dig, men att det finns flera, rent av många.

Resans slut

I Obs kulturkvarten hör jag Carl Johan De Geer berätta att han i en dröm ringt upp Carlo för att fråga honom om det är sant att konsten är död. Att den egentligen dog redan 1927 då nya tekniska media tog över. I De Geers dröm blir det till ett samtal om vad konsten är hos Carlo, om hur det existerande samhället påverkar:

– Konsten är inte död för den lever alltid, men den förändras. Hurdan den blir beror helt på vad vi får för samhälle i framtiden. Ett bondesamhälle har sin konst. Ett krigarsamhälle har sin konst. Ett teknokratiskt byråkratsamhälle har sin konst. Ett industrisamhälle har sin konst. Ett informationssamhälle har sin konst.

– Kanske får vi ett informationssamhälle, sa jag.

– Oj då, sa Derkert. Då måste jag tänka. Ja, i så fall blir konstnären innehållsleverantör. Konstnären blir ett aktiebolag. Konstnären blir förstås också som vanligt den som många lever på. Där blir det ingen skillnad.

Carlo Derkert fortsatte att tala i min dröm:

– Men, men, men sanningen är inte så enkel. Det råder komplicerade förhållanden på jordklotet. Ännu mera så i framtiden än nu. Allting finns samtidigt. Här finns ett informationssamhälle. Där borta finns ett industrisamhälle. Intill det finns ett krigarsamhälle och bortom detta ett bondesamhälle. För att inte tala om det där fundamentalistiskt religiösa samhället uppe i bergstrakterna. Alla dessa samhällen kräver sin egen typ av konst; idolbilder av Tor och Oden; mjuka bilder av Indras dotter; blöta bilder av skördars resultat; hyllningar till stål och betong. Och så konst på det där andra sättet; den obegripliga konsten; den som ska få oss att tänka. Den som har ett innehåll som inte syns med detsamma.

Nu började min dröm blekna bort.

– Carlo, ropar jag, försvinn inte igen! Jag hör svagt hans sista ord:

– Allt finns. Alla teorier är sanna någonstans. Alla åsikter är sanna. Alla har rätt. Allt annat är vansinne.

Så använder De Geer sin minnesbild av Carlo Derkert. Det är hans tolkning av hur Carlo var, hans tankar om konsten och samhället. I dessa tankar står inte alls konstnären friare i sina möjligheter att göra val. Konstnären är också underställd tillvarons villkor. De är inga spjutspetsar mot framtiden. De skildrar bara det samhälle som är.

I mitt arbete ger jag mig själv uppgiften att beskriva Carlo Derkerts liv och gärning. I det tycker jag ligger att också försöka besvara frågan vad det är som formar en god pedagog.

När jag går tillbaka och försöker minnas den resa jag gjort, min samvaro med Carlo och mitt sökande i hans nedtecknade tankar, märker jag hur vissa stationer särskilt fastnat i mitt minne. De har alla en pedagogisk anknytning och de lämnar kvar en känsla av förvåning. De pockar på att bli uppmärksammade. De har en särskild betydelse.

Betydelsen av barndomen
Betydelsen av nyfikenheten
Betydelsen av leken
Betydelsen av konsten
Betydelsen av att våga visa sin osäkerhet
Betydelsen av berättandet
Betydelsen av samtalandet och lyssnandet
Betydelsen av kärleken
Betydelsen av erfarenheten
Betydelsen av det existentiella

*

Carlo skriver om hur svårt han hade att komma i kontakt med förskolebarn till dess han mötte en femårig pojkes ögon. Han säger att den lille pojken var han själv som kom på besök till muséet.

Alla smärtsamma upplevelser han bar med sig från sin egen barndom hjälpte honom att bättre förstå de barn han mötte på sina visningar. Speciellt då de barn som likt han själv bar med sig en övergivenhet, besvikelse över vuxnas svek.

Frågan infinner sig då om man måste ha haft en svår barndom för att bli en bra pedagog. För Carlo blev det en hjälp. Han förnekade inte de känslor han som barn erfarit. Tvärtom. Han kunde känna igen dem hos andra; hos barn han mötte.

Den livserfarenheten var behövlig. Äger man inte minnen av sin barndoms känsloliv behöver man kompensera det. Det är en brist.

Vad hade hänt om hans mamma inte hade kommit och ryckt upp honom från hans fosterfamilj i St. Guiliano i Pisa? Blivit en antifascist? Hamnat i fängelse? Avrättats?

Men han kunde också ha vuxit upp till en harmonisk, trygg italiensk man som inte alls gjort något väsen av sig. Inte varit intresserad av konst utan fått tillräckligt utlopp för sin personlighet i den egna familjen och kamratkretsen.

Genom psykoanalysen fick Carlo hjälp med sina traumatiska upplevelser. Den behandlar inte hur man bör vara. Den visar bara på hur det är, hur vi är. På så sätt blev Carlo hjälpt att se sig själv både som barn och vuxen.

Och han höll inte tyst med vad han hade upplevt och hur han kände. I föreläsningar upprepade han vad terapeuten uppmanat honom: ”ta den femårige Carlo i handen och låt honom växa upp”. Dessutom riktade han till andra och sig själv: Tala med varandra om hur vi är, när vi lyckas vara skolmogna lärare och barnmogna föräldrar.

Hans ord hade en avsikt.

Jag tolkar det så att han bäst kunde hjälpa människor genom att öppet berätta om sina personliga upplevelser. Att ge möjlighet till igenkännande. Det var i mötet med barn och ungdomar (och vuxna) som han mötte sin egen barndom. Igen och igen. Så kunde barn och vuxna upptäcka att här var en vuxen, som vågade visa sig. Det fungerade på museet. Senare ute på stan kunde han träffa på ungdomar som kom ihåg honom och det möte de haft med honom.

*

På fotografier från hans barndom kan man se honom stanna upp mitt i en lek för att fotot ska kunna tas. När han själv tillmäter leken stor betydelse är det den vuxne konsthistorikern som uttalar sig.

Då jämför han leken med forskandet.

Leken blir ett allvarligt arbete, en undersökning där det gäller att ta reda på hur den omgivande världen fungerar. Han tycker om de forskande barnen i Reggio Emilias förskoleverksamhet. De får göra egna försök och egna upptäckter. Där finns inga vuxna som ger svaren.

Barns lekande är deras sätt att förbereda sig för vuxenlivet. En socialiseringsprocess där man blir någon genom att få delta i en samvaro. De kan i leken pröva hur det kan kännas att vara vuxen. Det kommer för mig hur lite jag vet om Carlos lekande som barn. Det som gör att man blir någon i en kamratgrupp. Lekbilderna jag hänvisar till är alla från hans somrar med Liv och Sara. När han i föreläsningar och anteckningar säger något om lekandet handlar det aldrig om traditionella lekar och leksaker.

Leken är en plats för det oförutsedda, det inte i förväg planerade, det improviserade.

Praktiskt taget hela sitt liv levde Carlo i närheten av eller i konsten. Som barn tillsammans med sin mamma och Liv var han ofta hos olika konstnärer i deras ateljéer och tecknade.

Som vuxen levde han helt i konsten. Liv och gärning blev ett. Till och med lördagar och helger gick åt till resor ut i landet för att visa konst.

Som gammal talade han om konstnärer som samtalspartners, speciellt van Gogh och sin egen mamma. Det var som om det inte fanns några andra samtalsämnen än de som relaterade sig till konst och konstnärliga uttryck.

I bilderna tyckte han sig finna svar på sina egna existentiella frågor om kärleken och livet, om vänskapen och kvinnosaken, om åldrandet och döden. Det förmedlade han också till sin publik.

Svaret på frågan varför konsten blev så betydelsefull måste finnas i bildutvecklingsteorierna. Att man i ett bildskapande kan ge uttryck åt känslor, stämningar och upplevelser som inte kan ordsättas. Eller att en bild som man betraktar kan förlösa känslor som trängts undan. Känslor som ligger som ett hinder för vidare utveckling.

Officiellt tecknade eller målade han inte. Ändå hade han kistan full, som Siri påpekade för Oscar Reutersvärd. Då blev Carlo tvungen att bidra med bilder han också. Och i hans anteckningar från Kerstins sjukdomsperiod finns skissartade teckningar. Det är bilder på Kerstins ansikte och hennes händer. För mig uttrycker de den kärlek, sorg och oro han kände. På så sätt kan bilder bli en väg att uttrycka känslor man inte kan bearbeta på annat sätt.

Han visste att också barn kan behöva få ur sig känslor som de inte har ord för.

Jag tänker också att konsten i sig rymmer ett sätt att göra sig känslig för upplevelser och känslor. Man får ”ett tränat öga” att upptäcka hur andra människor har det i sin tillvaro.

*

Grunden var hur Carlo upplevde sin första skoltid i Sverige. Han har berättat om det. Hur hans lärare tydligt förmedlade hur de ville bli betraktade.

Det skapade avstånd.

När han själv kom i en undervisande situation blev det viktigt för honom att inte skapa detta avstånd. Han talade om hur han gått tillväga när han skaffat sig den kunskap som han förmedlade.

Lika viktigt blev det att redovisa sin osäkerhet om en åsikt som var rätt och riktig eller om det var omöjligt att ha en bestämd åsikt. Att man kunde se en sak på flera olika sätt. Att det inte var något gudalikt med hans kunskaper. Han visade att det var tillåtet att inte kunna allt. Han visade att det även för honom fanns mer att lära.

Det ökade publikens beundran.

Han växte i deras ögon.

En annan aspekt på Carlos mod att visa sin osäkerhet; kanske gjorde han upptäckten att hans inneboende osäkerhet var en tillgång och inget hinder i hans framträdanden. Tanken dyker upp när jag lyssnar igenom några av hans inspelade föreläsningar.

Så förändrades kanske en strävan från början att vara den felfrie föreläsaren till den som gjorde det till ett pedagogiskt inslag i varje föreläsning. Så var det i slutändan av hans process, men i början en kamp att övervinna och hitta ett sätt att bli accepterad och omtyckt av publiken.

Jag tänker att Carlos osäkerhet aldrig var en uppgivenhetens och okunskapens, inte heller en omedvetenhetens osäkerhet. I stället den som bjuder in till omgivningens deltagande i att söka svar på ställda frågor. Kanske tänkte han "erkänn din egen osäkerhet, så försvinner den".

*

Han förberedde sig minutiöst inför sina framträdanden, till och med övade framför spegel för att vara säker på hur det han berättade tog sig ut. Varje historia skulle nå fram till publiken.

Det var en skådespelare som framträdde.

Han tyckte om det. Men hans nervositet spelade honom spratt. Han kunde skämtsamt säga att en del till och med trodde att hans felsägningar var inövade. Kanske gjorde han om en "lyckad" felsägning till en ordinarie replik.

Han var ytterst noga med sitt berättande. Att fånga dem som kommer för att lyssna, är det som gör berättandet till något betydelsefullt. Det ska se ut som om det föds i stunden. Ändå vara förberett.

Han sa att ett sätt att få kontakt var att visa hur intresserad han själv var. Som om han gjorde teater av sitt konstintresse. Det handlade om ett slags förhållningssätt.

Men det fanns en bättre metod; den där det blev en dialog med publiken. Han beskrev hur han anknöt till barnens erfarenheter. Det innebar ett annat förhållningssätt. Dialogen innefattade både ett uppmärksamt lyssnande och ett svarande.

Han var ingen underdånig lyssnare. Hans lyssnande och nyfikenhet krävde ett speciellt innehåll. Samtalet skulle handla om människans tillvaro och livsvillkor. Då fanns hos honom en öppenhet och hans speciella personlighet hjälpte honom att vara närvarande.

Om det nu är en medfödd förmåga, går den att lära och utveckla? Kan man lära sig att vara nyfiken på andra? Jung ger oss hopp. Ingen är helt och hållet inåtvänd eller utåtriktad. Vi är alla en blandning av båda. För den som professionellt ska arbeta med människor tror jag det är nödvändigt att ha sitt intresse inriktat på omgivningen. Att kunna uppmärksamma och se. En grogrund för samtal och lyssnande. För den inåtriktade krävs en kamp för att komma ut ur sin egen grottillvaro, att vara intresserad och därigenom bli intressant. Konsten i sig rymmer ett sätt att göra sig känslig för upplevelser och känslor.

En låda med hundratalet pastellkritor på min tolvårsdag hjälpte mig själv att bli uppmärksam på naturens fantastiska färgskiftningar. Därifrån är det förstås steg att ta till människors olika känsloskiftningar, men ändå ett steg på vägen.

För Carlo och hans utsatthet var nyfikenheten på omgivningen kanske en rest från en överlevnadsinstinkt. Den kunde han sedan dra nytta av under resten av sitt liv.

*

Kärleken har en vulkanisk kraft. Den skapar liv. Den är också dödsbringande. Carlo tyckte att han hos Lacan hade hittat ett ord: "bekräftelse". Bekräftelse på att han gång på gång blivit övergiven.

Han undrade hur han skulle orka.

Övergiven av sin mamma, av sin pappa, av sin fostermamma och fosterfamilj i Pisa. Så småningom övergiven av Kerstin. Aldrig få tillräckligt av den kärlek han behövde. Samtidigt bar han med sig sin medvetenhet, men det hjälpte honom inte. Medvetenhet om hur livet har gestaltat sig, förändrar inte det liv man lever. Känslan av övergivenhet fortsätter att finnas.

Den kärlek Carlo gått miste om måste han ta igen. Mötet med en publik blev till en kompensatorisk handling, som skulle ge honom kärleken tillbaka.

Så blev det nödvändigt för honom att ge konsten sin kärlek. Och publiken. Det blev hans möjligt att få kärlek tillbaka.

För att lyckas med det krävdes en totalt koncentrerad och närvarande Carlo. Framför spegeln övade han gester och repliker. Innan "föreställningen" behövde han en timmas avslappning och memorering. Efteråt kunde han då med tillförsikt säga till den vuxna publiken: "Nu får ni applådera!"

För oss andra som har fått mer kärlek än han kan vi ändå lära oss hur viktig den är i mötet mellan oss. Kanske finna bättre sätt att ge och få kärlek. Utan den…

*

Ordet erfara har sitt ursprung i tyskans ”erfahren” som egentligen handlar om att lärandet är en resa. Jag tolkar det som nödvändigheten att vara i rörelse. Utan rörelse, ingen erfarenhet. Vidare finns uttryck som ”att våga tappa balansen” och ”att bana ny väg”. Ytterligare ett ”att trampa i samma hjulspår”. Skådespelaren och regissören Lennart Hjulström har sagt om grupp-teaterarbete: ”Vår osäkerhet i gruppen var ett tecken på att vi höll på att skapa någonting nytt. Hade det varit något gammalt och vant hade vi varit fullkomligt trygga.”

Erfarenheten måste sökas i livet och inte i gärningen, karriären.

Det var så Carlo fick sin erfarenhet, genom upplevelser. De blev till den kunskap som gav honom själv kraft och styrka inför visningar och föreläsningar: Det som rörde tillvarons livsviktiga ingredienser; barndom, liv, död, kärlek. Konstnärernas motivkrets.

Genom konsten kunde han visa på vad han kommit fram till i sitt eget livs upptäcktsresa. Hans egna handlingar gav honom kunskap.

I konsten fanns tröstén och förståelsen om hur komplicerat livet kan vara. Hos konstnärer som brottas med problem fanns möjligheter till igenkännande. Hans föreläsningar blev till upplevelseresor. De berörde honom och publiken, oss. Där fanns förundran, sorgen och hjälplösheten över tillvarons villkor. Gång på gång samlades stora skaror av intresserade människor runt honom för att lyssna till det som människan brottas med, livsfrågorna. Säkert för att det han berörde var igenkännbart hos oss lyssnare, hos mig.

*

Själv påstod Carlo att han var logisk empirist. Samtidigt levde han i konsten. Han ville veta hur saker och ting förhöll sig och varför. Hela tiden ställde han sina frågor till omvärlden. Sin nyfikenhet bar han med sig genom hela livet. Han använde den för att kunna säga något om konsten, för att utveckla sin gärning, och få förklaringar till sina egna livsgåtor.

Hans sökande efter kunskap rörde sig i cirklar runt honom själv. Han fann den i filosofin, i pedagogiken, hos vänner och kollegor och i konstnärers uttryck av tankar och känslor, nästan aldrig i regelrätta studier, utom de första konsthistoriska studierna. Kanske var det därför han aldrig förlorade sin nyfikenhet på tillvaron.

Frågorna kom ur hans egna behov. Att vara i det existentiella var hans uppdrag som guide och konsthistoriker. De stämde också med det som rörde hans egna livsfrågor. På så vis blev han medveten om sitt eget sätt att vara. Så pendlade hans upptagenhet mellan liv och gärning. Det var som om han hade gjort de två till ett. Det fanns inget "9 till 5" för honom. Han höll på dygnet runt. Det fanns ingen pension. Han höll på in i det sista.

Han var den han var. Att förändras; ett svårt steg att ta. Därför blev det "invandrarpojken" i honom som gjorde det omöjligt att lära sig skriva. Han envisades med att säga så, fast hans anteckningar visar på motsatsen. Kanske fanns där också en insikt hos honom att förändringen inte var möjlig. Vad kan inte en osäkerhet åstadkomma? Hans liv var redan utstakat och envisheten hos "den femårige pojken" gjorde det omöjligt att få till en förändring.

Tillvaron hade ingen avsikt. Den bara fanns där. Inte illasinnad, ändå drabbande. Hela tiden på gång.

Det liv som var hans fick han lära sig att acceptera. Aldrig smeta sirap över det. Aldrig ljuga sig själv full om hur vackert livet var.

Det fula, det svåra, det grymma i livet är betydelsefullt och antagligen det vi har mest att lära av. Kunskapen om det egna livet är viktigare än karriären. Samtidigt ett annorlunda sätt att göra karriär. Att bli hedersprofessor den långa vägen.

Vi försöker förstå meningen med livet.

Vi gör det på olika sätt.

Vi gör det mer eller mindre inträngande.

Det liv som blev Carlos blev nödvändigt att hantera, om han ville vara kvar i livet, om han inte skulle bli galen. Han antydde det i sitt brev till Nina Weibull. Frågorna han ville ha svar på handlade om det egna livet och livet som det gestaltade sig runt honom.

Hans arbete med sig själv, att förena det inre med det yttre och det omedvetna med det medvetna. Han sökte både det medvetnas kunskap och det omedvetnas kunskap.

Allt handlar om hur vi hanterar vår tillvaro. Hur vi ser på oss själva, våra känslors ursprung och orsak, deras påverkan på våra handlingar. Vår personlighets påverkan på våra tankar. Varför reagerar vi på ett visst sätt? Det gäller att utsätta sig själv för en ständigt pågående undersökning.

Fråga: Vem är jag?

Carlo gjorde det. Och visade att han gjorde det. Han talade ständigt om hur han funderade och tänkte. Aldrig med några pekpinnar. Fel. Jo, mot lärarna eller de vuxna. ”Tala inte så mycket om svårigheter och psykologi när det gäller barnet. Det är den vuxne som behöver lära sig. Barnet klarar sig... den vuxnes ångest...”, sa han i föreläsningen i Gerlesborg. Jag skrev att jag anade vad han menade. Nu tycker jag mig veta: En lyhörd respektfullhet, ett slags ”lyssnandets pedagogik” inför varje barn. Den grekiske slavens – pedagogens – uppgift att följa barnet på vägen till dess egen utbildning är en god metafor.

Som Carlos tolkning: att vara en god omgivning.

Han återkom ideligen till sin egen livsproblematik, det svåra och ibland outhärdliga. Att likt huvudpersonerna hos Lars Ahlin klara av att försonas efter genomliden smärta och lära sig att leva vidare med vetskapen att smärtan återkommer.

> De la sig ner och tryckte sig mot varann och de låg stumma timme efter timme. Värken i deras själar lossnade. Han visste att han inte hade blivit annorlunda. Hon visste att hon inte hade blivit annorlunda. Båda visste att vad som hänt i kväll skulle upprepas, kanske nästa lördag, kanske någon annan dag. Men denna vetskap var inte längre ett hinder mellan dem. Den kom dem tvärtom att smaka varandra djupare och helare. (Ahlin.)

När det känns som svårast och mest utsatt; då ljusnar det plötsligt vid horisonten. Det går att se tillvaron ur ett nytt perspektiv och se sig själv insatt i detta nya. Kunskapen om problemen blir till en medvetenhet om hur tillvaron drabbar en och hur man kan förhålla sig till den.

”Carlo”, skrev han i sina anteckningar, ”Vad är att lära? – Livet en upptäcktsresa. – Vårt liv ett klassrum. – Egna erfarenheter ger oss mening och sammanhang. Inte genom att bli undervisade – men genom våra erfarenheter. Carlos credo.”

När jag läser igenom det jag skrivit, märker jag att det också finns en annan form av komplexitet. Ett val Carlo gjorde innebar att han övergav något annat: Lyda mamma och bli konsthistoriker, därmed överge sin längtan att bli skådespelare. Inte fullfölja sina konststudier och skylla på sin invandrarbakgrund, därmed hamna i ett utanförskap i den akademiska världen. Valet att ständigt arbeta med sin gärning gjorde honom populär hos sin publik, men innebar också att han inte räckte till för Kerstin och sina barn. Hans engagemang i en riktning uteslöt möjligheter för honom i en annan riktning.

*

Den slutliga frågan kvarstår. Går det att ge ett svar på vad som formar en god pedagog utifrån vad jag kommit fram till om Carlo Derkerts liv och gärning?

Många har vittnat om att Carlo Derkert var en god pedagog. Han såg det aldrig som sin uppgift att hans "elever" skulle få godkänt betyg utifrån sina museibesök, inte heller godkända betyg i grundskolans kärnämnen eller höga poäng för att komma in på psykologlinjen, för att bli civilingenjör eller kosmetolog.

Däremot ansåg han sin uppgift vara att hjälpa barn och ungdomar en bit på vägen att klara sin resa genom livet. Men aldrig som en målsättning. Mötet med honom skulle vara en upplevelseresa, en berg-och-dalbane-färd för att försöka förstå tillvarons glädjeämnen och dess svårigheter.

Skiljer sig Carlos pedagogiska uppgift från andra pedagogers? Skulle det som i så fall skiljer ut sig berättiga förskolepedagoger, grundskolepedagoger och pedagoger vid universitet och högskola att bemöta sina elever olika?

Carlo Derkert har fått mig att inse att den stora frågan rör sig om hur pedagoger lyckas frigöra den nyfikenhet, den lust och de kunskaper som redan finns i människan, barnet. Ett gemensamt uppdrag för alla pedagoger. Erfarenheten, rörelsen, livet är viktigare än karriären, att delta i en process viktigare än att nå ett mål. Det märkliga är att det blir bättre än man kunnat förvänta sig. Dessutom, det tål att upprepa Carlos ord:

> "Varom man ingenting kan säga; därom kan man inte tala." Fel: konst, poesi, musik kan tala om sånt man inte kan tala om med det logiskt empiriska språket.

Referenser

LITTERATUR

Ahlin, L. (1981). *Inga ögon väntar mig.* Kungsbacka: Litteraturfrämjandet. En bok för alla.

Almqvist, C.J.L. (1969). *Till livets hjälp.* Texter redigerade av K. Stenström. Verbum.

Bahlenberg, J. & Derkert, C. (1989). *Barn Bild Begåvning.* Stockholm: Rädda barnen.

Bahlenberg, J. (2001). *Den otroliga verkligheten sätter spår. Om Carlo Derkerts liv och konstpedagogiska gärning.* Acta Universitatis Gothoburgensis, Box 222, 405 30 Göteborg.

Bahlenberg, M. (1996). *Guldvingar och gråskägg. Lärande och läkande i saga och bild.* Täby: Sama.

Bahlenberg, M. (1999). *Guldormen. Sagor från nattskogen.* Täby: Sama

Berg, L-E. (1992). *Den lekande människan. En socialpsykologisk analys av lekandets dynamik.* Lund: Studentlitteratur.

Bowlby, J. (1954). *Modern och barnets själsliga hälsa.* Stockholm: Natur och Kultur.

Bowlby, J. (1989). *A secure base. Clinical Applications of Attachment Theory.* London: Tavistock/ Routledge.

Bråhammar, G. (Red.) (1981): *Bilder och rum under jord. Tre decenniers konst i Stockholms tunnelbana.* Arkiv för dekorativ konst i Lund.

De Geer, C. J. (1995). *Mandrake finns inte mer.* Trondheim: Legus.

Derkert, C. & Eklund, H. & Reutersward, O. (1946). *van Gogh's landscape with Corn shocks. With a discussion of Variants and Replicas in the Artist's Oeuvre.* Konsthistorisk Tidskrift, årgång 15. Sid. 121–130.

Derkert, C. (1948). *Liv Derkert, 1918–1938.* Artikel ur okänd tidskrift.

Derkert, C. (1992). *Hågkomster av Carl Nordenfalk. Från minnesstunden på Millesgården 12 juli 1992.* Nationalmuseum Bulletin, Volume 16, Number 3, Stockholm.

Engquist, A. (1996): *Om konsten att samtala* (3:e upplagan). Stockholm: Rabén Prisma.

Fredriksson, G. (1994). *Wittgenstein.* Stockholm: Bonniers.

Freinet, C. (1975). För folkets skola. Stockholm: Wahlström & Widstrand.

From, L. (1995). *Den bortglömda kretsen. Kvinnliga modernister lyfts fram på utställning.* Liljevalchs ställer ut kvinnliga konstnärer (25 januari). Göteborgsposten, Kultur.

Gustafsson, L. H. (1996). *Upptäcka livet. Barns, ungdomars och vuxnas utveckling tillsammans.* Stockholm: Norstedts.

Holm, H. A. (1992). *Rytm i ord och armar. För Carlo Derkert är varje målning ett levande väsen.* Dagens Nyheter, 15 maj.

Håfström, J. (1998). *Konsten i livets tjänst.* Dagens Nyheter, 8 februari.

Høgmo, A. (Red.)(1980). *Identitet og livsutfoldelse* (andra opplagen). Samisk utdanningsråd.

Jonsson, G. (1964). *ABC på barnbyn.* (Ej paginerad) Skå: eXtryck.

Jung, C. G. (1974). *Människan och hennes symboler.* Ljubljana, Yugoslavia: Forum.

Kjellqvist, E-B. (1993). *Rött och vitt. Om skam och skamlöshet.* Stockholm: Carlssons.

Klee, P. (1992). *Pedagogisk skissbok Om den moderna konsten.* Uddevalla: Anamma

Lagercrantz, O. (1985). *Om konsten att läsa och skriva.* Stockholm: Wahlström & Widstrand.

Lagercrantz, O. (1989). *Om läsandet och skrivandet. Dikten betvingar döden* (7 juni). Dagens Nyheter.

Lagerkvist, P. (1913). *Ordkonst och Bildkonst. Om modärn skönlitteraturs dekadans – om den modärna konstens vitalitet.* Stockholm: Bröderna Lagerström.

Lidman, S. (1973). *Till Siri, tal vid Siri Derkerts begravning.* Vi människor. (Sid. 4–8). Nr. 3, 1973. årgång 25.

Lidman, S. (1977). *Din tjänare hör.* Stockholm: Bonniers.

Lundstedt, E. (Ej daterat). *Barnet, pedagogen och skapandeprocessen.* 5-poängsuppsats vid Institutionen för Barn- och ungdomsverksamhet, Lärarhögskolan i Stockholm.

Lööf, L. (1998). *Om barns skapande.* M. Holm (Red.). Mod och styrka. Om barns skapande. Stockholm: Rädda barnen.

Malinowski, B (1967). *Brott och bruk i ett primitivt samhälle.* Stockholm: Argos.

Mankell, H. (1996). *Mannen som log.* Stockholm: Ordfront.

Mc Carthy, T. (1984). *Översättarens förord i Habermas, J. The Theory of Communicative Action. Volume 1. Reason and the Rationalization of Society.* Boston: Beacon Press.

Miller, A. (1982). *I begynnelsen var uppfostran.* Stockholm: Wahlström & Widstrand.

Miller, A. (1983). *Du skall icke märka.* Stockholm: Wahlström & Widstrand.

Milner, M. (1989). *Om att inte kunna måla.* Malmö: Gedins.

Moderna Museets katalog 222 (1988). *Pablo Picasso.* Lars Nittve (redaktör).

Montgomery, K. – Weibull, N. (1994). *Liv Derkert.* Stockholm: Alfabeta.

Myrdal, J. (1982). *Barndom.* Stockholm: Norstedts.

Nerman, B. (1988) *Bengt Nerman svarar: Min bok var inget handlingsförslag* (29 juni). Dagens Nyheter.

Nordenfalk, C. (1943). *Vincent van Gogh. En livsväg* (Första upplagan). Stockholm: Norstedts.

Nordenfalk, C. (1947). *Vincent van Gogh. En livsväg* (Tredje upplagan). Stockholm: Norstedts.

Rohde, H. P. (1967). *van Goghs värld.* Stockholm: W & W-serien.

Sandqvist, T. (1986). *Han finns, förstår du. Siri Derkert och Valle Rosenberg.* Åhus: Kalejdoskop.

Stern, D. N. (1991a). *Spädbarnets interpersonella värld – ur psykoanalytiskt och utvecklingspsykologiskt perspektiv.* Stockholm: Natur och kultur.

Stern, D. N. (1991b). *Ett litet barns dagbok.* Stockholm: Natur och kultur.

Stockholms monografier (Red. Söderström, G.)(1985): *En värld under jord. Färg och form i tunnelbanan.* Stockholm: Liber.

Stone, I. (1991). Han som älskade livet. Finland: Wahlström & Widstrand.

Söderberg, Rolf (1974). *Siri Derkert.* Uddevalla: Sveriges Allmänna konstförening. Publikation Ixxxiii.

Taube, E. (1952). *Jag kommer av ett brusand' hav.* Stockholm: Bonniers.

Thomæus, J. (1974). *Vart tar alla begåvade barn vägen?* Stockholm: Esselte Studium.

Thomæus, J. (1980). *Den förnekade bilden.* Stockholm: Wahlström och Widstrand.

Thomæus, J. Föreläsningsmanuskript, ej daterat.

Tjukovskij, K. (1975). *Från två till fem år. Om barns språk, dikt och fantasi.* Stockholm: Gidlunds.

Tunström, G. (1979). *Ökenbrevet.* Stockholm: Bonniers.

Tunström, G. (1986). *Tjuven.* Stockholm: Bonniers.

Tunström, G. (1993). *Under tiden.* Stockholm: Bonniers.

Wallin, K. & Mæchel, I. & Barsotti, A. (1983). *Ett barn har hundra språk. Om skapande pedagogik på de kommunala daghemmen i Reggio Emilia.* Italien (Första upplagans fjärde tryckning).

Wassef, W. (1966). *Tal vid vernissagen av utställningen på Nationalmuseum "Egyptiska ungdomar väver"* (ej publicerat).

Wittgenstein, L. (1992). *Tractatus logico-philosophicus.* Stockholm: Thales

Wägner, E. (1908). *Norrtullsligan.* Stockholm: Bonniers.

Wägner, E. (1980). *Pennskaftet.* Första gången utgiven 1910. Kungsbacka: Litteraturfrämjandet. En bok för alla.

RADIO OCH TV-PROGRAM

Mogren, A. (1993). *Om linjalens farlighet.* Radioprogram om och med Carlo Derkert: Intervjun sändes i Kulturradion, P1 den 7 juni efter att Carlo fått Guldkängan 1993.

Pleijel, S. (1993). *Bildjournalen.* TV-program sändes den 2 september. Carlo Derkert intervjuas av Ingela Lind med inslag från Millesgården och utställningen "Familjebilder".

INSPELNINGAR AV FÖRELÄSNINGAR

Bahlenberg J. (1987). *Vart tar alla begåvade barn vägen.* Vid institutionen för Specialpedagogik, Göteborgs universitet. Kasettband.

Lind, I. (1973). *Intervju med Carlo Derkert och Eva Nordenson på Nationalmuseum.* Kasettband.

Blomkvist R. (1985). *"Modernismens betydelse" på Nationalmuseum.* Inspelad föreläsning av Carlo Derkert. Kasettband.

Blomkvist R. (1987). *"Svenskt Avantgarde" på Nationalmuseum.* Inspelad föreläsning av Carlo Derkert. Kasettband.

Blomkvist, R. (1988). *"Picasso".* Inspelad föreläsning med Carlo Derkert. Kasettband.

Blomkvist R. (1989). *"Barn och Bild" på Nationalmuseum.* Inspelad föreläsning av Carlo Derkert. Kasettband.

Blomkvist R. (1990). *"Vincent van Gogh, prästson och bondeskildrare" på Nationalmuseum.* Inspelad föreläsning av Carlo Derkert. Kasettband.

Blomkvist R. (1990). *"Vincent van Gogh, Trotsare – livsbejakare" på Nationalmuseum.* Inspelad föreläsning av Carlo Derkert. Kasettband.

Odbratt G. (1988). *Barn och Bild på Maria folkhögskola.* Inspelad föreläsning av Carlo Derkert. Video.

REFERENSER

INTERVJUER OCH SAMTAL

Jacob Derkert, i hans hem, Lidingö (10/10 1994).
Gunilla Palmstierna-Weiss, i hennes hem, Lidingö (11/10 1994).
Nina Weibull, på hennes arbete i Spökslottet, Stockholm (11/10 1994).
Göran Odbratt, i hans ateljé, Stockholm (12/10 1994).
Oscar Reutersward, i hans hem, Lund (11.11 1995).
Carl Johan De Geer, under filmfestivalen, Göteborg (14.2 1997).
Tora Derkert, i hennes hem, Stockholm (12.5 1998).
Maria Taube, i Moderna museet, Stockholm (13.5 1998).
Per Lilienberg, Gerlesborgsskolan, Bottnafjorden, Hamburgsund (1998).

BREV

Till Ordföranden i Bildterapiföreningen (ej daterat).
Till Nina Weibull (12.6 1990).
Till Gunilla Palmstierna-Weiss (24.7 1992).
Till Carlo från Jan Thomæus (ej daterat). Bildskapande i tonår eller En bildpedagogs arbete. Manuskript till föreläsning på Nationalmuseum.